우리말 법회요전

|머리말|

　의식은 보살이 자신을 키우며 겨레와 이웃과 함께 살아가는 창조 격식이라 생각합니다. 보살은 의식을 통하여 제불보살의 서원력을 오늘의 역사 현장에 실현시키고 스스로의 보살공업을 성장시키기 때문입니다. 그러므로 의식은 누구나 친근하고 깊은 진실을 담을 수 있어야 할 것입니다. 이 점에서 볼 때 종래의 의식문의 구조는 매우 완벽하다고 생각합니다. 아쉬운 점이 있다면 한문 문장으로 되어 있어 알기가 쉽지 않다는 점입니다. 이 점을 고려하여 번역하다 보니 이번에는 너무 장황하다는 느낌입니다. 결국 오늘의 의식문은 새로 지어야 한다는 결론입니다.

　그런데 의식을 우리말화한다는 것은 오늘의 한국불교에 중요한 의의를 제공하는 것이라 생각됩니다. 첫째는 의식의 대중화·생활화이고, 다음은 스님들의 전문적 사제(司祭) 업무를 완화한다는 점입니다. 원래 비구는 사제가 아니었습니다. 그러나 역사적 발전과정에서 의식이 굳게 전문화하고 스님들이 사제화하여 오늘에 이릅니다. 의식을 우리말화하면 의식이 일반화·생활화하여 스님들을 수도·전법자의 위치로 복귀시키며 보다 보살활동을 확대시키는 한 계기가 될 것으로 생각됩니다.

    여기에서는 옛부터 관행하여 온 일부 의식문과 불자로서 수지 독송할 일부 기본 경전을 번역한 데 그쳤습니다. 새로운 시도라면 가정을 심방하여 기도발원하는 의식을 고려하였는데, 이 점은 사회의 어둠을 밝히고 힘을 합하여 이웃을 돕는 보살활동에 도움이 될 것을 생각해서입니다. 이 자그마한 의도가 보살행도에 수행요전을 고려하였기 때문에 새로운 의식문이 적지 아니 포함되었다는 점입니다. 이 점, 제현의 관량을 빕니다. 그리고 찬불가편은 불교음악연구원 서창업 원장의 도움으로 이루어진 것을 밝히면서 사의를 드립니다.

불기 2527(1983)년 2월
광덕 적음

|차례|

머리말 2

제1편 의식편(儀式篇)

제1장 예불(禮佛)··· 11

  1. 상단예불(上壇禮佛) **11**
  2. 각전예불(閣殿禮佛) **15**
    1) 관음전(觀音殿) **15**   2) 지장전(地藏殿) **16**
  3. 신중단(神衆壇) **17**

제2장 송주(誦呪)··· 21

  천수경 **21**

제3장 헌공작법(獻供作法)··· 31

  1. 상단권공(上壇勸供) **31**   2. 중단공양(中壇供養) **50**

제4장 시식작법(施食作法)··· 56

1. 상용시식(常用施食) **56**   2. 대령(對靈) **63**   3. 관욕(灌浴) **68**
4. 관음시식(觀音施食) **75**

제5장 상례작법(喪禮作法)··· 93

1. 수계 · 독경(授戒 · 讀經) **93**   2. 염습(殮襲) **105**
3. 성복제(成服祭) **115**   4. 발인작법(發靷作法) **118**
5. 영결식(永訣式) **124**   6. 다비(茶毗) **129**   7. 습골(拾骨) **132**

제6장 매장작법(埋葬作法)··· 135

제2편 서원편(誓願篇)

제1장 법등서원(法燈誓願)··· 143

1. 마하반야바라밀 염송 **143**   2. 법등일송(法燈日誦) **144**
3. 법등십과(法燈十課) **148**   4. 법등오서(法燈五誓) **149**

제2장 보현행자의 서원··· 150

1. 서분(序分) **150**   2. 예경분(禮敬分) **154**
3. 찬양분(讚揚分) **155**   4. 공양분(供養分) **158**
5. 참회분(懺悔分) **161**   6. 수희분(隨喜分) **163**
7. 청법분(請法分) **167**   8. 주세분(住世分) **170**
9. 수학분(修學分) **172**   10. 수순분(隨順分) **174**

11. 회향분(廻向分) 177

제3장 포살요목(布薩要目)··· 179
1. 보살계 서문(菩薩戒 序文) 180
2. 보살계 십중대계(菩薩戒 十重大戒) 185

제3편 수지편(受持篇)

1. 화엄경 보현행원품 191   2. 법화경 관세음보살 보문품 224
3. 법보단경 반야품 238   4. 심지관경 부모은중송 253
5. 원각경 265   6. 아미타경 283   7. 법화경 여래수량품 293
8. 금강경 299   9. 의상 조사 법성게 333   10. 무상계(無常戒) 335

제4편 축원편(祝願篇)

1. 평상 축원문 343   2. 반야보살 행원기도문 344
3. 이산 혜연 선사 발원문 347   4. 법등가족 모임 발원문 350
5. 전법 발원문 352   6. 호법발원문 355   7. 가내길상 발원문 357
8. 개업·사업 번창 발원문 359   9. 문병·쾌차 발원문 361
10. 취임·승진 축원문 364   11. 구국·구세발원문 366
12. 생일 축원문 369   13. 부처님 오신 날 봉축 발원문 371
14. 부처님 오신 날 연등공양 발원문 377   15. 출가절 축원문 380
16. 성도광명일 축원문 382   17. 열반절 축원문 384

18. 우란분절 축원문 386   19. 신년법회 축원문 388
20. 송년법회 축원문 391   21. 조문, 극락왕생 발원문 393
22. 영가 축원문 395   23. 천재지변, 화재, 재난 위로문 396
24. 연지대사 왕생극락 발원문 399   25. 어린이법회 발원문 402
26. 학생법회 발원문 404   27. 수계 발원문 406
28. 교육 발원문 409   29. 학업성취 발원문 410

제5편 참회편(懺悔篇)

제1장 예불대참회문(禮佛大懺悔文)… 415

제2장 정근송(精勤誦)… 430

제3장 육도참회문(六道懺悔文)… 433

제4장 식당작법(食堂作法)… 434

1. 불은상기게(佛恩想起偈) 434   2. 오관게(五觀偈) 434
3. 수발게(收鉢偈) 435   4. 식당염송(食堂念誦) 435

제5장 재가제례의식(在家祭禮儀式)… 436

1. 재가제례의식 436

제6편 찬불가편(讚佛歌篇)

- 삼귀의 447
- 마하반야의 노래 448
- 둥글고 밝은 빛 450
- 청법가 452
- 보현행원(1) 453
- 빛으로 돌아오소서 455
- 사홍서원 456
- 산회가 457
- 부처님 오신 날 458
- 제등행진곡 459
- 연등 461
- 파랑새 울고 462
- 출가일의 노래 463
- 성도재의 노래 464
- 열반의 노래 466
- 감로법을 전하자 467
- 관세음의 노래 468
- 보디스바하 470
- 보현행원(2) 472
- 부처님께 기원합니다 473
- 부처님 마음일세 474
- 불교도의 노래 476
- 붓다의 메아리 478
- 새봄이 오네 480
- 진리의 행진곡 481
- 집회가 483
- 연꽃 피는 날 484
- 예불가 486
- 우란분절 488
- 임의 숨결 489
- 칠월 칠석 491
- 홀로 피는 연꽃 492

제1편

의식편(儀式篇)

제1장 예불(禮佛)

1. 상단예불(上壇禮佛)

〔다게(茶偈): 아침〕

일심 청정수
감로다 삼아서
삼보님전 올리오니
「자비로써 거두소서」 (3번)

我今淸淨水
變爲甘露茶
奉獻三寶前
願垂慈悲哀納受

〔오분향례(五分香禮): 저녁〕

계향 정향 혜향 해탈향 해탈지견향
온누리 광명구름 시방세계 두루하여
한량없는 삼보님전 공양합니다

戒香 定香 慧香
解脫香 解脫知見香
光明雲臺周邊法界
供養十方無量佛法僧

헌향진언(獻香眞言)

옴 바아라 도비야 훔 (3번)

〔칠정례(七頂禮)〕

지심귀명례 삼계대사   사생자부   시아본사   석가모니불
至心歸命禮 三界大師   四生慈父   是我本師   釋迦牟尼佛

지심귀명례 시방삼세   제망찰해   상주일체   불타야중
至心歸命禮 十方三世   帝網刹海   常住一切   佛陀耶衆

지심귀명례 시방삼세   제망찰해   상주일체   달마야중
至心歸命禮 十方三世   帝網刹海   常住一切   達磨耶衆

지심귀명례 대지문수사리보살   대행보현보살   대비관세음보살
至心歸命禮 大智文殊師利菩薩   大行普賢菩薩   大悲觀世音菩薩

　　　　　대원본존지장보살마하살
　　　　　大願本尊地藏菩薩摩訶薩

지심귀명례 영산당시   수불부촉   십대제자   십육성   오백성
至心歸命禮 靈山當時   受佛付囑   十大弟子   十六聖   五百聖

　　　　　독수성 내지 천이백제대아라한 무량자비성중
　　　　　獨修聖 乃至 千二百諸大阿羅漢 無量慈悲聖衆

지심귀명례 서건동진   급아해동   역대전등   제대조사   천하종사
至心歸命禮 西乾東晋   及我海東   歷代傳燈   諸大祖師   天下宗師

　　　　　일체미진수 제대선지식
　　　　　一切微塵數 諸大善知識

지심귀명례 시방삼세   제망찰해   상주일체   승가야중
至心歸命禮 十方三世   帝網刹海   常住一切   僧伽耶衆

원합노니   다함없는   삼보이시여   惟願 無盡三寶
대자비로   저희예경   받아주소서   大慈大悲 受我頂禮
　　　　　　　　　　　　　　　　　　冥熏加被力
걸림없는   위덕으로   감싸주시사   願共法界諸衆生
모든중생   함께성불   하여지이다   自他一時成佛道

〔행선축원(行禪祝願)〕

상래에	닦은바	모든공덕을	上來所修功德海
위 없는	보리도와	모든성현과	廻向三處悉圓滿
삼계일체	중생에게	회향하오니	雨順風調民安樂
일체에	두루하여	원만하여지이다	天下太平法輪轉
원합노니	삼보자존	현성이시여	願我世世生生處
저희들의	깊은서원	거둬주소서	常於般若不退轉
저희조국	만만세로	평화하옵고	如彼本師勇猛智
겨레형제	안락하고	보리심내고	如彼舍那大覺果
부처님법	길이길이	떨쳐지이다	如彼文殊大智慧
저희들이	세세생생	태어날때에	如彼普賢廣大行
어느때나	반야문에	깊이들어가	如彼地藏無邊身
용맹스런	큰정진은	본사존같이	如彼觀音三二應
큰깨달음	이루기는	사나불같이	十方世界無不現
막힘없는	큰지혜는	문수존같이	
넓고 큰	장부행은	보현존같이	
크신서원	무변신은	지장존같이	
중생따라	몸나툼은	관음존같이	
시방세계	곳곳마다	몸을나투어	

모든중생	남김없이	건져지이다	普令衆生入無爲
저의이름	듣는이는	삼도면하고	聞我名者免三途
저의형상	보는이는	해탈을얻어	見我形者得解脫
이와같이	교화하여	사겁지내어	如是敎化恒沙劫
불중생	없는법	이뤄지이다	畢竟無佛及衆生
사사시주	시방단월	소원이루며	十方施主願成就
이미가신	부모님은	극락에나고	時會大衆各伏爲
살아계신	사친님	만복하오며	先亡父母往極樂
모든고혼	악도를	여여지이다	現存師親壽如海
천룡팔부	옹호성중	삼보받들어	法界哀魂離苦趣
불사문중	일체장애	영영끊이고	山門肅靜絶悲憂
모든중생	세세생생	보살도닦아	寺內災厄永消滅
위 없는	일체지를	원만히이뤄	土地天龍護三寶
법계중생	모두함께	마하반야바라밀	山神局司補禎祥

願共含靈登彼岸
世世常行菩薩道
究竟圓成薩般若
摩訶般若婆羅蜜
南無釋迦牟尼佛
南無釋迦牟尼佛
南無是我本師
釋迦牟尼佛

나무 석가모니불

나무 석가모니불

나무 시아본사 석가모니불.

2. 각전예불(閣殿禮佛)

〔헌향게(獻香偈)〕

일심 향 한 대

끝 없는 향운개

삼보님전 올리오니

「자비로써 거두소서」 (3번)

我今持此一炷香
變成無盡香雲盖
奉獻十方三寶前
願垂慈悲哀納受

헌향진언(獻香眞言)

옴 바아라 도비야 훔 (3번)

1) 관음전(觀音殿)

〔삼정례(三頂禮)〕

지심귀명례　보문시현　원력홍심　대자대비　관세음보살
至心歸命禮　普門示現　願力弘深　大慈大悲　觀世音菩薩

지심귀명례　심성구고　응제중생　대자대비　관세음보살
至心歸命禮　尋聲救苦　應諸衆生　大慈大悲　觀世音菩薩

지심귀명례　좌보처　남순동자　우보처　해상용왕
至心歸命禮　左補處　南巡童子　右補處　海上龍王

〔탄백(嘆白)〕

나무　　　관세음　　　대의왕이여　　　觀音菩薩大醫王

감로병	법수의	향기높아라	甘露甁中法水香
마의구름	쓸어내고	상서더하고	洗濯魔雲生瑞氣
뜨거운	번뇌식혀	시원하여라	消除熱惱得淸凉
고아일심	귀명정례		故我一心歸命頂禮

2) 지장전(地藏殿)

[삼정례(三頂禮)]

지심귀명례	지장원찬	이십삼존	제위여래불
至心歸命禮	地藏願讚	二十三尊	諸位如來佛

지심귀명례	대원본존	지장보살마하살
至心歸命禮	大願本尊	地藏菩薩摩訶薩

지심귀명례	좌보처	도명존자	우보처	무독귀왕
至心歸命禮	左補處	道明尊者	右補處	無毒鬼王

[탄백(嘆白)]

지장보살	마하살	크신위신력	地藏大聖威神力
항하사	겁인들	어찌말하리	恒河沙劫說難盡
일념동안	우러르고	예배한대도	見聞瞻禮一念間
그 공덕	하늘땅에	짝이없어라	利益人天無量事
고아일심	귀명정례		故我一心歸命頂禮

3. 신중단(神衆壇)

〔다게(茶偈)〕

향기롭고	청정하온	일심감로다	淸淨茗茶藥
자비하신	삼보님의	위신력입어	能除病惛沈
옹호회상	제성님께	올리옵나니	唯冀擁護衆
바라건대	자비로써	거둬주소서	願垂哀納受

헌향진언(獻香眞言)

옴 바아라 도비야 훔 (3번)

〔삼정례(三頂禮)〕

지심귀명례　　화엄회상　　욕색제천중
至心歸命禮　　華嚴會上　　欲色諸天衆

지심귀명례　　화엄회상　　팔부사왕중
至心歸命禮　　華嚴會上　　八部四王衆

지심귀명례　　화엄회상　　호법선신중
至心歸命禮　　華嚴會上　　護法善神衆

〔탄백(嘆白)〕

원합노니	천룡팔부	성중이시여	願諸天龍八部衆
저희들을	옹호하고	살펴주소서	爲我擁護不離身

간곳마다	모든재난	없애주시며		於諸難處無諸難
저희들의	간절한뜻	이뤄지이다		如是大願能成就

〔옹호게(擁護偈)〕

팔부금강	이도량을	옹호하소서		八部金剛護道場
허공신은	천왕에게	속히알리어		空神速赴報天王
삼계의	모든하늘	모이게하고		三界諸天咸來集
불국토의	상서장엄	이뤄지이다		如今佛刹補禎祥

〔반야심경(般若心經) - 한글〕

　마하반야바라밀다심경

　관자재보살 깊은 반야바라밀다 할 적, 오온 공함 비춰봐 일체 고액 건너라.

　사리자여, 색이 공과 다르지 않고, 공이 색과 다르지 않아, 색 곧 공이요, 공 곧 색이니 수·상·행·식 역시 이럴러라.

　사리자여, 이 모든 법 공한 상은 나지도 않고, 멸하지도 않고, 더럽지도 않고, 깨끗하지도 않고, 늘지도 않고, 줄지도 않나니, 이 까닭에 공 가운데 색 없어 수·상·행·식 없고 안·이·비·설·신·의 없어 색·성·향·미·촉·법 없되, 안계 없고 의식계까지 없다.

무명 없되 무명 다 됨 역시 없으며, 노사까지도 없되 노사 다 됨 역시 없고, 고·집·멸·도 없으며 슬기 없어 얻음 없나니, 얻을 바 없으므로 보리살타가 반야바라밀다 의지하는 까닭에 마음 걸림없고, 걸림없는 까닭에 두려움 없어, 휘둘린 생각 멀리 떠나 구경열반이며, 삼세제불도 반야바라밀다 의지한 까닭에 아뇩다라삼먁삼보리 얻었나니, 이 까닭에 반야바라밀다는 이 큰 신기로운 주며, 이 큰 밝은 주며, 이 위없는 주며, 이 등에 등 없는 주임을 알라.

능히 일체고액을 없애고 진실하여 헛되지 않기에 짐짓 반야바라밀다주를 설하노니 이르되

「아제 아제 바라아제 바리승아제 모지 사바하」 (3번)

[반야심경(般若心經) - 한문]

마하반야바라밀다심경
摩訶般若波羅蜜多心經

관자재보살 행심반야바라밀다시 조견오온개공 도일체
觀自在菩薩 行深般若波羅蜜多時 照見五蘊皆空 度一切

고액 사리자 색불이공 공불이색 색즉시공 공즉시색 수상
苦厄 舍利子 色不異空 空不異色 色卽是空 空卽是色 受想

행식 역부여시 사리자 시제법공상 불생불멸 불구부정 부
行識 亦復如是 舍利子 是諸法空相 不生不滅 不垢不淨 不

증불감 시고 공중무색 무수상행식 무안이비설신의 무색
增不減 是故 空中無色 無受想行識 無眼耳鼻舌身意 無色

성향미촉법 무안계 내지 무의식계 무무명 역무무명진
聲香味觸法 無眼界 乃至 無意識界 無無明 亦無無明盡

내지 무노사 역무노사진 무고집멸도 무지역무득 이무
乃至 無老死 亦無老死盡 無苦集滅道 無智亦無得 以無

소득고 보리살타 의반야바라밀다고 심무가애 무가애고
所得故 菩提薩埵 依般若波羅蜜多故 心無罣碍 無罣碍故

무유공포 원리전도몽상 구경열반 삼세제불 의반야바라밀
無有恐怖 遠離顚倒夢想 究竟涅槃 三世諸佛 依般若波羅蜜

다고 득아뇩다라삼먁삼보리 고지반야바라밀다 시대신주
多故 得阿耨多羅三藐三菩提 故知般若波羅蜜多 是大神呪

시대명주 시무상주 시무등등주 능제일체고 진실불허 고설
是大明呪 是無上呪 是無等等呪 能除一切苦 眞實不虛 故說

반야바라밀다주 즉설주왈
般若波羅蜜多呪 卽說呪曰

「아제 아제 바라아제 바라승아제 모지 사바하」(3번)
　揭諦 揭諦 波羅揭諦 波羅僧揭諦 菩提 娑婆訶

제2장 송주(誦呪)

〔보례게(普禮偈)〕

저희이제	일심으로	염하온중에
이몸으로	무량한몸	나타내어서
시방세계	두루계신	삼보님전에
빠짐없이	한이없이	절하옵니다

我今一身中
卽現無盡身
遍在三寶前
一一無數禮

보례진언(普禮眞言)

옴 바아라 믹 (3번)

천수경

정구업진언(淨口業眞言)

수리수리 마하수리 수수리 사바하 (3번)

오방내외안위제신진언(五方內外安慰諸神眞言)

나무 사만다 못다남 옴 도로도로 지미 사바하 (3번)

개경게(開經偈)

위 없이	심히깊은	미묘법이여	無上甚深微妙法
백천	만겁인들	어찌만나리	百千萬劫難遭遇
내 이제	보고듣고	받아지니니	我今聞見得受持
부처님의	진실한뜻	알아지이다	願解如來眞實意

개법장진언(開法藏眞言)

옴 아라남 아라다 (3번)

〔대비주계청(大悲呪啓請)〕

천수천안	관음보살	광대하고	원만하고	千手千眼觀自在菩薩
걸림없는	대비심의	신묘법문	열리소서	廣大圓滿 無碍大悲心 大陀羅尼 啓請

관음보살	대비주께	계수합니다	稽首觀音大悲呪
자비원력	넓고깊고	상호갖추고	願力弘深相好身
일천팔로	장엄하고	중생거두며	千臂莊嚴普護持
천눈으로	광명놓아	두루비추고	千眼光明遍觀照
진실하온	말씀중에	비밀설하며	眞實語中宣密語
함이없는	마음중에	자비심내어	無爲心內起悲心
온갖소원	지체없이	이뤄주셔라	速令滿足諸希求

온갖죄업	길이길이	멸해없애고	永使滅除諸罪業
천룡들과	성현들이	감싸주시사	天龍衆聖同慈護
백천삼매	순식간에	이루게하니	百千三昧頓熏修
이다라니	가진몸은	광명당이요	受持身是光明幢
이다라니	지닌마음	신통장이라	受持心是神通藏
모든번뇌	맑혀지고	삼계를벗고	洗滌塵勞願濟海
대보리	방편문을	얻어지이다	超證菩提方便門
제가이제	지송하고	귀의하오니	我今稱誦誓歸依
원하는바	원만하게	이뤄지이다	所願從心悉圓滿

대자대비	관세음께	귀의합니다	南無大悲觀世音
일체법을	어서속히	알아지이다	願我速知一切法
대자대비	관세음께	귀의합니다	南無大悲觀世音
지혜의눈	어서어서	얻어지이다	願我早得智慧眼
대자대비	관세음께	귀의합니다	南無大悲觀世音
일체중생	어서속히	건네지이다	願我速度一切衆
대자대비	관세음께	귀의합니다	南無大悲觀世音
좋은방편	어서어서	얻어지이다	願我早得善方便
대자대비	관세음께	귀의합니다	南無大悲觀世音

반야선에	어서속히	올라지이다	願我速乘般若船	
대자대비	관세음께	귀의합니다	南無大悲觀世音	
고통바다	어서어서	건네지이다	願我早得越苦海	
대자대비	관세음께	귀의합니다	南無大悲觀世音	
계정도를	어서속히	얻어지이다	願我速得戒定道	
대자대비	관세음께	귀의합니다	南無大悲觀世音	
원적산에	어서어서	올라지이다	願我早登圓寂山	
대자대비	관세음께	귀의합니다	南無大悲觀世音	
무위사를	어서속히	만나지이다	願我速會無爲舍	
대자대비	관세음께	귀의합니다	南無大悲觀世音	
법성신을	어서어서	이뤄지이다	願我早同法性身	

제가만약	도산지옥	향하올지면	我若向刀山
칼산이	스스로	꺾어지오며	刀山自摧折
제가만약	화탕지옥	향하올지면	我若向火湯
화탕이	스스로	소멸되오며	火湯自枯渴
제가만약	다른지옥	향하올지면	我若向地獄
지옥이	스스로	없어지이다	地獄自消滅
제가만약	아귀도를	향하올지면	我若向餓鬼

아귀들이	저절로	배가부르고	餓鬼自飽滿
제가만약	수라도를	향하올지면	我若向修羅
악한마음	스스로	사그라지며	惡心自調伏
제가만약	축생도를	향하올지면	我若向畜生
스스로	큰지혜를	얻어지이다	自得大智慧

나무 관세음보살마하살 南無觀世音菩薩摩訶薩
나무 대세지보살마하살 南無大勢至菩薩摩訶薩
나무 천수보살마하살 南無千手菩薩摩訶薩
나무 여의륜보살마하살 南無如意輪菩薩摩訶薩
나무 대륜보살마하살 南無大輪菩薩摩訶薩
나무 관자재보살마하살 南無觀自在菩薩摩訶薩
나무 정취보살마하살 南無正趣菩薩摩訶薩
나무 만월보살마하살 南無滿月菩薩摩訶薩
나무 수월보살마하살 南無水月菩薩摩訶薩
나무 군다리보살마하살 南無軍荼利菩薩摩訶薩
나무 십일면보살마하살 南無十一面菩薩摩訶薩
나무 제대보살마하살 南無諸大菩薩摩訶薩
「나무 본사아미타불」 (3번) 南無本師阿彌陀佛

신묘장구대다라니 (神妙章句大陀羅尼)

　나모라 다나다라 야야 나막알약 바로기제 새바라야 모지 사다바야 마하사다바야 마하가로 니가야 옴 살바 바예수 다라나 가라야 다사명 나막가리다바 이맘 알야 바로기제 새바라 다바 니라간타 나막하리나야 마발다 이사미 살발타 사다남 수반아예염 살바보다남 바바마라 미수다감 다냐타 옴 아로계 아로가 마지로가 지가란제 혜혜하례 마하모지 사다바 사마라사마라 하리나야 구로구로 갈마 사다야 사다야 도로 도로 미연제 마하미연제 다라다라 다린나례 새바라 자라자라 마라 미마라 아마라 몰제예혜혜 로계 새바라 라아 미사미 나사야 나베 사미사미나사야 모하자라 미사미 나사야 호로 호로 마라호로 하례 바나마 나바 사라사라 시리시리 소로소로 못자 못자 모다야 모다야 매다리야 니라칸타 가마사 날사남 바라하라나야 마낙 사바하 싯다야 사바하 마하싯다야 사바하 싯다유예 새바라야 사바하 니라칸타야 사바하 바라하 목카싱하 목카야 사바하 바나마 하따야 사바하 자가라 욕타야 사바하 상카섭나네 모다나야 사바하 마하라 구타다라야 사바하 바마사간타 이사시체다 가릿나 이나야 사바하 먀가라 잘마 이바사나야 사바하

「나모라 다나다라 야야 나막알야 바로기제 새바라야 사바하」 (3번)

〔사방찬(四方讚)〕

동쪽에	물뿌리니	도량정하고	一灑東方潔道場
남쪽에	물뿌리니	청량얻으며	二灑南方得淸凉
서쪽에	물뿌리니	정토갖추고	三灑西方俱淨土
북쪽에	물뿌리니	길이편하리	四灑北方永安康

〔도량찬(道場讚)〕

도량이	청정하여	티끌없으니	道場淸淨無瑕穢
삼보님과	팔부성중	강림하소서	三寶天龍降此地
제가이제	미묘진언	외우옵나니	我今持誦妙眞言
크신자비	베푸시어	가호하소서	願賜慈悲密加護

〔참회게(懺悔偈)〕

지난동안	지은바	모든악업은	我昔所造諸惡業
무시이래	탐진치로	말미암아서	皆由無始貪瞋痴
몸과말과	뜻으로	지었사오니	從身口意之所生
제가이제	그모두를	참회합니다	一切我今皆懺悔

참회진언(懺悔眞言)

옴 살바 못자 모지 사다야 사바하 (3번)

[준제찬(准提讚)]

준제주는	온갖공덕	무더기러라	准提功德聚
고요한	마음으로	항상외우면	寂靜心常誦
이세상	온갖재난	범접못하리	一切諸大難
			無能侵是人
하늘이나	사람이나	모든중생이	天上及人間
부처님과	다름없는	복을받으니	受福與佛等
			遇此如意珠
여의주를	얻음과	같으리로다	定獲無等等
			南無七俱胝佛母
			大准提菩薩

「나무 칠구지불모 대준제보살」 (3번)

정법계진언(淨法界眞言)

옴 남 (3번)

호신진언(護身眞言)

옴 치림 (3번)

관세음보살 본심미묘 육자대명왕 진언(觀世音菩薩 本心微妙 六字大明王眞言)

옴 마니 반메 훔 (3번)

준제진언(准提眞言)

나무 사다남 삼먁삼못다 구치남 다냐타
「옴 자례주례 준제 사바하 부림」(3번)

내 이제	준제주를	지송하옵고	我今持誦大准提
보리심	발하오며	큰원세우니	卽發菩提廣大願
정과혜가	두렷이	밝아지오며	願我定慧速圓明
모든공덕	남김없이	성취하옵고	願我功德皆成就
수승한복	두루두루	장엄하오며	願我勝福遍莊嚴
중생모두	불도를	이뤄지이다	願共衆生成佛道

여래십대발원문(如來十大發願文)

바랍노니	삼악도를	길이여의고	願我永離三惡道
탐심진심	삼독심	속히끊으며	願我速斷貪瞋痴
어느때나	삼보이름	항상듣고서	願我常聞佛法僧
계정혜	삼학을	힘써닦으며	願我勤修戒定慧
부처님을	따라서	항상배우고	願我恒隨諸佛學
위 없는	보리심에	항상머물며	願我不退菩提心
어김없이	안양국에	태어나아서	願我決定生安養
아미타	부처님을	친견하옵고	願我速見阿彌陀
			願我分身遍塵刹
			願我廣度諸衆生

미진세계　　국토에　　몸을나투어
모든중생　　남김없이　　건네지이다

발사홍서원(發四弘誓願)

중생　가없지만　기어코　건지리다　　　衆生無邊誓願度
번뇌　끝없지만　기어코　끊으리다　　　煩惱無盡誓願斷
법문　한없지만　기어코　배우리다　　　法門無量誓願學
불도　끝없지만　기어코　이루리다　　　佛道無上誓願成
자성　중생을　　기어코　건지리다　　　自性衆生誓願度
자성　번뇌를　　기어코　끊으리다　　　自性煩惱誓願斷
자성　법문을　　기어코　배우리다　　　自性法門誓願學
자성　불도를　　기어코　이루리다　　　自性佛道誓願成

발원이 귀명례 삼보(發願已 歸命禮 三寶)

「나무 상주시방불　　　　　　南無常住十方佛
　나무 상주시방법　　　　　　南無常住十方法
　나무 상주시방승」(3번)　　　南無常住十方僧

제3장 헌공작법(獻供作法)

1. 상단권공(上壇勸供)

〔거불(擧佛)〕

나무 불타부중 광림법회
南無 佛陀部衆 光臨法會

나무 달마부중 광림법회
南無 達摩部衆 光臨法會

나무 승가부중 광림법회
南無 僧伽部衆 光臨法會

보소청진언(普召請眞言)

나무 보보제리 가리다리 다타아다야 (3번)

〔유치(由致)〕

우러러	생각하니	불법승	큰성현은	仰惟 三寶大聖者
진리의	청정계서	대비구름	일으키어	從 眞淨界 興 大悲 雲非身現身 布身雲
몸아닌몸	나투시어	삼천계에	두루하고	於三千世界

법없는법	말씀하여	감로의비	내리시사	無法說法灑法雨於
팔만사천	온갖번뇌	남김없이	씻어주며	八萬塵勞 開種種方
가지가지	방편열어	항사중생	건지시니	便之門 導 茫茫沙
구하는것	이루기는	빈골짜기	메아리며	界之衆 有求皆遂
원하는바	좇아주심	맑은물에	달빛이라	如空谷之傳聲無願 不從 若澄潭之印月
이까닭에	사바세계	대한민국	이도량에	是以 三寶弟子 娑 婆世界 此四天下
참된불자	(이름)등	청정대원	이루고저	南贍部洲 東洋 大 韓民國 市道郡 某
금월금일	일심정성	법의자리	마련하고	山某寺 水月道場 今日齋者 某處居住
시방삼세	다함없는	삼보님전	공양코저	某人保體 以今月今 日 虔設法筵淨饌供
경건하온	작법지어	크신은덕	비옵니다	養帝網重重 無盡三 寶慈尊 薰懃作法
명향사뤄	청하오며	청정공양	올리오니	仰祈妙援者右伏以 爇茗香以禮請 呈玉
공양비록	적사오나	정성심을	거두시사	粒而修齋 齋體雖微 虔誠可愍 冀回慈鑑
자비거울	비추시어	굽어살펴	주옵소서	曲照微誠 謹秉一心 先陣墾請

〔청사(請詞)〕

나무 일심봉청

대자비로	체를삼아	중생들을	구호할새	南無一心奉請
어지럽고	어려운곳	모두살펴	주시옵되	以 大慈悲 火爲體 故 救護衆生 以爲
병이들어	앓는이엔	어진의사	되시옵고	資糧 於諸病苦 爲 作良醫 於失道者
길을잃고	헤매는덴	바른길을	가리키며	示其正路

어두운	밤중에는	밝은횃불	되옵시고
가난한	사람에겐	무량보배	얻게하여
일체중생	고루고루	평등하게	거두시는
청정하온	법신이신	비로자나	부처님과
원만하온	보신이신	노사나	부처님과
천백억	화신이신	석가모니	부처님과
서방정토	극락세계	아미타	부처님과
오는세계	사바교주	자씨미륵	부처님과
시방세계	항상계신	진여이신	불보님과
일승원교	대화엄경	대승실교	법화경과
세곳에서	마음전한	언어문자	여읜법과
시방세계	항상계신	심히깊은	묘법보와
대지성존	문수보살	대행성존	보현보살
대자성존	관음보살	대비대원	지장보살
부처님의	마음전한	제일조사	가섭존자
부처님법	널리펴낸	총지제일	아난존자
시방삼세	항상계신	청정하온	승보님들
이와같은	삼보님이	한량없고	가이없어
일체세계	두루하고	일체시에	충만해라

於闇夜中 爲作光明
於貧窮者 永得伏藏
平等饒益 一切衆生
淸淨法身 毗盧遮那
佛 圓滿報身 盧舍
那佛 千百億化身
釋迦牟尼佛 西方敎
主 阿彌陀佛 當來
敎主 彌勒尊佛 十
方常住 眞如佛寶
一乘圓敎 大方廣佛
華嚴經 大乘實敎
妙法華經 三處傳心
格外禪詮 十方常住
甚深法寶 大智文殊
菩薩 大行普賢菩薩
大悲觀世音菩薩 大
願本尊地藏菩薩 傳
佛心燈迦葉尊者 流
通敎海阿難尊者 十
方常住 淸淨僧寶
如是三寶 無量無邊
一一周徧 一一塵刹

일심정성 원하오니 대자대비 삼보시여 　唯願 慈悲憐愍有情
중생들을 보호하사 이도량에 강림하사 　降臨道場 受此供養
저희들의 정성어린 이공양을 받으소서

〔가영(歌詠)〕

향화청(香花請) 향화청 향화청

부처님몸 두루하여 시방세계 충만한데 　佛身普徧十方中
과현미래 부처님도 또한이와 같을새라 　三世如來一體同
넓고크온 원력구름 항상하여 다함없고 　廣大願雲恒不盡
가없는 여래경계 짐작조차 못하오리 　汪洋覺海渺難窮
故我一心歸命頂禮
고아일심귀명정례

헌좌진언(獻座眞言)

미묘하온 보리좌 수승한장엄 　妙菩提座勝莊嚴
삼세제불 이에앉아 성불했어라 　諸佛坐已成正覺
저희들의 헌좌또한 이같사오니 　我今獻座亦如是
모든중생 함께성불 하여지이다 　自他一時成佛道

「옴 바아라 미나야 사바하」 (3번)

정법계진언(淨法界眞言)

옴 남 (7번)

〔공양게(供養偈)〕

과거현재	미래의	제불세존과	供養十方調御士
청정하온	팔만사천	미묘법문과	演揚淸淨微妙法
해탈이룬	제현성께	공양하오니	三乘四果解脫僧
「크신자비	베푸시어	거둬주소서」(3번)	願垂慈悲哀納受

〔진언가지(眞言加持)〕 - 사다라니

향기로운	공양구	정성다하고	香羞羅列 齋者虔誠
공양이	원만하기	기원하오며	欲求供養之周圓
미묘하온	가지력	의지하오니	須仗加持之變化
삼보님	위신력	베푸옵소서	仰唯三寶 特賜加持
			南無十方佛
			南無十方法
			南無十方僧

「나무 시방불
나무 시방법
나무 시방승」(3번)

변식진언(變食眞言)

나막 살바다타 아다 바로기제 옴 삼바라 삼바라 훔 (3번)

감로수진언 (甘露水眞言)

나무 소로바야 다타아다야 다냐타 옴 소로소로 바라소로 바라소로 사바하 (3번)

일자수륜관진언(一字水輪觀眞言)

옴 밤밤밤밤 (3번)

유해진언(乳海眞言)

나무 사만다 못다남 옴 밤 (3번)

운심공양진언(運心供養眞言)

원합노니	이공양	법계에퍼져
다함없는	삼보님	공양하소서
부처님의	위덕입어	모든중생이
법을빛내	크신은혜	갚아지이다

「나막 살바다타 아제 박미 새바 모계 배약 살바다캄 오나아제 바라해맘 옴 아아나캄 사바하」 (3번)

〔칠정례(七頂禮)〕

지심정례공양 삼계대사 사생자부 시아본사 석가모니불
至心頂禮供養 三界大師 四生慈父 是我本師 釋迦牟尼佛

지심정례공양 시방삼세 제망찰해 상주일체 불타야중
至心頂禮供養 十方三世 帝網刹海 常住一切 佛陀耶衆

지심정례공양 시방삼세 제망찰해 상주일체 달마야중
至心頂禮供養 十方三世 帝網刹海 常住一切 達磨耶衆

지심정례공양 대지문수사리보살 대행보현보살 대비관세음보살
至心頂禮供養 大智文殊師利菩薩 大行普賢菩薩 大悲觀世音菩薩

대원본존지장보살마하살
大願本尊地藏菩薩摩訶薩

지심정례공양 영산당시 수불부촉 십대제자 십육성 오백성
至心頂禮供養 靈山當時 受佛付囑 十大弟子 十六聖 五百聖

독수성 내지 천이백제대아라한 무량자비성중
獨修聖 乃至 千二百諸大阿羅漢 無量慈悲聖衆

지심정례공양 서건동진 급아해동 역대전등 제대조사 천하종사
至心頂禮供養 西乾東晋 及我海東 歷代傳燈 諸大祖師 天下宗師

일체미진수 제대선지식
一切微塵數 諸大善知識

지심정례공양 시방삼세 제망찰해 상주일체 승가야중
至心頂禮供養 十方三世 帝網刹海 常住一切 僧伽耶衆

〔소예참(小禮懺), 또는 상단 예불도 可〕

지심정례공양 상주법계진언궁중 반야해회 암밤남함캄 대교주
至心頂禮供養 常住法界眞言宮中 般若海會 暗鑁南含坎 大敎主

청정법신 비로자나불 아바라하카 법계주 원만보신
淸淨法身 毘盧遮那佛 阿縛羅賀佉 法界主 圓滿報身

노사나불 아라바좌나 사바대교주 천백억화신
盧舍那佛 阿羅縛佐那 娑婆大敎主 千百億化身

석가모니불
釋迦牟尼佛

지심정례공양 신지광명보주법계 청정무애 비지원만 제일과거
至心頂禮供養 身智光明普周法界 清淨無碍 悲智圓滿 第一過去

비바시불 제이시기불 제삼비사부불 원증법계
毘婆尸佛 第二尸棄佛 第三毗舍浮佛 圓證法界

해탈삼매 구경법문 수순근욕 제사현재 구류손불
解脫三昧 究竟法門 隨順根欲 第四現在 拘留孫佛

제오구나함모니불 제육가섭불 제칠영산교주
第五拘那含牟尼佛 第六迦葉佛 第七靈山敎主

시아본사석가모니불
是我本師釋迦牟尼佛

지심정례공양 동방만월세계 십이상원 약사유리광여래불 서방정토
至心頂禮供養 東方滿月世界 十二上願 藥師琉璃光如來佛 西方淨土

극락세계사십팔대원 아미타여래불 남방환희세계
極樂世界四十八大願 阿彌陀如來佛 南方歡喜世界

보승여래불 북방무우세계 부동존여래불
寶勝如來佛 北方無憂世界 不動尊如來佛

중방화장세계 내외십신비로자나여래불
中方華藏世界 內外十身毘盧遮那如來佛

당래용화교주 자씨미륵존여래불
當來龍華敎主 慈氏彌勒尊如來佛

지심정례공양 참죄업장 십이존불 지장원찬이십삼존 제위여래불
至心頂禮供養 懺罪業障 十二尊佛 地藏願讚二十三尊 諸位如來佛

능멸천재 성취만덕 금륜보계치성광여래불
能滅千災 成就萬德 金輪寶界熾盛光如來佛

　　　　　　　　　　대성북두칠성존제위여래불
　　　　　　　　　　大聖北斗七星尊諸位如來佛

지심정례공양　찬탄미타　시방제불　서멸중죄　삼십오불　삼천불조
至心頂禮供養　讚嘆彌陀　十方諸佛　誓滅重罪　三十五佛　三千佛祖

　　　　　　　　오십삼불　과현미래삼세　삼천제불　동방해탈등
　　　　　　　　五十三佛　過現未來三世　三千諸佛　東方解脫等

　　　　　　　　오천오백존불　대방광불화엄경　칠처구회　주반중중
　　　　　　　　五千五百尊佛　大方廣佛華嚴經　七處九會　主伴重重

　　　　　　　　종종명호난사제불　진허공변법계시방삼세　제망중중
　　　　　　　　種種名號難思諸佛　盡虛空偏法界十方三世　帝網重重

　　　　　　　　무진해회　삼불원융　십신무애　상주일체　진여불보
　　　　　　　　無盡海會　三佛圓融　十身無碍　常住一切　眞如佛寶

지심정례공양　복성동반　사라림중　인과교철　장엄보탑　일체여래
至心頂禮供養　福城東畔　娑羅林中　因果交徹　莊嚴寶塔　一切如來

　　　　　　　　불입열반　선도성중　전단보탑　영산법회　증청묘법
　　　　　　　　不入涅槃　善度城中　栴檀寶塔　靈山法會　證聽妙法

　　　　　　　　다보여래전신보탑　일체중생　희견보살　팔만사천
　　　　　　　　多寶如來全身寶塔　一切衆生　喜見菩薩　八萬四千

　　　　　　　　청정보탑　본사세존　전신사리　정골치아보부인천
　　　　　　　　淸淨寶塔　本師世尊　全身舍利　頂骨齒牙普覆人天

　　　　　　　　자비보탑　내지　천봉만학평원광야　해안강두　종종보탑
　　　　　　　　慈悲寶塔　乃至　千峰萬壑平原廣野　海岸江頭　種種寶塔

지심정례공양　일승원교　대방광불화엄경　대승종교　실상묘법연화경
至心頂禮供養　一乘圓敎　大方廣佛華嚴經　大乘終敎　實相妙法蓮華經

　　　　　　　　대승시교반야경　대승돈교　원각경　대불정수능엄경
　　　　　　　　大乘始敎般若經　大乘頓敎　圓覺經　大佛頂首楞嚴經

비로계본 범망경 칭찬정토아미타경 구모생천
毘盧戒本 梵網經 稱讚淨土阿彌陀經 救母生天

목련경 대보부모은중경 대원본존 지장보살본원경
目連經 大報父母恩重經 大願本尊 地藏菩薩本願經

여시등 청정무장애 무진법문
如是等 清淨無障碍 無盡法門

지심정례공양 용궁해장묘만법 신묘장구대다라니 불정존승대다
至心頂禮供養 龍宮海藏妙萬法 神妙章句大陀羅尼 佛頂尊勝大陀

라니 태백산개대다라니 성불수구대다라니 경율론
羅尼 太白傘盖大陀羅尼 成佛隨求大陀羅尼 經律論

삼장십이부 일체수다라 원만교해 진허공변법계
三藏十二部 一切修多羅 圓滿教海 盡虛空徧法界

시방삼세 제망중중무진해회 삼대사융십현구족
十方三世 帝網重重無盡海會 三大斯融十玄具足

상주일체 심심법보
常住一切 甚深法寶

지심정례공양 오봉성주 칠불조사 대지문수사리보살 여래장자
至心頂禮供養 五峰聖主 七佛祖師 大智文殊師利菩薩 如來長子

법계원왕 만행무궁 보현보살 보문시현 원력홍심
法界願王 萬行無窮 普賢菩薩 普門示現 願力弘深

대자대비 관세음보살 염불삼매 섭화중생 대희대사
大慈大悲 觀世音菩薩 念佛三昧 攝化衆生 大喜大捨

대세지보살마하살
大勢至菩薩摩訶薩

지심정례공양 능단무명 미세혹결 대지금강장보살 최멸중생
至心頂禮供養 能斷無明 微細惑結 大智金剛藏菩薩 摧滅衆生

인아업산 대자제장애보살 자인적선 서구중생
人我業山 大慈除障碍菩薩 慈仁積善 誓救衆生

대원본존지장보살 진언궁중 신통장엄 불모대자 준제
大願本尊地藏菩薩 眞言宮中 神通莊嚴 佛母大慈 准提

보살마하살
菩薩摩訶薩

지심정례공양 상주금강 연설반야 대혜법기보살 분골향성 상제구
至心頂禮供養 常住金剛 演說般若 大慧法起菩薩 焚骨香城 常啼求

법 살타파륜보살 여기권속 일만이천보살마하살
法 薩陀波侖菩薩 與其眷屬 一萬二千菩薩摩訶薩

대방광불화엄경 십불세계 극미진수 종종명호 난사
大方廣佛華嚴經 十佛世界 極微塵數 種種名號 難思

보살 극락세계 왕반무애 일체청정 대해중보살마하살
菩薩 極樂世界 往返無碍 一切淸淨 大海衆菩薩摩訶薩

지심정례공양 화엄말회 오십삼 제위선지식 여일생능원 광겁지과
至心頂禮供養 華嚴末會 五十三 諸位善知識 與一生能圓 廣劫之果

선재동자 영산당시 수불부촉 십대제자 십육성중
善財童子 靈山當時 受佛付屬 十大弟子 十六聖衆

오백성중 독수성중 내지 천이백제대아라한 무량성중
五百聖衆 獨修聖衆 乃至 千二百諸大阿羅漢 無量聖衆

지심정례공양 서건사칠당토이삼 오파분류 역대전등 제대조사
至心頂禮供養 西乾四七唐土二三 五派分流 歷代傳燈 諸大祖師

해동초조 원효조사 전지조인 도의국사 화엄초조
海東初祖 元曉祖師 傳持祖印 道義國師 華嚴初祖

의상조사 자장율사 보조국사 진각국사 위작증명
義湘祖師 慈藏律師 普照國師 眞覺國師 爲作證明

지공나옹무학 삼대화상 태고왕사 환암선사 중흥
指空懶翁無學 三大和尙 太古王師 幻庵禪師 重興

조도 보안만민 서산사명 양대화상 내지 천하선
祖道 保安萬民 西山泗溟 兩大和尙 乃至 天下善

지식노화상 진허공 변법계 시방삼세 제망중중
知識老和尙 盡虛空 徧法界 十方三世 帝網重重

무진해회 인원오위 과만십신 상주일체 청정승보
無盡海會 因圓五位 果滿十身 常住一切 淸淨僧寶

원합노니	다함없는	삼보이시여	唯願無盡三寶
대자비로	저희공양	받아주소서	大慈大悲 受此供養
걸림없는	위덕으로	감싸주시사	冥熏加被力
모든중생	함께성불	하여지이다	願共法界諸衆生
			自他一時成佛道

보공양진언(普供養眞言)

옴 아아나 삼바바 바아라 훔 (3번)

보회향진언(普廻向眞言)

옴 사마라 사마라 미만나 사라마하 자가라 바 훔 (3번)

원성취진언(願成就眞言)

옴 아모카 살바다라 사다야 시베 훔 (3번)

보궐진언(補闕眞言)

옴 호로호로 사야모케 사바하 (3번)

〔탄백(嘆白)〕

누가있어	세계먼지	모두를세고	刹塵心念可數知
가없는	바닷물을	모두마시며	大海中水可飮盡
허공을	헤아리고	바람잡아도	虛空可量風可繫
임의공덕	그모두는	말못하오리	無能盡說佛功德

〔정근〕

나무 삼세불모 성취만법 무애위덕　　南無 三世佛母
　　　　　　　　　　　　　　　　　　成就萬法 無碍爲德
「마하반야바라밀…」(백천만번)　　　　摩訶般若波羅蜜

〔탄백〕

저희들이	지은바	이공덕이	願以此功德
일체의	중생들의	공덕이되어	普及於一切
모든중생	빠짐없이	성불하옵고	我等與衆生
위 없는	불국토를	이뤄지이다	皆共成佛道

〔평상축원〕

시방삼세　　영원하신　　삼보님전에　　　今日至極虔誠

저희들이	일심정성	아뢰옵니다	獻供發願 懇禱齋者
위로조차	닦아온	모든공덕을	○○市 ○○洞
위 없는	보리도와	제불보살과	○○番地 居住
삼계일체	중생에게	회향하오니	乾命 ○○生 ○○○
저희조국	만만세로	평화하옵고	坤命 ○○生 ○○○
겨레형제	안락하고	보리심내며	兩主保體
십류사생	빠짐없이	밝아지이다	長子 ○○生 ○○○
저희거듭	계수하며	발원하오니	(家族)
자비하신	원력으로	거둬주시사	以此因緣功德
금일지성	기도재자	살펴주소서	仰蒙諸佛菩薩
불제자	청신사	(이름)보체	加護之妙力
불제자	청신녀	(이름)보체	壽山高屹
이들을	위시한	일문권속과	福海汪洋之大願
원근친척	노소남녀	모든불자가	
수승하온	수행인연	큰공덕으로	
자비하신	불보살님	위신력입어	
다생스승	다생부모	극락에나며	
다생동안	지은죄업	멸해지이다	
몸과마음	시시로	청정해지고	

지혜는	나날이	밝아지오며
수명의산	견고하고	높아지옵고
복의바다	더욱넓고	깊어지이다
가문은	창성하고	평안이루고
뜻하는바	모든사업	크게이루며
중생위한	미묘법문	빛내오면서
위 없는	보리도를	원만히닦아
부처님의	크신은덕	갚아지이다
온 법계	불자들이	불은을입어
보리도량	이르러서	부처님뵙고
제불광명	항상받아	죄장멸하여
한이없는	지혜얻고	중생을건져
위 없는	깨달음을	원만히이뤄
법계중생	모두함께	마하반야바라밀

  나무 석가모니불

  나무 석가모니불

  나무 시아본사 석가모니불.

〔영가축원〕

시방삼세	영원토록	항상하신	삼보전에
저희들이	일심정성	우러러	아뢰오니
대자대비	베푸시어	거두어	주옵소서
위로조차	닦아온	한이없는	큰공덕을
위 없는	보리도와	제불보살	큰성현과
삼계일체	중생에게	모두회향	하옵나니
일체에	두루하여	원만하여	지이다
저희조국	대한민국	만만세로	평화롭고
겨레형제	안락하고	큰보리심	발하오며
세계국토	항상맑고	천국만민	자유얻고
십류사생	빠짐없이	고루성불	하여이다
위 없이	밝은법문	온천지에	넘쳐나고
불법광명	항상빛나	큰법수레	굴리이다
사바세계	한반도에	보리도량	빛난중에
저희들이	계수하며	일심정성	원하오니
자비하신	원력으로	다시거둬	주옵소서
대한민국	○○거주	○○○가	청하옵는
선망(○○)	○○○영가가		

仰告 十方三世 帝
網重重 無盡三寶
慈尊不捨慈悲 許垂
朗鑑 上來所修功德
海 回向三處悉圓滿
　奉爲
上祝統領之椿壽 傍
資百執之龜齡 冀
四海而澄淸 享 萬
民之豊樂 三檀六度
俾歡喜而滿心 十類
四生 使 平等而成
佛敎海禪林佛日增
輝 和風甘雨法輪常
轉 願我今日至意虔
誠薦靈齋者 某人伏
爲 所薦 某人靈駕
以此因緣功德 不踏
冥路 往生極樂之大
願 仰願當靈伏爲
上世先亡 師尊父母
累世宗親 弟兄叔伯
一切眷屬等列位靈
駕 仰願此寺 最初
創建以來 至於重建
重修 化主施主都監
別座 佛前內外 日
用凡諸汁物 大小結
緣等 各 列位靈駕
仰願 道場內外 洞
上洞下 有主無主

거룩하온	이인연에	크신은혜	가득입고	沉魂滯魄 一切哀魂
불보살님	크신광명	그의앞길	밝게비춰	佛子等 各 列位靈
과거생과	생전중에	지은업장	소멸되고	駕 仰願此五大洲六
극락세계	구품연대	상상품에	가서나고	大洋 爲國節死 忠
아미타불	친견하여	법문듣고	마음열어	義將卒 飢寒凍餒
생사없는	큰지혜를	남김없이	요달하여	九種橫死 刑憲而終
시방국토	드나들며	광명놓고	설법하여	産難而死 一切哀魂
불보살님	크신서원	함께이룩	하여이다	等衆 乃至鐵圍山間
다시또한	이미가신	스승님과	부모님과	五無間獄 一日一夜
누세의	종친들과	형제자매	영가들과	萬死萬生 受苦含靈
이 도량	창건이래	중건중수	공덕주와	等衆 各列位靈駕
오늘날에	이르도록	인연공덕	지은이와	兼及法界 四生七趣
도량내외	유주무주	외로운	영가들과	三途八難 四恩三有
나라위해	목숨바친	충의장병	애국선열	一切有識 含靈等衆
세계평화	이루고저	몸을바친	성현들과	各列位靈駕 咸脫三
지옥계와	아귀도중	고통받는	고혼들이	界之苦惱 超生九品
부처님의	한이없는	대비원력	입사와서	之樂邦 獲蒙諸佛
삼계의	고통바다	모두함께	벗어나고	甘露灌頂 般若朗智
극락세계	광명국토	연꽃나라	왕생하여	豁然開悟 仰願今日
부처님의	감로법문	정수리에	부어지고	至誠齋者 時會合院
				大衆 老少比丘 沙
				彌行者 信男信女
				白衣檀越 各各等保
				體 日日有千祥之慶
				時時無 百害之災
				壽山高屹 福海汪洋
				之大願 然後願 恒
				沙法界 無量佛子等
				同游華藏莊嚴海 同
				入菩提大道場 常逢
				華嚴佛菩薩 恒蒙諸
				佛大光明 消滅無量
				衆罪障 獲得無量大

큰반야의　밝은지혜　활연성취　하여이다　　智慧 頓成無上最正
아울러　　바라옴은　금일지성　제자들과　　覺 廣度法界諸衆生
노소남녀　가족들과　형제들과　친족들과　　以報諸佛莫大恩 世
이 도량에　함께모인　스님들과　신도들에　世常行菩薩道 究竟
부처님의　자비광명　어느때나　감싸아서　圓成薩婆若
마음속의　원하는바　착한소망　다이루고　摩訶般若婆羅蜜
나날이　　상서일고　모든재난　소멸하며　南無釋迦牟尼佛
수명의산　견고하고　복의바다　더욱넓어　南無釋迦牟尼佛
밝은지혜　큰원으로　보살대도　이뤄지이다　南無是我本師
온 법계　　불자들이　크신은혜　항상입어　釋迦牟尼佛
보리도량　다이르고　불보살님　친견하여
제불광명　항상받고　모든죄장　소멸하며
한량없는　지혜얻고　무상정각　이루어서
법계중생　모두함께　마하반야바라밀

　나무 석가모니불

　나무 석가모니불

　나무 시아본사 석가모니불.

〔병축원〕

시방삼세　　영원하신　　삼보님전에

일심정성	기울여서	아뢰옵니다	
위로조차	닦아온	모든공덕을	
위 없는	보리도와	제불보살과	
삼계일체	중생에게	회향하오니	
자비하신	원력으로	거둬주시사	
금일지성	기도재자	살펴주소서	今日至極虔誠
불제자	청신사	○○○보체	懇禱齋者 某住所居住
우연히	병이들어	신음합니다	某姓名 奉爲 慈父 甲子生
다겁생래	지은죄	참회하오며	某生名 保體 偶然得病 累日呻吟
삼보님의	크신뜻	받드옵나니	仰蒙諸佛菩薩哀愍 攝受之妙力
대자대비	위력으로	감싸주시사	卽日快差 依舊泰平之大願
다생동안	지은죄장	소멸되옵고	
하루속히	금강신을	이뤄지이다	
몸과마음	청정하여	수와복높고	
겨레와	중생위해	몸을바치며	
나날이	끊임없이	보살도닦아	
위 없는	대보리를	원만히이뤄	
삼보님	크신은덕	갚아지이다	

나무 석가모니불

나무 석가모니불

나무 시아본사 석가모니불.

2. 중단공양(中壇供養)

〔다게(茶偈)〕

청정하고	향기로운	공양받들어	以此淸淨香雲供
옹호회상	성현전에	올리옵나니	奉獻擁護聖衆前
저희들의	간절한뜻	살펴주시고	鑑察我等虔誠禮
크신자비	베푸시어	거둬주소서	願垂慈悲哀納受

〔삼정례(三頂禮)〕

지심정례공양　화엄회상　욕색제천중
至心頂禮供養　華嚴會上　欲色諸天衆

지심정례공양　화엄회상　팔부사왕중
至心頂禮供養　華嚴會上　八部四王衆

지심정례공양　화엄회상　호법선신중
至心頂禮供養　華嚴會上　護法善神衆

| 원합노니 | 성중이여 | 자비내리사 | 唯願神衆慈悲 |
| 이 도량 | 옹호하고 | 공양을받고 | 擁護道場 |

위 없는	보리심을	모두내시어	悉皆受供發菩提
불사지어	모든중생	건네지이다	施作佛事度衆生

보공양진언(普供養眞言)

옴 아아나 삼바바 바아라 훔 (3번)

금강심진언(金剛心眞言)

옴 오류이 사바하 (3번)

예적대원만다라니(穢跡大圓滿陀羅尼)

예적금강	성현중께	계수합니다	稽首穢跡金剛部
부처님의	화현이신	금강의몸에	釋迦化現金剛身
머리는셋	부릅뜬눈	이빨은칼날	三頭弩目牙如釖
여덟팔은	모두가	항마구잡고	八臂皆執降魔具
독사와	영락으로	몸을감았고	毒蛇瓔珞繞身臂
삼매의	불기둥이	몸을따라라	三昧火輪自隨身
천마며	외도며	모든망량이	天魔外道及魍魎
이다라니	들을지면	두려워뛰네	聞說神呪皆怖走
바라건대	부처님의	위신력입어	願承加持大威力
위 없는	불사속히	이뤄지이다	速成佛事無上道

옴 빌실구리 마하바라 한내 믹집믹 혜마니 미길미 마나세
옴 자가나 오심모 구리 훔훔훔 박박박박박 사바하 (3번)

항마진언(降魔眞言)

내 이제	금강부의	방편을열어	我以金剛三等方便
금강신에	반월풍륜	장엄을하고	身乘金剛半月風輪
단위에서	남자광명	입으로놓아	壇上口放喃字光明
그대들의	무명의몸	사뤄버리고	燒汝無明所積之身
천상천하	지하까지	영을내리어	亦勅天上空中地下
일체재난	일체고난	없애버리니	所有一切作諸障難
불선자는	모두와서	무릎을꿇고	不善心者皆來胡跪
부처님의	미묘법음	모두들고서	聽我所說加持法音
포악하고	어리석은	마음버리고	捨諸暴惡悖逆之心
부처님	법문중에	믿음을내어	於佛法中咸起信心
이 도량과	시주들을	옹호할지며	擁護道場亦護施主
재앙을	소멸하고	복내릴지라	降福消災

「옴 소마니 소마니 훔 하리한나 하리한나 훔 하리한나 바나야 훔 아나야혹 바아밤 바아라 훔 바탁」 (3번)

제석천왕제구예진언 (帝釋天王除垢穢眞言)

아지부 데리나 아지부 데리나 미아제리나 오소제리나 아부다 제리나 구소제리나 사바하 (3번)

십대명왕본존진언 (十大明王本尊眞言)

옴 호로호로 디따디따 반다반다 하나하나 아미리제 옴박 (3번)

소청팔부진언 (召請八部眞言)

옴 살바디바나 가아나리 사바하 (3번)

반야심경 : 본문 P. 18
소재길상다라니 : 본문 P. 117
보궐진언: 본문 P. 43 · 원성취진언 · 보회향진언 : 본문 P. 42

〔탄백(嘆白)〕

원합노니	천룡팔부	성중이시여	願諸天龍八部衆
저희들을	옹호하고	살펴주소서	爲我擁護不離身
간곳마다	모든재난	없애주시며	於諸難處無諸難
저희들의	간절한뜻	이뤄지이다	如是大願能成就

〔축원(祝願)〕

우러러 아뢰노니 옹호회상 현성이여   仰告華嚴會上 諸大

밝은지혜 비추시고 자재하신 신통떨쳐
지중하온 호법위력 크게빛내 주시옵고
금일재자 맑은소원 거두어 주옵소서
화엄신장 제성중의 걸림없는 위덕으로
저희들의 낱낱청원 깊이살펴 주시오며
모든재앙 소멸하고 상서구름 날로일어
사대육근 청정하여 건강하고 재난없어
오나가나 경사맞고 모든소망 이뤄이다
수명산은 높아지고 덕의밭은 넓어지고
지혜산이 빛나지고 복의바다 깊어지며
모든출입 걸림없고 좋은자질 발휘하여
일가문중 기둥되고 나라위해 빛이되며
모든사람 참벗되고 길이빛날 뜻을이뤄
부처님법 빛내면서 참된행복 이뤄이다
아울러 바라옴은 부모님과 형제들과
일문원근 친족들과 함께모인 대중들이
모든장애 사라져서 수와복을 더하옵고
모든불사 크게이뤄 법의등불 밝아지며
시방법계 온중생이 삼업고루 청정하여

賢聖 僉垂憐愍之至情 各放神通之妙力 伏願今此云云 仰蒙諸大聖衆 加護之妙力 所伸情願則 日日有 千祥之慶 時時無 百害之災 心中所求 如意亨通之大願 又六根淸淨 四大强健 身無一切病苦厄難 心無一切貪戀迷惑 各其心中云云又參禪者 疑團獨露 念佛者 三昧現前 看經者 慧眼通透 病苦者卽得快差 職務者 隨分成就之願 又仰願東西四方出入往還 常逢吉慶 不逢災害 官口舌 三八難 四百四病 一時消滅云云 仰願今日齋者 與時會大衆等 三障頓除 五福增崇願諸有情等 三業皆淸淨 奉持諸佛敎 和南大聖尊 俱護吉祥
摩訶般若波羅蜜

부처님법 만나고서 크신법문 모두배워
법계유정 남김없이 무상불도 이뤄지이다
 나무 마하반야바라밀

제4장 시식작법(施食作法)

1. 상용시식(常用施食)

〔거불(擧佛)〕

나무 극락도사 아미타불
南無　極樂導師　阿彌陀佛

나무 관음세지 양대보살
南無　觀音勢至　兩大菩薩

나무 접인망령 대성인로왕보살 마하살
南無　接引亡靈　大聖引路王菩薩　摩訶薩

〔청혼(請魂)〕

거 사바세계 남섬부주 동양 대한민국○○시 ○○사 청정 수월도량에서 오늘 ○○재일을 맞이하여 ○○시 ○○동 거주 (이름) 등이 지극정성으로 향단을 차려 선망○○ ○○○영가를 청하옵니다.

〔창혼(昌魂)〕

거 사바세계 남섬부주 동양 대한민국 ○○시 ○○사
청정 수월도량
금일지성 향단차려 청하온 재자 ○○시 ○○동 거주
효자 ○○○ 복위
선망○○ ○○○영가 (3설)

영가위주 복위기부 다생사장 다생부모 누세종친 제형숙백
자매질손 원근친척 열위영가 내지 보여법계 일체애혼
제불자등 열위영가

〔착어(着語)〕

신령하고	밝은성품	미묘하기	그지없어	靈明性覺妙難思
가을못에	비친달이	계수나무	사무쳐라	月墮秋潭桂影寒
목탁소리	요령소리	밝은길이	열렸으니	金鐸數聲開覺路
잠시저승	하직하고	이향단에	내리소서.	暫辭眞界下香壇

〔진령게(振鈴偈)〕

| 종소리 | 떨치어서 | 두루청하니 | 以此振鈴伸召請 |
| 저승세계 | 여러영가 | 들을지어다 | 冥途鬼界普聞知 |

바라건대　　삼보님의　　위신력빌어　　　願承三寶力加持
금일금시　　이자리에　　내림하시라　　　今日今時來赴會

보소청진언(普召請眞言)

나무 보보제리 가리다리 다타아다야 (3번)

〔청사(請辭)〕

일심봉청
세간살이　　인연이　　　이미다하여　　一心奉請
목숨이　　　불현중에　　옮겨갔어라　　生緣已盡
오늘이미　　저승의　　　손이되시니　　大命俄遷　旣作黃泉
살아있던　　그시절이　　방불하여서　　之客　已爲追薦之魂
지난모습　　그리면서　　청하옵니다　　彷彿形容　依俙面目
○○거주　　○○○복위　　　　　　　　今日某靈　承佛威光
선망○○　　○○○영가　　　　　　　　來詣香壇　受沾法供
아울러　　　인연있는　　모든영가여
부처님　　　위신력의　　광명을빌어
이향단　　　법공양을　　받을지로다

[가영(歌詠)]

향연청(香煙請) 향연청 향연청

세상인연	다하여서	죽음이르니	諸靈限盡致身亡
번개같은	인생이라	한판꿈이라	石火光陰夢一場
아득해라	삼혼이여	어디로가고	三魂杳杳歸何處
칠백이여	고향떠나	망망하여라	七魄茫茫去遠鄉

수위안좌진언(受位安座眞言)

옴 마니 군다니 훔훔 사바하 (3번)

[다게(茶偈)]

향기로운	백초림	신선한맛을	百草林中一味新
조주스님	몇천번을	권하였던가	趙州常勸幾千人
돌솥에	강심수	고이달여서	烹將石鼎江心水
영가들	앞앞마다	드리옵나니	願使亡靈歇苦輪
망령이여	드시고서	안락하시라	願使孤靈歇苦輪
고혼이여	드시고서	안락하시라	願使諸靈歇苦輪
제령이여	드시고서	안락하시라

[헌식소(獻食疏)]

이향단에	청하온	○○영가여	香熱五分之眞香
이법회를	함께한	여러영가여	熏發大智
삼보께	예경하고	제사받으니	燈燃般若之明燈
길이길이	기쁨을	누릴지어다	照破昏衢
바라건대	일심정성	염불하시며	茶獻趙州之請茶
연화좌에	편히앉아	공양하시라	頓息渴情
오분진향	받으시고	큰지혜내고	果獻仙都之眞品
반야명등	공양으로	어둠파하며	掌助一味
조주청다	드시고서	갈증을쉬고	食進香積之珍羞
선도과일	드시고서	기쁨넘치며	永絶飢虛
향적진수	드시고서	풍족하시라	某靈於此物物
○○○	영가와	여러영가여	種種珍羞
이 자리	이향단의	진수공양은	不從天降(云云)
재자들의	간절한	일편단심과	
영가위한	정성에서	우러난바니	
바라건대	모든영가	감응하시라	

변식진언: 본문 p. 35
시감로수진언, 일자수륜관진언, 유해진언: 본문 p. 36

〔가지(加持)〕

바라건대	법다운	이공양이여	願此加持食
시방세계	두루두루	넘칠지어라	普徧滿十方
먹은자는	기갈을	길이여의고	食者除飢渴
아미타	극락세계	태어나소서	得生安養國

시귀식진언(施鬼食眞言)

옴 미기미기 아야미기 사바하 (3번)

시무차법식진언(施無遮法食眞言)

옴 목역능 사바하 (3번)

보공양진언(普供養眞言)

옴 아아나 삼바바 바아라 훔 (3번)

발보리심진언(發菩提心眞言)

옴 모지짓다 못다 바나야 믹 (3번)

보회향진언(普廻向眞言)

옴 사마라 사마라 미만나 사라마하 자가라 바 훔 (3번)

〔십념(十念)〕

청정법신　비로자나불　　　　　清淨法身
　　　　　　　　　　　　　　　毗盧遮那佛
원만보신　노사나불　　　　　　圓滿報身盧舍那佛
천백억화신　석가모니불　　　　千百億化身
　　　　　　　　　　　　　　　釋迦牟尼佛
구품도사　아미타불　　　　　　九品導師阿彌陀佛
　　　　　　　　　　　　　　　當來下生彌勒尊佛
당래하생　미륵존불　　　　　　十方三世一切諸佛
　　　　　　　　　　　　　　　十方三世一切尊法
시방삼세　일체제불　　　　　　大聖文殊師利菩薩
　　　　　　　　　　　　　　　大行普賢菩薩
시방삼세　일체존법　　　　　　大悲觀世音菩薩
　　　　　　　　　　　　　　　大願本尊地藏菩薩
대성문수　사리보살　　　　　　諸尊菩薩摩訶薩
　　　　　　　　　　　　　　　摩訶般若波羅蜜
대행보현보살

대비관세음보살

대원본존지장보살

제존보살마하살

마하반야바라밀

반야심경 : 본문 p. 18　또는 장엄염불 : 본문 p. 87 약간

〔봉송(奉送)〕

고혼이여　　망령이여　　영가들이여　　奉送孤魂泊有情
삼도의　　　유정이여　　잘들가시라　　地獄餓鬼及傍生

| 다른날에 | 다시또한 | 청하오리니 | 我於他日建道場 |
| 본래서원 | 잊지말고 | 다시오시라 | 不違本誓還來赴 |

2. 대령(對靈)

〔거불(擧佛)〕

나무 극락도사 아미타불
南無　極樂導師　阿彌陀佛

나무 관음세지 양대보살
南無　觀音勢至　兩大菩薩

나무 접인망령 대성인로왕보살마하살
南無　接引亡靈　大聖引路王菩薩摩訶薩

〔증명소(證明疏)〕

들자오니	나고죽는	어두운길은	蓋聞 生死路暗 憑
부처님의	광명빌어	가히밝히며	佛燭 而可明 苦海
중생들의	고통바다	깊고깊음은	波深仗 法船而可渡
부처님의	법선으로	가히건네라	四生六道 迷眞則
사생육도	중생들이	진성미하면	似蟻巡環 八難三途
개미처럼	삼도팔난	돌고돌으며	恣情則 如蠶處繭
망령된	생각에	끄달리고는	傷嗟生死 從古至今
			未悟心源 那能免矣
			非憑佛力 難可超昇
			娑婆世界(云云)今
			則 天風肅靜 白日

누에처럼 고치속에 갇힘이어라
슬프다 중생들의 나고죽음이
예로조차 지금에 끊임없으니
마음근원 밝히잖고 어찌면하며
불력을 입지않고 어찌벗으리
금일 이 자리 청정법단은
○○시 ○○거주 ○○○불자가
선망○○ ○○○영가 ○○재일을 맞아
부처님의 위력빌어 자재를얻고
서방정토 극락세계 발원하고자
법석을 마련하고 향화갖추어
인로왕 보살님을 청함입니다
크옵신 대자비 보살이시여
바라건대 크신서원 잊지마시고
밝은길로 영가를 인도하소서
영가의 밝은성품 미하지않고
팔식이 분명하여 도량이르러
부처님의 크신공덕 모두입고서
묵은원한 묵은빚 다소멸하여
무상보리 깨단도록 인도하소서

明明（夜漏沈沈）專
列香花 以伸迎請
南無一心奉請 大聖
引路王菩薩 摩訶薩
右伏以 一靈不昧
八識分明 歸屆道場
領霑功德 陳寃宿債
應念頓消 正覺菩提
隨心便證 謹疏 某
年 月 日
秉法沙門
某甲 謹疏

〔청혼(請魂)〕

금일 이 땅 하직한지 ○○ 재일을

당하여 지성 기울여 조촐한 재단을 차려

영가를 청하옵니다.

〔창혼(昌魂)〕

거 사바세계 남섬부주 동양 대한민국

○○시 ○○구 ○○동

○○번지 거주 ○○○등 복위

선망○○ ○○○영가 (3설)

남이라	본래로	남이없고
죽음이라	본래로	죽음이없어
나고죽음	본래로	빈것이며
실상만이	길이길이	항상하니라

○○○ 영가

생멸없는 이 소식 알아 듣는고?

〔양구(良久)〕

우러르나   수그리나   은현현하고

보는데나   듣는곳에   분명하여라
만약에   이도리를   알아들으면
단번에   법신을   증득함이라
길이길이   굶주림을   벗어나고서
원만구족   자재해탈   얻을것이나
만약에   그러하지   못하였다면
부처님   신력입고   법력을빌어
이 향단에 이르러   공양을받고
남이없는   도리를   깨칠지로다

〔진령게(振鈴偈)〕

종소리   떨치어서   청하노라   以此振鈴伸召請
오늘의   모든영가   들을지어다   今日靈駕普聞知
바라건대   삼보님의   위신력빌어   願承三寶力加持
이 시간   이 향단에 내림하소서   今日今時來赴會

보소청진언(普召請眞言)

나무 보보제리 가리다리 다타아다야 (3번)

향연청(香煙請) 향연청 향연청

세상인연	다하여서	죽음이르니	諸靈限盡致身亡
번개같은	인생이라	한판꿈이라	石火光陰夢一場
아득해라	삼혼이여	어디로가고	三魂杳杳歸何處
칠백이여	고향떠나	망망하여라	七魄茫茫去遠鄕

수위안좌진언 (受位安座眞言)

옴 마니 군다니 훔훔 사바하 (3번)

○○○영가

이제	정성드린	청함을받고	某人 靈駕 旣受虔
정결하온	향단에	이르렀으니	請 已降香壇 放捨
온갖인연	활활털어	놓아버리고	諸緣 俯欽斯奠
정성담은	이공양을	받을지로다	某人靈駕 一炷淸香

○○○영가

피어오른	한가지	맑은이향은	正是靈駕 本來面目
이것이	영가의	본면목이며	數點明燈 正是靈駕
출렁이는	촛불은	다름아니고	着眼時節 先獻趙州
영가등이	밝은눈을	얻을곳이라	茶 後進香積饌 於
내 이제	조주스님	청다드리고	此物物 還着眼麽
향적세계	묘한공양	또한올리니	
영가는	이물건에	착안하는가	

〔양구(良久)〕

| 우러르나 | 수그리나 | 숨긴것없고 |
| 구름은 | 푸른하늘 | 물은병이라 |

○○○영가

이제이미	향기로운	공양받았고
위 없는	묘한법문	받아들으니
정성으로	합장하고	마음을모아
일심으로	부처님께	참례할지라

(良久)低頭仰面無
藏處 雲在靑天 水
在瓶 某靈 旣受香
供 已聽法音 合掌
專心 參禮金仙

3. 관욕(灌谷)

〔인례소(引詣疏)〕

○○○ 영가

상래의	미묘하온	부처님힘과
법의위력	삼보위덕	의지하여서
인간계와	그밖의	모든세계의
모든영가	외로운혼	모두청하여
영가지금	이도량에	함께이르니

上來已憑 佛力法力
三寶威神之力 召請
人道 一切人倫 及
無主孤魂
有情等衆 已屆道場

대중이   정성으로   여러영가를   大衆聲鈸 請迎赴浴
승묘한   욕탕으로   인도합니다

대비주 또는 반야심경 p. 18

정로진언(淨路眞言)

옴 소시지 나자리다라 나자리다라 모라 다예 자라자라 만다 만다 하나하나 훔 바탁 (3번)

〔입실게(入室偈)〕

스스로의   마음왕을   등진날부터   一從違背本心王
삼도사생   헤매인지   몇번이던고   幾入三途歷四生
오늘이제   번뇌의때   모두씻으니   今日滌除煩惱染
인연따라   옛고향에   돌아갈지라   隨緣依舊自還鄕

〔가지목욕(加持沐浴)〕

삼업을   맑힘에는   마음맑힘   으뜸이오   詳夫 淨三業者 無
만물을   맑힘에는   맑은물이   으뜸이라   越乎澄心 潔萬物者
그러므로   부처님의   신기로운   작법으로   莫過乎淸水 是以
아름다운   향탕을   영가위해   갖췄으니   謹嚴浴室 特備香湯
                                              希一濯於塵勞
향탕에   한번듦에   천겁묵은   때를씻고   獲萬劫之淸淨
만겁동안   두고두고   청정자재   누릴지어다

〔목욕게(沐浴偈)〕

내 이제	향기로운	목욕물로써
고혼들과	중생들을	관욕하나니
몸과마음	맑혀서	청정이루고
광명의땅	안락국에	이를지로다

我今以此香湯水
灌浴孤魂及有情
身心洗滌令淸淨
證入眞空常樂鄕

목욕진언(沐浴眞言)

옴 바다모 사니사 아모가 아레 훔 (3번)

작양지진언(嚼楊枝眞言)

옴 바아라하 사바하 (3번)

수구진언(漱口眞言)

옴 도도리 구로구로 사바하 (3번)

세수면진언(洗手面眞言)

옴 사만다 바리 숫제 훔 (3번)

〔가지화의(加持化衣)〕

| 상래의 | 여러불자 | 들을지어다 |
| 관욕을 | 원만히 | 마치었으니 |

諸佛子　灌浴旣周
身心俱淨　今以如來
無上秘密之言　加持

몸과마음	다함께	맑혀짐이라	冥衣 願此一衣 爲
내 이제	부처님의	비밀한말로	多衣 以多衣 爲無
영가에게	저승의옷	입게하리라	盡之衣 令稱身形
바라건대	한벌옷이	많은옷되고	不長不短 不窄不寬
많은옷	또한다시	무량옷되어	勝前所服之衣 變成
영가들	낱낱몸에	맞게될지라	解脫之服 故吾佛如
길지도	아니하고	짧지도않고	來 有化衣財陀羅尼
좁지도	아니하고	넓지도않아	謹當宣念
여느때의	옷보다	월등나으니	
이옷을	입을적에	해탈얻으리	
내 이제	부처님의	가르침따라	
위 없는	묘한진언	염송합니다	

화의재진언(化衣財眞言)

나무 사만다 못다남 옴 바자나 비로기제 사바하 (3번)

상래의	여러불자	들을지어다	諸佛子 持呪旣周
부처님의	묘한신력	두루하여서	化衣已遍 無衣者
영가들의	법다운옷	갖춰졌도다	與衣覆體 有衣者
옷이없는	영가들은	새옷을입고	棄古換新 將詣淨壇 先整服飾

옷이헐은 영가들은 헌옷버리고
새옷으로 단장하고 단에이르라

수의진언(授衣眞言)

옴 바리마라 바바 아리니 훔 (3번)

착의진언(着衣眞言)

옴 바아라 바사세 사바하 (3번)

정의진언(整衣眞言)

옴 사만다 바다라나 바다메 훔 박 (3번)

〔출욕참성(出浴參聖)〕

상래의	여러불자	들을지어다
목욕하고	정결한	새옷입으니
합장하고	일심으로	단에나아가
자비하신	삼보님께	예배드리고
위 없는	묘한법문	들을지어다

諸佛子 旣周服飾
可詣壇場 禮三寶之
慈尊 聽一乘之妙法
請離香浴 當赴淨壇
合掌專心 徐步前進

지단진언(指壇眞言)

옴 예이혜 베로자나야 사바하 (3번)

〔삼보예경(三寶禮敬)〕

상래의	명도의	유정들이여	上來爲冥道有情
그대이미	정단에	이르렀으니	引入淨壇已竟
마땅히	삼보님께	예경할지라	今當禮奉三寶
삼보님은	무상법을	깨달으시고	夫三寶者 三身正覺
삼신으로	자재하신	부처님들과	五教靈文 三賢十聖
오교의	신령하온	미묘법문과	之尊 四果二乘之衆
삼현위와	십지위의	여러보살과	汝等 旣來法會得赴
사과이룬	성문연각	스님들이라	香筵 想 三寶之難逢
그대들은	법회에	이미이르러	傾 一心而信禮
청정하온	법연에	참여케되니	
삼보님	만나기	어려움알고	
일심정성	기울여	예경할지라	

〔보례삼보(普禮三寶)〕

보례 시방 상주불	普禮十方常住 法身 報身 化身 諸佛陀
보례 시방 상주법	普禮十方常住 經藏 律藏 論藏 諸達磨
보례 시방 상주승	普禮十方常住 菩薩 緣覺 聲聞 諸僧伽

〔수위안좌(受位安座)〕

상래의　　유정이여　　불자들이여

부처님의	자비하신	거두심입고	諸佛子 上來承佛攝受
걸림없는	위덕입어	걸림이없어	仗法加持 旣無囚繫以
이미	이 자리에	이르렀으니	臨筵 願獲逍遙而就座
바라건대	편안히	앉을지로다	我今依敎(云云)
			受位安座眞言(云云)
			百草林中(云云)
			擁護偈作法(云云)

〔안좌게(安座偈)〕

내 이제	법을따라	향연베풀고
가지가지	화과진수	갖추었으니
높고낮은	지위따라	차례로앉아
정성다해	미묘법문	들을지어다

수위안좌진언(受位安座眞言)

옴 마니 군다니 훔훔 사바하 (3번)

〔다게(茶偈)〕

향기로운	백초림의	신선한맛을	百草林中一味新
조주스님	몇천번을	권하였던가	趙州常勸幾千人
돌솥에	고이달여	드리옵나니	烹將石鼎江心水
망령이여	드시고서	안락하시라	願使亡靈歇苦輪

〔옹호게(擁護偈:신중단에서)〕

시방세계	두루하신	여러성현과
대범천왕	제석천왕	사천왕들과
호지가람	팔부신장	청하옵나니
크신자비	베푸시어	옹호하소서

奉請十方諸賢聖
梵王帝釋四天王
伽藍八部神祇衆
不捨慈悲願降臨

신중단 다게 : 본문 p. 17

4. 관음시식(觀音施食)

〔거불(擧佛)〕

나무 극락도사 아미타불
南無 極樂導師 阿彌陀佛

나무 관음세지 양대보살
南無 觀音勢至 兩大菩薩

나무 접인망령 대성인로왕보살마하살
南無 接引亡靈 大聖引路王菩薩摩訶薩

〔청혼(請魂)〕

거 사바세계 남섬부주 동양 대한민국 ○○시 ○○사 청정 수월 도량에서 오늘 ○○재일을 맞이하여 ○○시 ○○동에

거주하는 효자 ○○○등이 오늘 지극정성으로 향단을 차려
선망 (자모) (이름) ○○○영가를 청하옵니다.

[창혼(昌魂)]

거 사바세계 남섬부주 동양 대한민국 ○○시
○○사 청정 수월도량
금일지성 천혼 재자 ○○시 ○○동 거주
효자(또는 다른 관계) ○○○복위
선망 ○○ ○○○영가 (3번)

영가위주	복위기부	이미가신	스승님과
부모님과	종친들과	명의모를	영가들과
이 도량	창건이래	중건중수	공덕주와
크고작은	제불사에	인연공덕	지은이와
도량내외	유주무주	외로운	영가등과
나라위해	목숨바친	충의장병	영령등과
세계평화	이루고자	몸을바친	성인들과
지옥계와	아귀도중	고통받는	제령이여
부처님의	자비하신	가피력에	의지하여
이법연에	왕림하여	연화좌에	오를지어다

〔착어(着語)〕

신령한	근원은	맑고고요해	靈源湛寂 無古無今
옛도	지금도	다시없으며	妙體圓明 何生何死
묘체는	두렷이	밝아있으니	便是 釋迦世尊 摩
어디에	나고죽음	있을까보냐	竭掩關之時節 達磨
이도리는	석가세존	마갈타에서	大師 少林面壁之家
묵묵히	앉아계신	참도리이며	風 所以 雙林下側
달마대사	소림에서	벽을향하고	槨示雙趺 葱嶺途中
앉아계신	시절의	소식이로다	手携隻履 諸佛子
이까닭에	석가세존	쌍림하에서	還會得 湛寂圓明底
관밖에	두발을	내보이셨고	一句麽(良久)
달마대사	총령고개	넘으시면서	
한손에	미투리를	들었더니라	
이자리에	함께하는	불자들이여	
이사이	참소식을	알아듣는가	
맑고	고요하고	두렷이밝은	
말을여읜	이소식을	알아듣는가?	

(양구)

우러르나	수그리나	은현현하고	俯仰隱玄玄 視聽明

보고듣는	그사이에	역력하나니	歷歷 若也會得 頓
만약에	이 도리를	분명히알면	證法身 永滅飢虛
단번에	법신얻어	주림면하나	其或未然 承佛神力
만약에	아직도	못알았다면	仗法加持 赴此香壇
부처님의	자비하신	법력을입어	受我妙供 證悟無生
이 향단에	이르러	묘공양받고	
위 없는	무생법인	얻을지로다	

〔진령게(振鈴偈)〕

종소리	떨치어서	널리청하니	以此振鈴伸召請
저승세계	여러영가	들을지어다	冥途鬼界普聞知
바라건대	삼보님의	위신력입어	願承三寶力加持
금일금시	이 자리에	내림하시라	今日今時來赴會

〔착어(着語)〕

자비광명	비추는곳	연꽃이피고	慈光照處蓮花出
지혜눈길	이르는곳	지옥없어라	慧眼觀時地獄空
그 위에	대비신주	위력떨치니	又況大悲神呪力
중생들이	찰나중에	성불하도다	衆生成佛刹那中
영가위해	천수한편	풍송하나니	千手一片爲孤魂
			志心諦聽 志心諦受

마음비워　　지성으로　　들을지로다

신묘장구대다라니 : p. 26, 무상계: p. 335, 금강경: p. 299

[화엄경 사구게(華嚴經 四句偈)]

과거현재	미래의	모든세계와	若人欲了知
일체의	부처님을	알고자하면	三世一切佛
마땅히	법계성을	관할지니라	應觀法界性
일체는	이 마음이	지었느니라	一切唯心造

파지옥진언(破地獄眞言)

옴 가라지야 사바하 (3번)

해원결진언(解寃結眞言)

옴 삼다라 가닥 사바하 (3번)

보소청진언(普召請眞言)

나무 보보제리 가리다리 다타아다야 (3번)

나무 상주시방불　　　　南無常住十方佛
나무 상주시방법　　　　南無常住十方法
나무 상주시방승　　　　南無常住十方僧

나무 대자대비 구고구난 관세음보살
나무 대방광불화엄경

南無大慈大悲
救苦救難觀世音菩薩
南無大方廣佛華嚴經

〔증명청(證明請)〕

나무 일심봉청

손에는	천층의	보개를 들고
몸에는	백복의	화만걸치고
영가들을	극락으로	인도하시며
망령들을	연화대로	이끄시옵는
큰성인	인로왕	보살이시여
대자비	드리시어	강림하시사
이 법요	이 공덕을	증명하소서

南無一心奉請
手擎千層之寶蓋
身掛百福之華鬘
導淸魂於極樂界中
引亡靈 向碧蓮臺畔
大聖引路王菩薩摩訶薩
唯願慈悲 降臨道場
證明功德

〔가영(歌詠)〕

향화청(香花請) 향화청 향화청

인을닦고	덕쌓으니	신장들이	기뻐하고
염불하고	경외우니	모든업장	소멸해라
오늘다시	성현들이	친히맞아	주시오니
뜰 앞을	성큼뛰어	보배다리	오를지로다

修仁蘊德龍神喜
念佛看經業障消
如是聖賢來接引
庭前高步上金橋

헌좌진언(獻座眞言)

옴 바아라 미나야 사바하 (3번)

[다게(茶偈)]

감로다	받들어서	증명전에	올리오니	今將甘露茶
간절한뜻	살피시어	자비로써	거두소서	奉獻證明前
				鑑察虔懇心
				願垂哀納受

[고혼청(孤魂請)]

일심봉청

실상은　　모든이름　　여의었으며
법신은　　온갖자취　　없는가운데
인연따라　　나투기도　　숨기도함이
거울속에　　비춰진　　형상같으며
업을따라　　육도를　　오르내림이
두레박줄　　오르고　　내림과같아
그변화　　측량하지　　못하는바니
어찌다　　강림함이　　어려우리오
금일지성　　받들어서　　청하는재자
○○시　　○○○거주　　○○○복위

一心奉請
實相離名 法身無跡 從緣隱現若 鏡像之有無 隨業昇沈 如井輪之高下 妙變莫測 幻來何難 願我今此 爲薦齋者(某人靈駕)

선망 ○○　　○○○영가　　　　　　承佛威光　來詣香壇
부처님의　위덕빌어　향단에앉아　　受霑法供
위 없는　　법공양을　받을지로다

〔가영(歌詠)〕

향연청(香煙請) 향연청 향연청

아득해라　삼혼이여　간곳어디며　　三魂杳杳歸何處
망망해라　칠백이여　멀리떠났네　　七魄茫茫去遠鄕
이종소리　떨치어　　두루청하니　　今日振鈴伸召請
부처님의　광명도량　이를지로다　　願赴冥陽大道場

〔헌좌(獻座)〕

이 자리에　왕림하신　여러영가여　　諸佛子等
부처님의　자비하신　위신력입어　　各 列位靈駕
걸림없이　자유로운　몸이됐으니　　上來 承佛攝受
편안한　　마음으로　앉을지로다　　仗法加持
　　　　　　　　　　　　　　　　　旣無囚繫以臨筵
　　　　　　　　　　　　　　　　　願獲逍遙而就座

〔안좌게(安座偈)〕

내 이제　　법을따라　화연베풀고　　我今依敎說華筵
가지가지　다과진수　갖추었으니　　種種珍羞列座前

높고낮은　　지위따라　　차례로앉아　　大小依位次第坐
정성다해　　미묘법문　　들을지로다　　專心諦聽演金言

수위안좌진언(受位安座眞言)

옴 마니 군다니 훔훔 사바하 (3번)

〔다게(茶偈)〕

향기로운　　백초림　　신선한맛을　　百草林中一味新
조주스님　　몇천번을　　권하였던가　　趙州常勸幾千人
돌솥에　　　강심수　　　고이달여서　　烹將石鼎江心水
영가들　　　앞앞마다　　드리옵나니　　願使亡靈歇苦輪
망령이여　　드시고서　　안락하시라　　願使孤魂歇苦輪
고혼이여　　드시고서　　안락하시라　　願使諸靈歇苦輪
제령이여　　드시고서　　안락하시라

〔권공소(權供疏)〕

내 이제　　비밀한말　　베풀으나니　　宣密加持
부처님의　　미묘법문　　위신력받아　　身田潤澤
몸과마음　　윤택하고　　모든업쉬어　　業火淸涼
모든고통　　벗어나서　　해탈하소서　　各求解脫

변식진언(變食眞言)

나막 살바다타아다 바로기제 옴 삼바라 삼바라 훔 (3번)

시감로수진언(施甘露水眞言)

나무 소로바야 다타아다야 다냐타 옴 소로소로 바라소로 바라소로 사바하 (3번)

일자수륜관진언(一字水輪觀眞言)

옴 밤밤밤밤 (3번)

유해진언(乳海眞言)

나무 사만다 못다남 옴 밤 (3번)

〔칭양성호(稱揚聖號)〕

다보여래	부처님께	귀의합니다
바라건대	모든고혼	간탐버리어
보배로운	법재를	갖춰지이다
묘색신	부처님께	귀의합니다
바라건대	모든고혼	추형을벗고
원만하온	상호를	이뤄지이다
광박신	부처님께	귀의합니다

南無多寶如來
願諸孤魂 破除慳貪
法財具足
南無妙色身如來
願諸孤魂 離醜陋形
相好圓滿
南無廣博身如來

바라건대	모든고혼	범부몸벗고	願諸孤魂　捨六凡身
걸림없는	허공신	깨쳐지이다	悟虛空身
이포외	부처님께	귀의합니다	南無離怖畏如來
바라건대	모든고혼	공포벗어나	願諸孤魂　離諸怖畏
위 없는	열반락을	누려지이다	得涅槃樂
감로왕	부처님께	귀의합니다	南無甘露王如來
바라건대	모든영가	목이열려서	願我各各　列名靈駕
감로의	묘한맛을	얻어지이다	咽喉開通　獲甘露味

〔가지소(加持疏)〕

바라건대	법다운	이 공양이여	願此加持食
시방세계	두루두루	넘칠지어다	普遍滿十方
먹는자는	기갈을	길이여의고	食者除飢渴
아미타	극락세계	태어나소서	得生安養國

시귀식진언(施鬼食眞言)

옴 미기미기 야야미기 사바하 (3번)

시무차법식진언(施無遮法食眞言)

옴 목역능 사바하 (3번)

보공양진언(普供養眞言)

옴 아아나 삼바바 바아라 훔 (3번)

〔공양찬(供養讚)〕

내가드린	공양을	이미받으니	受我此法食
이 어찌	아난찬과	다름있으리	何異阿難饌
시장한이	만족하여	다 배부르고	飢腸咸飽滿
업의불길	모두꺼져	시원해지며	業火頓淸凉
탐진치	모진독을	모두버리고	頓捨貪瞋癡
어느때나	삼보님께	귀의케되니	常歸佛法僧
생각생각	이는생각	보리심이요	念念菩提心
곳곳마다	있는곳이	안락국이라	處處安樂國

〔반야 사구게(般若 四句偈)〕

형상이	있든없든	이 세간사는	凡所有相
그 모두	실이없어	허망하니라	皆是虛妄
만약에	모든상이	상이아님을	若見諸相非相
알게되면	그 즉시	여래보리라	卽見如來

〔장엄염불(莊嚴念佛)〕

원합노니	이내몸이	다할때까지	願我盡生無別念
어느때나	다른생각	없어지이다	阿彌陀佛獨相隨
아미타	부처님만	홀로따르고	心心常係玉毫光
마음에는	옥호광이	항상머물며	念念不離金色相
생각생각	금색상이	빛나지이다	我執念珠法界觀
제가일심	염주잡고	법계관하니	虛空爲繩無不貫
온 세계	어디메고	걸림없어라	平等舍那無何處
시방국토	곳곳마다	부처님뵈니	觀求西方阿彌陀
이와같이	극락세계	구하옵니다	南無西方大敎主

   나무 서방대교주 무량수여래불
無量壽如來佛
南無阿彌陀佛

   나무 아미타불 …… 시간에 맞춰 염송한다

서방정토	극락세계	나무아미타불	極樂堂前滿月容
만월같은	아미타불	나무아미타불	玉毫金色照虛空
금색신과	옥호광명	나무아미타불	若人一念稱名號
온허공을	비추나니	나무아미타불	
누구든지	일념으로	나무아미타불	
그 이름을	일컬으면	나무아미타불	

무량공덕	순식간에	나무아미타불	頃刻圓成無量功
두렷하게	이루리라	나무아미타불	

아미타	부처님이	나무아미타불	阿彌陀佛在何方
어디메에	계시는가	나무아미타불	着得心頭切莫忘
마음깊이	새겨두고	나무아미타불	念到念窮無念處
간절하게	잊지마라	나무아미타불	六門常放紫金光
생각하고	생각하여	나무아미타불	願共法界諸衆生
무념처에	이른다면	나무아미타불	同入彌陀大願海
여섯문이	어느때나	나무아미타불	盡未來際度衆生
금색광명	냄을보리	나무아미타불	自他一時成佛道

원합노니	시방법계	나무아미타불
한량없는	모든중생	나무아미타불
아미타불	원력바다	나무아미타불
모두함께	들어가서	나무아미타불
미래제가	다하도록	나무아미타불
모든중생	제도하고	나무아미타불
너도나도	모두함께	나무아미타불
무상불도	이뤄이다	나무아미타불

나무 문수보살	南無文殊菩薩
나무 보현보살	南無普賢菩薩
나무 관세음보살	南無觀世音菩薩
나무 대세지보살	南無大勢至菩薩
나무 금강장보살	南無金剛藏菩薩
나무 제장애보살	南無除障碍菩薩
나무 미륵보살	南無彌勒菩薩
나무 지장보살	南無地藏菩薩
나무 일체청정대해중보살마하살	南無一切淸淨大海 衆菩薩摩訶薩

〔봉송소(奉送疏)〕

상래에　　초청하온　　영가들이여
부처님의　법력빌어　　내림하여서
법다운　　공양받고　　법문들으니
이제부터　극락으로　　떠날차례라

이 세상　　모든일은　　꿈과환이니
조금도　　생각중에　　머물지말고
오직오직　극락세계　　부처님뵈어
크신안락　무생법인　　이뤄지이다

〔봉송게(奉送偈)〕

고혼이여	망령이여	영가들이여
삼도의	유정이여	잘들가시라
다른날에	다시또한	청하오리니
본래서원	잊지말고	다시오시라

奉送孤魂泊有情
地獄餓鬼及傍生
我於他日建道場
不遠本誓還來赴

상래에	향기로운	공양을받고
미묘하온	법문을	들으셨으니
이 자리	하직함에	정성을들여
삼보께	감사하고	예경할지라

보례 시방상주불

보례 시방상주법

보례 시방상주승

나무 접인망령 대성 인로왕보살마하살

諸佛子旣受
香供 已聽法音
令當奉送 更宣
虔誠奉謝三寶
普禮十方常住佛
普禮十方常住法
普禮十方常住僧
南無接引亡靈大聖
引路王菩薩摩訶薩

〔전송(餞送):(至燒臺)〕

문밖에	나와서	전송하나니
오늘	천도받은	○○영가여
아울러	천도받은	여러영가여

今此門外奉送齋者
(云云)
某靈
上來 施食諷經
念佛功德

상래에 시식하고 경을외우며　　離妄緣耶 不離妄緣
일심으로 염불한 큰 공덕에　　　耶 離妄緣則 天堂
집착했던 망연을 여의었는가　　佛刹 任性逍遙 不
여였으면 천당극락 뜻대로가고　離妄緣則 且聽山僧
여의지 못했으면 또 들으시라　　末後一偈

사대를 떠나보니 꿈속과같고　　四大各離如夢中
육진이며 알음알이 본래공이라　六塵心識本來空
불조님의 회광처를 알려할진대　欲識佛祖廻光處
서산에는 해가 지고 동에 달뜨네　日落西山月出東

나무 시방삼세 일체제불 제존보살마하살　南無 十方三世 一
마하반야바라밀　　　　　　　　　　　　切諸佛 諸尊菩薩摩
　　　　　　　　　　　　　　　　　　　訶薩
　　　　　　　　　　　　　　　　　　　摩訶般若波羅蜜

소전진언(燒錢眞言)

옴 비로기제 사바하 (3번)

봉송진언(奉送眞言)

옴 바아라 사다 목차목 (3번)

상품상생진언(上品上生眞言)

옴 마리다리 훔훔 바탁 사바하 (3번)

보회향진언(普廻向眞言)

옴 사마라 사마라 미만나 사라마하 자가라 바 훔 (3번)

나무환희장마니보적불
南無歡喜藏摩尼寶積佛

나무원만장보살마하살
南無圓滿藏菩薩摩訶薩

나무회향장보살마하살
南無廻向藏菩薩摩訶薩

제5장 상례작법(喪禮作法)

1. 수계 · 독경(授戒 · 讀經)

〔입정(入定)〕

〔십념(十念)〕(본문 P. 62)

〔독경(讀經)〕

> 상황에 따라 집전하는 이가 임의대로 천수경 : 본문 P, 21
> 반야심경 : 본문 P. 18, 아미타경 : 본문 P. 283, 금강경 : 본문 P. 299
> 등에서 선택, 독송한다.

〔거불(擧佛)〕

나무 극락도사 아미타불
南無 極樂導師 阿彌陀佛

나무 대원본존 지장보살마하살
南無 大願本尊 地藏菩薩摩訶薩

나무 접인망령 인로왕보살마하살
南無 接引亡靈 大聖引路王菩薩

〔청혼(請魂)〕

거 사바세계 남섬부주 동양 대한민국 ○○시 ○○사 청정

수월도량 금일지성재자

○○거주 (효자) ○○○ 복위

신원적 ○○○ 영가 (3번)

이 세상에	올때에	온곳어디며
이 세상	떠나갈때	갈곳어덴고
남이라	한조각	구름일미요
죽음이라	한조각	구름슬미라
뜬구름	자체에	실이없나니
나고죽는	인생사	그와같도다
비록	그러하나	영가본분은
만물이	흩어져도	홀로이남아
생사에	걸림없는	일물이어라
이 한물건	천지보다	앞서있었고
천지가	무너져도	다시또남네
영가만약	이 도리를	알아들으면
대열반	큰길이	열리리로다
내 이제	영가위해	일심기울여
부처님의	미묘법문	설해주리니
마음비워	받아듣고	해탈하시라

[수삼귀의계(授三歸依戒)]

신원적　　　○○○영가
강물을　　　건너려면　　배에오르고
어두운밤　　밝히려면　　등불밝히니
이승에서　　이러하듯　　저승길에도
어려운길　　열어가는　　법이있도다
이 몸이　　　흩어지고　　자취도없고
하늘땅이　　무너져　　　캄캄하여도
영가앞을　　밝히는　　　태양이되고
안락국에　　인도하는　　튼튼한배는
이것이　　　불법승　　　삼보이로다
부처님과　　가르침과　　스님네들은
영가가　　　의지하여　　극락에이를
위 없는　　　큰보배니　　명심하고서
일심정성　　기울여서　　귀의할지라
내 이제　　　부처님의　　위신력빌어
영가에게　　귀의삼보　　인도하리니
일심정성　　기울여서　　귀의하시라
귀의불　　　귀의법　　　귀의승(7번)

〔수오계(授五戒)〕

신원적　　　○○○영가
영가가　　　삼귀의계　　이미받아서
위 없는　　　묘법중에　　태어났으니
이제다시　　오계법을　　받아지니어
진실한　　　불자로　　　성취하시라
계법은　　　선을내고　　악을멸하며
범부에서　　성인되는　　기본이니라
팔만사천　　번뇌의　　　뿌리를끊고
고통스런　　윤회의길　　훤출히벗어
해탈열반　　얻게하는　　근본이니라
불국토에　　이르는　　　사다리되고
생사얽힌　　어둔밤에　　등불이되며
고생많은　　인생바다　　건네는배며
먼길에　　　양식되고　　병에약이며
흐린물을　　맑히는　　　수청주니라
○○○영가
계법을　　　받으려면　　참회를하여
지난동안　　지은허물　　맑혀야하니

다음에 　　이른말을 　　따라할지라
「지난동안 　지어온 　　모든악업은
모두가 　　　탐진치로 　　말미암아서
몸과말과 　　뜻으로 　　　지었음이라
제가이제 　　모두를 　　　참회합니다」(3번)
오늘의 　　　영가여 　　　잘들으시라
「오계의 　　첫째는 　　　불살생이니
모든생명 　　존중하고 　　사랑할지라
오계의 　　　둘째는 　　　불투도이니
아낌없이 　　베풀고 　　　복덕지으라
오계의 　　　셋째는 　　　불사음이니
청정을 　　　행하고 　　　사음을마라
오계의 　　　넷째는 　　　불망어이니
진실을 　　　말하고 　　　거짓버려라
오계의 　　　다섯째는 　　불음주이니
술을 　　　　멀리하고 　　정념지켜라」(3번)

〔수무상계(授無常戒)〕

○○○영가

내 이제	영가와	인연이깊어
무상계	묘법문을	다시주리니
일심으로	마음비워	받을지로다

무상계는	열반얻는	긴한문이며	夫 無常戒者 入涅
고통바다	건네는	든든한배라	槃之要門 越苦海之
부처님도	이 계로써	열반드셨고	慈航 是故 一切諸
중생들도	고통바다	건네느니라	佛 因此戒故 而入
그대이제	몸과마음	놓아버리고	涅槃 一切衆生 因
신령한	심식이	말끔히밝아	此戒故 而度苦海
위 없는	청정계를	이제받으니	某靈 汝今日逈脫根
이런다행	또다시	어디있으랴	塵 靈識獨露 受佛
금일영가	지성으로	살필지어다	無上淨戒 何幸如也 某靈

겁의불길	활활활	불타오르고	劫火洞燃 大千俱壞
대천세계	모두가	무너진다면	須彌巨海 磨滅無餘
수미산도	쓰러지고	바다도말라	
자취조차	없거늘	어찌하물며	

그대몸이	나고늙고	죽는일이며	何況此身 生老病死
근심하고	슬퍼하고	아파하거나	憂悲苦惱 能與遠違
그대뜻에	맞거나	어기는일들	(某靈) 髮毛瓜齒
이같은	온갖것이	어찌있으랴	皮肉筋骨 髓腦垢色
영가여	다시깊이	살필지어다	皆歸於地 唾涕膿血
뼈와살과	빛깔은	흙으로가고	津液涎沫 痰淚精氣
피와침과	물기는	물로다가고	大小便利 皆歸於水
따뜻한	몸기운은	불로다가며	煖氣歸火 動轉歸風
움직이는	힘이란	바람으로가	四大各離
사대가	제각기	흩어졌으니	今日 亡身
영가몸이	어디메에	있다할손가	當在何處 某靈 四
사대로	이루어진	그대의몸은	大虛假 非可愛惜
실로는	거짓이요	허망함이니	汝從無始已來 至于
애석하게	여길바	못되느니라	今日
그대는	옛적부터	오늘날까지	
무명으로	인하여	행이있었고 行	無明緣行 行緣識
행을	인연하여	식이있었고 識	識緣名色 名色緣六 入 六入緣觸 觸緣 受 受緣愛 愛緣取
식을	인연하여	명색이있고 名色	取緣有 有緣生 生緣老死憂悲苦惱

명색을   인연하여   육입있으며
                  六入
육입을   인연하여   촉이있었고
                  觸
촉을   인연하여   수가있으며
                  受
수를   인연하여   애가있었고
                  愛
애를   인연하여   취가있으며
                  取
취를   인연하여   유가있었고
                  有
유를   인연하여   생이있으며
                  生
생을   인연하여   늙고병들고
근심슬픔 죽음이   있게되니라
그렇다면 이 도리를 돌이켜볼때
무명이   멸한즉   행이멸하고
행이   멸한즉   식이멸하며
식이   멸한즉   명색멸하고
명색   멸한즉   육입멸하며
육입이   멸한즉   촉이멸하고
촉이   멸한즉   수가멸하며

수가   멸한즉   애가멸하고
애가   멸한즉   취가멸하며
취가   멸한즉   유가멸하고
유가   멸한즉   생이멸하며
생이   멸한즉   근심슬픔과
늙음이나   죽음이   없게되니라

모든법은   본래로   좇아오면서   諸法從本來
어느때나   스스로   적멸상이니   常自寂滅相
불자가   진실한길   모두행하면   佛子行道已
오는세상   기어이   성불하리라   來世得作佛

이 세상   모든것은   무상하나니
그 모두는 생멸하는   현상이로다
생하고   멸함이   다해마치면
적멸의   즐거움이   드러나느니

위 없는   부처님께   귀의하오리   歸依佛陀戒
위 없는   가르침에   귀의하오리   歸依達磨戒
거룩한   스님들께   귀의하오리   歸依僧伽戒

나무 과거보승여래 응공 정변지 명행족
선서 세간해 무상사 조어장부 천인사
불 세존

○○○영가

오온의	빈주머니	시원히벗고
신령한	심식이	홀로드러나
위 없는	청정계를	받아지니니
이 어찌	유쾌하지	아니하리오
천당이나	불국토를	뜻대로가니
이 어찌	쾌활하고	기쁘잖으리

달마조사	전하신법	분명도해라
이 마음	밝혀보니	성품빛나라
묘체가	맑고맑아	처소없으니
산과물과	온천지	진리나퉈라

南無過去寶勝如來
應供正遍知 名行足
善逝 世間解
無上士 調御丈夫
天人師 佛 世尊
某靈
脫却五陰殼漏子
靈識獨露 受佛
無上淨戒 豈不
快哉 豈不快哉
天堂佛刹 隨念
往生 快活快活
西來祖意最堂堂
自淨其心性本鄉
妙體湛然無處所
山河大地現眞光

〔착어(着語)〕

신원적   ○○○영가
어떤사람 평생동안 죄업지어도
임종시에 정신차려 염불하거나

설사참회   못하고서   죽었더라도
자손이   일념으로   염불한다면
죄업은   소멸하고   극락에나니
금일대중   영가위해   무상묘법과
아미타불   크신성호   일컬으리니
영가여   일심염불   함께하시라

〔개경게(開經偈)〕

위 없이   심히깊은   미묘법이여   無上甚深微妙法
백천   만겁인들   어찌만나리   百千萬劫難遭遇
내 이제   보고듣고   받아지니니   我今聞見得受持
부처님의   진실한뜻   알아지이다   願解如來眞實意

개법장진언(開法藏眞言)

옴 아라남 아라다 (3번)

반야심경: p. 18 아미타경: p. 283 원각경: p. 265 기타 경전
독경·염불: p. 191 장엄염불: p. 87

〔발원회향(發願廻向)〕

대자대비   부처님께   귀의하옵고

저희모두 일심으로 기원합니다
금차에 세연다한 ○○영가에
막힘없는 크신위덕 내려지이다
지난생과 금생에 지은죄업은
그 모두 남김없이 소멸되옵고
생전에 못다하온 수행공덕은
낱낱이 원만하게 갖춰지오며
잠시라도 어두운길 머물지않고
서방정토 극락세계 곧게이르러
아미타 부처님을 친견하옵고
위 없는 미묘법문 받아지니며
무생법인 남김없이 요달하여서
위 없는 깨달음을 이룩하옵고
다시이땅 광명으로 돌아오시사
모두함께 성불하게 되어지이다
금일재자 일문중에 평화깃들고
가족들의 수복이 날로더하여
뜻하는일 막힘없이 원만하여서
부처님의 묘한법문 고루닦으며

지중하온   크신은덕   갚아지이다
상래에   염불하온   수승한행의
가 없는   수승한복   회향하오니
바라건대   고해중의   모든 중생이
하루속히   극락세계   얻어지이다
시방삼세 일체불 제존보살마하살
　마하반야바라밀
　나무 석가모니불
　나무 석가모니불
　나무 시아본사 석가모니불.

2. 염습(殮襲)

[목욕(沐浴)]

신원적   ○○○영가   新圓寂 某人靈駕
누구나   부처경계   알고자하면   若人欲識佛境界
그 뜻을   허공처럼   맑힐지어다   當淨其意如虛空
모든갈래   모든망상   멀리여의고   遠離妄想及諸趣

그 마음	걸림없이	향하게하라	令心所向皆無碍
영가여	그대뜻이	청정한가	某靈 還當淨其意
			如虛空麽 其或
만약에	그러하지	못하다면은	未然 更聽註脚
다시 더	보태는말	들을지어다	此正覺之性
위 없는	깨달음의	이 성품은	上至諸佛
			下至六凡
위로는	삼세의	부처님들과	一一當當
			一一具足
아래로	육도의	범부들까지	塵塵上通
낱낱에	당당하게	두루갖췄고	物物上現
온 세상	티끌마다	모두통하여	不持修成
천지만물	그 위에	나퉜느니라	了了明明
이 도리는	닦아서	이룸아니라	(拈拄杖云)
어느때나	두렷하고	분명하니라	
(양구)			(良久)
영가여	보는가	이 주장자를	還見麽(打下拄杖云)
영가여	듣는가	이 소리를	還聞麽
영가 지금	분명히	보고들으니	旣了了見 旣歷歷聞
필경에	이 물건이	어떤것인고	畢竟是箇甚麽
(양구)			(良久)
부처님	얼굴은	보름달같고	佛面猶如淨滿月

다시또한	천일의	광명놓시네	亦如千日放光明
그대지금	몽한의때	씻어버리니	今玆沐浴 幻妄塵垢
금강의	단단한몸	이루었도다	獲得金剛不壞之身
청정하온	법신이	안팎없으니	淸淨法身無內外
나고죽고	오고감이	일진상이라	去來生死一眞常

〔세족(洗足)〕

신원적	○○○영가		新圓寂 某人靈駕
날때에	분명하여	나지않았고	生時的 的不隨生
죽어갈때	오롯하여	함께안죽어	死去當當不隨死
나고죽고	오고감에	상관없으니	生死去來無干涉
본래의몸	당당하여	눈앞에있네	正體當當在目前
영가그대	지금다시	발을씻으니	今玆洗足
만가지	보살도를	두루이루고	萬行圓成
한걸음	한번듦에	걸림이없이	一擧一步
단번에	법운지에	올라섰도다	超登法雲
다못능히	일념에서	무념이되면	但能一念歸無念
비로봉	마루턱을	걷게되리라	高步毘盧頂上行

〔착군(着裙)〕

신원적	○○○영가	
사대로써	이 몸이	이루올때에
신령한	한 물건은	나지않았고
사대의몸	허물어져	죽어갈때도
신령한	한 물건은	상관이없네
나고죽고	무너짐이	환과같으니
원망애착	묵은업장	어디있으랴
지금에	찾아봐도	자취없으니
허공처럼	탄탄하여	걸림없어라
신원적	○○○영가	
시방세계	티끌들이	묘법체이고
산하대지	온갖것이	주인공이라
영가그대	지금다시	속옷입고서
육근문을	정결하게	두호하나니
참괴로써	장엄하여	보리이루라
만약에	말씀따라	근본을알면
육진들이	원래나의	광명일러라

新圓寂 某人靈駕
四大成時 這
一點靈明 不隨成
四大壞時 這
一點靈明不隨壞
生死成壞等空花
冤親宿業今何在
今旣不在覓無蹤
坦然無碍若虛空
某靈
刹刹塵塵皆妙體
頭頭物物摠家翁
今玆着裙
淨護根門 慚愧
莊嚴
超證菩提
若得因言達根本
六塵元我一靈光

[착의(着衣)]

신원적	○○○영가		新圓寂 某人靈駕
올때에	이 물건이	무엇이던고	來時是何物
갈때에	이 물건이	무엇이던고	去時是何物
오고감에	한 물건도	본래없어라	來時去時 本無一物
분명하게	참된주처	알고져는가	欲識明明眞住處
푸른하늘	흰구름이	만리통했네	靑天白雲萬里通
영가그대	지금다시	옷을입고서	今玆着衣
거친형상	추한모양	가리우도다	掩庇形穢
부처님은	원래로	유인하시니	如來柔忍
이것이	우리들의	원상이로다	是我元常
우리세존	연등불을	뵙기전부터	我師得見燃燈佛
다겁동안	인욕선인	되시었더라	多劫曾爲忍辱仙

[세수(洗手)]

신원적	○○○영가		新圓寂 某人靈駕
옴이라	본래로	온바없으니	來無所來
달그림자	천강물에	나툼과같고	如朗月之影 現千江去無所去
감이라	본래로	간바없으니	

푸른하늘 여러나라 나눔같아라 似澄空而形分
○○○ 영가여 살필지어다 諸刹 某靈
사대의몸 흩어지니 꿈속과같고 四大各離如夢中
육진이라 마음자리 본래공했네 六塵心識本來空
불조님의 회광처를 알고자하면 欲識佛祖回光處
서산에는 해가지고 동에달뜨네 日落西山月出東
영가그대 지금다시 손을씻으니 今玆洗手
모든도리 분명하게 모두다알아 取理分明
시방불법 두손안에 환히밝아라 十方佛法
두 눈에 푸른산이 가득하여도 皎然掌內
한그루의 나무조차 얻을길없고 滿目靑山
천길이라 만길이라 벼랑위에서 無寸樹 懸崖
두손뿌려 내달으니 장부아로다 撒手丈夫兒

〔정발(淨髮)〕

신원적 ○○○영가 新圓寂 某人靈駕
이 세상에 올때에 온곳어디며 生從何處來
이 세상 떠나가니 갈곳어딘고 死向何處去
남이라 한조각 구름일미요 生也一片浮雲起

죽음이라	한조각	구름슬미라	死也一片浮雲滅
뜬구름	자체에	실이없나니	浮雲自體本無實
나고죽는	인생사도	그러하니라	生死去來亦如然
비록	그러하나	영가에게는	獨有一物常獨路
만물이	흩어져도	홀로이남아	湛然不隨於生死
생사에	걸림없는	일물있어라	某靈 還會得
영가여	이소식을	알아듣는가	湛然底一物麽
불길이	타오르고	바람이일어	火湯風搖天地壞
하늘땅도	세간도	허물어져도	寥寥長在白
흰구름	그사이에	자재하여라	雲間 今玆削髮
영가지금	정발하여	무명끊으니	斷盡無明 十使
백팔번뇌	온갖죄업	어디서나리	煩惱 何由復起
일편백운	동구밖에	비끼었으니	一片白雲橫谷口
얼마나	많은새가	길잃었던가	幾多歸鳥盡迷巢

[착관(着冠)]

신원적	○○○영가		新圓寂 某人靈駕
보고들음	환속의	그림자같고	見聞如幻翳
삼계는	원래로	허공꽃이라	三界若空華

이말들어 환의근원 깨닫고나면　　　聞復翳根除
티끌이　 사라지니 각원만이라　　　塵消覺圓淨
청정이　 지극하면 빛이통하고　　　淨極光通達
고요히　 비추우매 허공머금어　　　寂照含虛空
돌이켜　 이세간을 살펴볼지면　　　却來觀世間
모두가　 꿈가운데 일 일러라　　　猶如夢中事
영가그대 지금다시 관을쓰노라　　　今玆着冠
최상의　 법문은　 능엄삼매니　　　最上頂門 首楞嚴
모든성인 이로조차 도이뤘더라　　　三昧 千聖共由
인을닦는 수행에　 후퇴안하면　　　因地法行心不退
어김없이 등각묘각 얻게되리라　　　終登等妙也無疑

〔정와(正臥)〕

신원적　 ○○○영가　　　　　　　新圓寂 某人靈駕
신령한　 광명이　 홀로빛나서　　　靈光獨曜
몸과마음 온갖티끌 여의고나니　　　逈脫根塵
본체가　 당당히　 드러났도다　　　體露眞常
말과글과 온갖희론 걸림이없어　　　不拘文字
참된성품 본래로　 물듦없으니　　　眞性無染

본래부터	두렷이	이뤘음이라	本自圓成
만약능히	망연을	여의게되면	但離妄緣
즉시에	여여불이	드러나니라	卽 如如佛
영가그대	지금다시	바로누우니	今玆正臥
이곳은	모든법이	공한자리며	是爲法空 諸佛
부처님과	보살들의	굴택이니라	菩薩 以爲窟宅
장엄중에	보리좌가	으뜸이되니	妙菩提座勝莊嚴
제불세존	이에앉아	정각이뤄라	諸佛坐已成正覺
금일영가	정와도	그와같으니	汝今正坐亦如是
모든중생	다함께	성불이로다	自他一時成佛道

〔안좌게(安坐偈)〕

천점만점	푸른산	세계이루고	萬點靑山圍梵刹
한바퀴	붉은해가	영대비춰라	一竿紅日照靈臺
원각의	묘도량에	단정히앉아	圓覺妙場端坐處
참마음	밝았으니	연꽃피어라	眞心不昧向蓮胎

〔입감(入龕)〕

신원적	○○○영가	
영가여	대중이여	들을지어다
옛부처님	이렇게	이미가셨고
오늘의	부처님도	이리가시며
오늘영가	이렇게	또한 가나니
이세상	어느물건	견고한거며
어느누가	오래오래	머물것인고
영가여	대중이여	알아듣는가
금일영가	삼세제불	모두다함께
한날	한시에	도를이루고
십류	군생이	한날한시에
모두가	열반에	들었나니라
만약에	이 도리	알지못하면
눈이있는	돌장승	눈물흘리고
어린동자	가만히	한숨지으리

新圓寂 某人靈駕
靈駕大衆且道
古佛也 伊麼去
今佛也 伊麼去
某靈駕也伊麼去
何物不敢壞
是誰長堅固
諸人還知麼
某靈 與三世諸佛
一時成道
共十類群生
同日涅槃
其或未然
有眼石人齊下淚
無言童子暗嗟噓

3. 성복제(成服祭)

스님 장의에는 입감 뒤에 바로 다음에 따른 시식을 함.
속가 장의에는 입감한 뒤 상주가 상복을 입고 다음 차례대로 제사를 지냄.

〔반혼착어(返魂着語)〕

| 신원적 | ○○○영가 |

신령하고　밝은성품　생각하기　어려운데
가을못에　비친달에　계수나무　사무쳐라
목탁소리　요령소리　밝은길이　열렸으니
잠시저승　하직하고　이향단에　이르시라

新圓寂 某人靈駕
靈明性覺妙難思
月墮秋潭桂影寒
金鐸數聲開覺路
暫辭眞界下香壇

〔시식(施食)〕

신원적　　○○○영가

재자들의　일편단심　향을드리니
바라건대　향연아래　어둠을벗고
본래의　　밝은성품　빛나지이다
가만히　　생각하니　인생살이는
생사가　　뒤바뀌어　쉴사이없고
춥고더움　잠시도　　정함없어라
인생이　　태어남을　무어라할까

新圓寂 某人靈駕
我此一片香
生從一片心
願此香煙下
熏發本眞明
切以生死交謝
寒暑迭遷
其來也

하늘에	번뜩이는	번개라할까	電擊長空
인생이	죽어감을	무어라할까	其去也
푸른바다	높은물결	잠잔다할까	波澄大海
영가그대	세간인연	이미다하여	某靈 生緣已盡
목숨이	불현듯이	옮겨갔으니	大命俄遷
제행이	무상함을	밝게깨치어	了諸行之無常
생멸없는	적멸락을	누릴지어다	乃寂滅而爲樂
이제삼가	대중들이	정성다하여	恭依大衆
거룩하신	성현들의	성호를외워	肅詣前進
영가를	극락국에	천도하노라	誦諸聖之洪名 薦淸魂於淨土 〔仰憑大衆 十念淸淨法身(云云) 乃至 般若波羅蜜 (次進飯床)〕

십념 : 본문 p. 62
여기서 숭늉을 올리고 헌식을 함.

한바루의	이 공양	청정하여서	我此一鉢飯
향적세계	묘공양과	다르잖으니	不下香積饌
바라건대	이 공양	운감하시고	願此一味熏
선열의	큰 기쁨	충만하시라	禪悅飽䑋䑋

〔다게(茶偈)〕

조주스님	청정다를	드리오면서	趙州淸茶進靈座
재자들의	일편충정	표하옵나니	聊表沖情一片心
받으시고	이 세계는	꿈인줄알아	俯飮覺知三界夢
마음놓고	법왕성에	곧게가시라	安心直到法王城

보공양진언(普供養眞言)

옴 아아나 삼바바 바아라 훔 (3번)

반야심경 : 본문 p.18

소재길상다라니(消災吉祥陀羅尼)

나무 사만다 못다남 아바라제 하다사 사나남 다냐타 옴 카 카 카혜 카혜 훔훔 아바라 아바라 바라 아바라 바라 아바라 지따 지따 지리 지리 빠다 빠다 선지가 시리에 사바하 (3번)

스님 장례의 경우에는 다음 표백문을 읽음

〔표백(表白)〕

황매산하	조사들이	이어내려온	黃梅山下
불조의	마음등을	친히전하고	親傳佛祖之心燈
임제문중	높은가풍	크게떨치어	臨濟門中

길이길이	천상인간	안목되시고	永作人天之眼目
본래서원	잊지않고	돌아오시사	不忘本誓 速還娑婆再明大事
불조문	일대사를	다시밝히어	普利群生
모든중생	고루고루	거둬주시고	莊嚴大智 南無十方三世一切諸佛
크신지혜	원만하게	장엄하시라	諸尊菩薩摩訶薩 摩訶般若波羅蜜

나무 시방삼세 일체제불 제존보살마하살 마하반야바라밀

4. 발인작법(發靷作法)

발인 준비가 다 되어 운구하려 할 때에 관 앞에서 거행함. 혹 병원 영안실에서 출상할 때는 먼저 영결 식순에 따라 진행하고 끝으로 발인작법에 이음

〔십념(十念)〕

청정법신　비로자나불　　　　　　　清淨法身毘盧遮那佛

원만보신　노사나불　　　　　　　　圓滿報身盧舍那佛

천백억화신　석가모니불　　　　　　千百億化身釋迦牟尼佛

구품도사　아미타불　　　　　　　　九品導師阿彌陀佛

당래하생　미륵존불　　　　　　　　當來下生彌勒尊佛

시방삼세　일체제불
시방삼세　일체존법
대성문수　사리보살
대행　보현보살
대비　관세음보살
대원　본존지장보살
제존보살마하살
마하반야바라밀

十方三世一切諸佛
十方三世一切尊法
大聖文殊師利菩薩
大行普賢菩薩
大悲觀世音菩薩
大願本尊地藏菩薩
諸尊菩薩摩訶薩
摩訶般若波羅蜜

〔거불(擧佛)〕

나무　극락도사　아미타불
南無　極樂導師　阿彌陀佛

나무　관음세지　양대보살
南無　觀音勢至　兩大菩薩

나무　접인망령　대성인로왕보살마하살
南無　接引亡靈　大聖引路王菩薩摩訶薩

〔청혼(請魂)〕

거 사바세계 남섬부주 동양 대한민국 ○○○ 청정수월도량 에서 금일 발인재에 임하여 효자 효녀 일문친지 등이 향단을 차려 지극한 마음으로 선망 ○○ ○○○ 영가를 청하옵니다

〔창혼(唱魂)〕

거 사바세계 남섬부주 동양 대한민국 ○○○ 청정수월도량 원아금차 지극정성 금일 사후 발인 지심제자 효자 효녀 가족 친지 가내 일문 각각 등 복위

금일 소천 선망 ○○○ 영가 (3번)

〔반혼착어(返魂着語)〕

신원적　　○○○영가

신령하고	밝은성품	생각하기	어려운데	新圓寂 某人靈駕
가을못에	비친달에	계수나무	사무쳐라	靈明性覺妙難思
				月墮秋潭桂影寒
목탁소리	요령소리	밝은길이	열렸으니	金鐸數聲開覺路
잠시 저승	하직하고	이 향단에	이르시라	暫辭眞界下香壇

다음에 「나무아미타불」 염불하는 가운데, 상주가 분향 헌작하고 절을 함. (영결식이 따로 없을 때는 다른 조객도 이어 분향함). 분향, 헌작을 마치면 상주가 위패와 명전을 받들어 들고 법주의 좌우에 나누어 선 다음 기감, 법문을 설함.

〔가지공양(加持供養)〕

향장엄	청정광명	널리놓아서	普放光明香莊嚴
가지가지	묘한 향의	구름을지어	種種妙香集爲帳
넓고넓은	국토에	펼치옵나니	普散十方諸國土

대자대비	성존이여	공양하소서
또한다시	다 장엄의	광명을놓아
가지가지	묘한 다로	바다를지어
넓고넓은	국토에	헤치옵나니
일체의	영가시여	공양하시라
또한다시	미 장엄의	광명을놓아
가지가지	묘한 쌀로	산을만들어
넓고넓은	국토에	헤치옵나니
일체의	고혼이여	공양하시라
다시또한	법자재	광명놓으니
이 광명은	중생들을	깨닫게하여
다함없는	다라니를	모두다얻어
위 없는	미묘법문	지니게하리
법의위력	무엇으로	헤아려보랴
대자비의	위신력	걸림없으니
이 공양이	두루두루	시방에퍼져
법계에	빠짐없이	넘치었어라
이와같이	이룩된	모든공양을
널리일체	영가에게	베풀으나니

供養一切大德尊
又放光明茶莊嚴
種種妙茶集爲帳
普散十方諸國土
供養一切靈駕衆
又放光明米莊嚴
種種妙米集爲帳
普散十方諸國土
供養一切孤魂衆
又放光明法自在
此光能覺一切衆
今得無盡陀羅尼
悉持一切諸佛法
法力難思議
大悲無障礙
粒粒遍十方
普施周法界
今以所修福
普沾於鬼趣
食已免極苦
捨身生樂處

먹는자는   괴로움을   즉시면하고
몸을바꿔   정토에   태어나소서

보공양진언(普供養眞言)

옴 아아나 삼바바 바아라 훔 (3번)

〔기감(起龕)〕

신원적	○○○영가		新圓寂 某人靈駕
묘각이	훤출히	드러났으니	妙覺現前
선열로써	음식을	삼았도다	禪悅爲食
동서며	남북이며	걸림이없고	南北東西
이르는	곳곳마다	쾌활하여라	隨處快活
그러하나	대중에게	다시묻노라	雖然如是 敢問大衆
금일영가	열반길	어디메인고	某靈 涅槃路頭 在什麼處
곳곳마다	푸른버들	쉬일만하고	處處綠楊堪繫馬
집집마다	문밖길은	장안통해라	家家門外通長安

정로진언(淨路眞言)

옴 소시지 나자리다라 나자리다라 모라다예 자라자라 만다 만다 하나하나 훔 바탁 (3번)

다음에 관을 들고 보례 준비를 함.

〔보례(普禮)〕

신원적	○○○영가	
오랜동안	길들었던	사바세계를
이길따라	길이길이	하직하고서
서방정토	극락세계	왕생하여서
아미타	부처님을	뵈옵게되니
이 길이	진실로	극락길이라
성현들이	허공길을	떨치고가니
색신을	벗어나서	극락감이라
오늘의	영가또한	그와같으니
오온몸을	버리고서	극락가소서

보례 상주시방불

보례 상주시방법

보례 상주시방승

산화락(散花落) 산화락 산화락

나무 영산회상 불보살

나무 접인망령 대성인로왕보살마하살

新圓寂 某人靈駕
永辭娑婆
往生西方
親見彌陀
是爲極樂
聖賢行步振虛空
已脫色身到淨邦
如今亡者亦如是
不受五陰向樂方
普禮十方常住佛
普禮十方常住法
普禮十方常住僧
散花落(3번)
南無靈山會上佛菩薩
南無 接引亡靈 大聖引路王菩薩摩訶薩

> 이어 염불하면서 밖으로 나옴. 영결식이 없으면 바로 출상하고 영결식이 있으면 영결식장에 이름.

5. 영결식(永訣式)

1) 영결식순

　① 개식 선언

　② 삼귀의례

　③ 약력 소개

　④ 경전 독경(반야심경)

　⑤ 창혼 · 착어 · 공양게

　⑥ 헌화(상주 · 내빈순)

　⑦ 제문 봉독(법주)

　⑧ 영결사(조사)

　⑨ 분향(나무 아미타불 염불하면서 상주 · 내빈순)

　⑩ 조가(빛으로 돌아오소서)

　⑪ 폐식 선언

　⑫ 발인

2) 법요문

[창혼(唱魂)]

거 사바세계 남섬부주 동양 대한민국 ○○시 ○○○ 청정 수월도량에서 금일 영결재를 맞이하여 향단을 차려 지극정성으로 선망 ○○ ○○○영가를 청하옵니다

거 사바세계 남섬부주 동양 대한민국 ○○시 ○○○청정수월도량 금일지성 청혼 재자 ○○시 ○○동 거주

(효자) ○○○ 복위

선망 ○○ ○○○ 영가 (3번)

[반혼착어(返魂着語)]

신령하고	밝은성품	생각하기	어려운데	靈明性覺妙難思
가을못에	비친달에	계수나무	사무쳐라	月墮秋潭桂影寒
목탁소리	요령소리	밝은길이	열렸으니	金鐸數聲開覺路
잠시 저승	하직하고	이향단에	이르소서	暫辭眞界下香壇

[가지공양(加持供養)]

| 향 장엄 | 청정광명 | 널리놓아서 | 普放光明香莊嚴 |
| 가지가지 | 묘한 향의 | 구름을지어 | 種種妙香集爲帳 |

시방	제국토에	헤치옵나니
대자대비	성존이여	공양하소서
또한다시	다장엄의	광명을놓아
가지가지	묘한다로	바다를지어
시방	제국토에	헤치옵나니
일체의	영가시여	공양하시라
또한다시	미 장엄의	광명을놓아
가지가지	묘한 쌀로	산을만들어
시방	제국토에	헤치옵나니
일체의	고혼이여	공양하시라
다시또한	법자재	광명놓으니
이 광명은	중생들을	깨닫게하여
다함없는	다라니를	모두다얻어
위 없는	미묘법문	지니게하리
법의위력	무엇으로	헤아려보랴
대자비의	위신력	걸림없으니
이 공양이	두루두루	시방에퍼져
법계에	빠짐없이	넘치었어라
이와같이		이룩된 모든공양을

普散十方諸國土
供養一切大德尊
又放光明茶莊嚴
種種妙茶集爲帳
普散十方諸國土
供養一切靈駕衆
又放光明米莊嚴
種種妙米集爲帳
普散十方諸國土
供養一切孤魂衆
又放光明法自在
此光能覺一切衆
令得無盡陀羅尼
悉持一切諸佛法
法力難思議
大悲無障碍
粒粒遍十方
普施周法界
今以所修福

			普沾於鬼趣
널리일체	귀신에게	베풀으나니	食已免極苦
먹는자는	괴로움을	즉시면하고	捨身生樂處
몸을바꿔	정토에	태어나소서	

보공양진언(普供養眞言)

옴 아아나 삼바바 바아라 훔 (3번)

〔십념(十念)〕

　청정법신 비로자나불 … : 본문 p. 62

〔제문(祭文)〕

　신원적 ○○○ 영가시여,

　○○년 ○○월 ○○일 효자 ○○ 등이 삼가 다과진수를 차리고, 일가친척과 생전친지들이 향화를 갖추어 영가 영전에 올리오니 받으시고 자세히 감응하소서.

　슬프도다, 무상 바람 이렇게도 불어 닥쳐, 영가 이제 세간 인연 순히 따르니, 일월이 빛을 잃고 천지가 방소를 잃었나이다. 그토록 밝으신 모습 찾을 길 없고, 맑으신 음성 멀리 여의니, 유족과 친지들의 적막한 심정을 무엇으로 비유하오리까? 하늘을 우러르고, 땅을 치며, 스스로 마음 가눌 길을 잃었나이다. 그러하오나 다시 정신을 가다듬어 염불성에 마음을 돌이키니, 염불에서 바야흐로 길이 열리고, 마음이 잡히는 것을 알겠나이다.

○○○ 영가시여, 꽃 맺힌 나뭇가지를 보고 봄이 온 것을 알고, 낙엽 한 잎 뜨락을 뒹구니, 가히 천하가 가을임을 알겠나이다. 영가께서 이와 같이 오고, 이와 같이 가니, 오고 가는 한 물건은 이 무엇이오리까? 이 한 물건은 가고 옴에 상관하지 아니하며, 세월이 흐르고 천지가 바뀌어도 동요가 없는 일물자가 아니오리까?

이 도리는 부처님을 생각하고, 일심으로 아미타 세존의 성호를 일컬을 때, 더욱 뚜렷이 드러나나이다.

○○○ 영가시여, 바라건대 아미타세존의 자비하신 원력에 의지하여 극락세계에 왕생하시고, 대자재 무량공덕을 이룩하옵소서.

영가의 육신의 몸은 비록 멸하였다 하나, 영가 본신은 멸함이 없어 당당 법신이 항상 머물고, 맑고 밝은 한 마음은 만고에 태평하여 환희가 너울치며, 겁 밖을 자재하나이다.

영가는 이제 허공보다 앞서 있고, 태양보다 다시 밝은 본분광명으로 자존하나이다. 영가는 『나무아미타불』 염불 일구 아래 광명의 길이 열리고, 다시 걸음 걸음 연꽃이 피어나며, 곧바로 극락세계에 이르러 연꽃 봉우리에 태어나시리다. 영가는 부처님 법문 듣고 크신 지혜 깨달아 모든 중생을 제도하게 되오리니, 바라건대 이 땅 인연 버리지 마시옵고 찬란한 빛으로 돌아오시사 국토중생을 성숙시키는 큰 뜻을 거듭 밝히소서. 나무 마하반야바라밀

조가(弔歌)

빛으로 돌아오소서 : 찬불가편 p. 455

6. 다비(茶毗)

거불, 신묘장구대다라니 p. 26 독송, 상황에 따라 아미타불 염송함

〔거화(擧火)〕

신원적	○○○영가		新圓寂 某人靈駕
이 불은	삼독의	불이아니라	此一炬火 非三毒之火
부처님의	일등삼매	불인것이니	是如來一燈三昧之火
그 빛은	혁혁하여	영겁비추고	其光赫赫 遍照三際
불꽃은	타올라서	세계뻗도다	其燄煌煌

이 광명	얻는자	부처님같고	洞徹十方
이 광명	잃는자	생사따르니	得其光也 等諸佛於一朝
영가여	빛돌이켜	스스로비춰	失其光也 順生死之萬劫
무생법인	단번에	요달하여서	某靈 廻光返照 頓悟無生
다함없는	고통바다	영영여의고	離熱惱苦
열반의	즐거움을	누릴지어다	得雙林樂

〔하화(下火)〕

신원적	○○○영가		新圓寂 某人靈駕 三緣和合
세 인연이	화합하여	몸이뤘으나	暫時成有
사대가	흩어지니	문득공이라	四大離散 忽得還空
몇년인가	환의바다	돌고헤매다	幾年遊於幻海 今朝脫却
오늘아침	벗어나니	경쾌뿐이랴	慶快如蓬 大衆且道
대중은	분명하게	이를지로다	某靈 向什麼處
금일영가	간곳이	어디메인고	去木馬倒騎飜一轉
거꾸로탄	목마로	재주넘으니	大紅焰裡放寒風
활활타는	불길속에	찬바람이네	

〔봉송(奉送)〕

스님 장의 때만 읽음

신원적	○○○영가	
애달프다	저승으로	떠나는이여
세상인연	따라서	고요에들고
법다이	정성들여	다비행하니
백년동안	법을 펼	거룩한몸이
오늘이제	걸림없이	열반길가매
대중은	밝은길을	넓히옵니다

新圓寂 某人靈駕
切以 沒故比丘
某靈 旣隨緣而順寂
乃依法而茶毗
焚百年弘道之身
入一路涅槃之門
仰憑大衆 資助覺路

〔십념(十念)〕

청정법신 비로자나불 ……: 본문 p. 62

대자성존	부처님을	칭송하오니
염불하여	천도하온	이 공덕으로
금일영가	지혜밝고	빛나지이다
깨달음의	동산에	보리꽃피고
법성의	바다에서	심신맑히며
하늘달려	모든성존	뵈올지로다

上來 稱揚聖號
資薦往生
惟願 慧鑑分明
眞風散彩 菩提園裡
開敷覺意之花
法性海中
蕩滌身心之垢
高馭雲程 和南聖衆

봉송진언(奉送眞言)

옴 바아라 사다 목차목 (3번)

여기서 염불독경하며 불이 붙은 것을 보고 습골 시각까지 기다림.

7. 습골(拾骨)

〔기골(起骨)〕

신원적	○○○영가		新圓寂 某人 靈駕
일점이라	영명이여	걸림없으니	一點靈明 了無所碍
한번던져	몸뒤치어	비로소얻네	一擲飜身 多少自在
상이없고	공이없고	불공없으니	無相無空無不空
이것이	부처님의	진실상이라	卽是如來眞實相

〔습골(拾骨)〕

신원적	○○○영가		新圓寂 某人 靈駕
잡을것도	버릴것도	가이없으니	取不得 捨不得
이러한	바로이때	어찌할건고	正當伊麽時
(돌)			如何委悉
			咄

| 두 눈을 | 활짝뜨고 | 불속을보라 | 剔起眉毛 火裡看 |
| 한무더기 | 황금뼈 | 분명하도다 | 分明一掬黃金骨 |

〔쇄골(碎骨)〕

신원적	○○○ 영가		新圓寂 某人 靈駕
누구나	상두관을	뚫어내고사	若人透得上頭關
산하대지	넓은곳을	비로소알리	始覺山河大地寬
인간세상	분별계에	안떨어지니	不落人間分別界
푸른물	푸른산에	어찌걸리리	何拘綠水與靑山
이 한 개	백골이	부서지느냐	這個白骨 壞也
부서진즉	푸른하늘	이 아닌가	未壞也 壞則猶
부서지지	아니한즉	청천의백운	與碧空 未壞則
영식이	홀로이	드러났으니	靑天白雲 靈識
있고	없고에	무관하도다	獨露 無 在不在
누가있어	이 도리를	능히알손가	還識這個麽
당처를	안여의고	항상맑거늘	不離當處常湛然
이를 두고	찾는자는	결코못보리	覓則如君不可見

〔산골(散骨)〕

| 신원적 | ○○○ 영가 | | 新圓寂 某人 靈駕 |

넓은들에	휘날리니	어디있는고	灰飛大野 骨節何安
땅을차고	소리치니	관문열려라	蕆地一聲 始到牢關
영명한	이 한점이	안팎없거늘	咄一點靈明非內外
오대산이	부질없이	구름얽어라	五臺空鎖白雲間

환귀본토진언(還歸本土眞言)

옴 바자나 사다모 (3번)

〔산좌송(散座頌)〕

법신이	두루하여	누리에차고	法身遍滿百億界
금빛광명	널리놓아	천지밝아라	普放金色照人天
그릇따라	형상나툰	물속달이여	應物現形潭底月
연화대에	거룩한몸	원만하여라	體圓正坐寶蓮臺

나무 삼세불모 성취만법 무애위덕   南無 三世佛母 成
마하반야바라밀(21번)   就萬法 無碍威德
                                  摩訶般若波羅蜜

저희들이	지은바	이 공덕이	願以此功德
일체의	중생들의	공덕이되어	普及於一切
모든중생	빠짐없이	성불하옵고	我等如衆生
위 없는	불국토를	이뤄지이다	皆共成佛道

제6장 매장작법(埋葬作法)

매장할 때는 다비편의 정발에서 기감, 영결까지 평상대로 하고 그 이하는 다음에 이음

〔하관(下棺)〕

십념, 신묘장구대다라니, 대비주 약간 염한 다음

신원적	○○○영가		新圓寂 某人靈駕
중생들의	몸과마음	모두환이니	一切諸衆生 身心皆如幻
육신은	사대이고	마음은육진	身相屬四大 心性歸六塵
사대로	모인몸이	다흩어지면	四大體各離 誰爲和合者
무엇이	남아있어	화합할런가	
대중이여	이를지라	영가간곳을	大衆且道 今日靈駕 向什麼處去 一切佛
일체의	불세계는	허공꽃이라	世界 猶如虛空花
삼계모두	평등하여	거래끊어라	三界悉平等 畢竟無來 去 某靈 還會得
거래없는	이 소식	영가아는가	此平等
그대만약	이 도리를	알지못하면	

한걸음	물러서서	군말들으랴	無來去底 一句應
백세미만	몽환의몸	땅에묻히니	旣或未然 退讓一步
이것이	길이 쉴	유택이런가	和泥合水 更聽註脚
몸은필경	흩어져	자취없으나	旣捨人間 百歲幻身
영혼은	극락에서	편안하리라	奄歸地下 永年幽宅
			體魄安寧 長保子孫
			魂歸安養 自在優遊

환귀본토진언(還歸本土眞言)

옴 바자나 사다모 (3번)

〔산좌송(散座頌)〕

법신이	두루하여	누리에차고	法身遍滿百億界
금빛광명	널리놓아	인천밝아라	普放金色照人天
그릇따라	형상나툼	물속달이여	應物現形潭底月
연화대엔	거룩한몸	원만하여라	體圓正坐寶蓮臺

이어서 독경염불 약간 하며 산역이 끝나기를 기다림
「마하반야바라밀」…21번

〔거불(擧佛)〕

나무극락도사 아미타불
南無極樂導師 阿彌陀佛

나무관음세지 양대보살
南無觀音勢至 兩大菩薩

나무접인망령 대성인로왕보살마하살
南無接引亡靈 大聖引路王菩薩摩訶薩

〔창혼(唱魂)〕

원아 금차 지극지정성 금일 사후 안택 평토제 지심 발원재자

효자 효녀 ○○○ 복위 선망 ○○ ○○○영가 (3번)

〔착어(着語)〕

신령하고	밝은성품	생각하기	어려운데	靈明性覺妙難思
가을못에	비친달에	계수나무	사무쳐라	月墮秋潭桂影寒
목탁소리	요령소리	밝은길이	열렸으니	金鐸數聲開覺路
잠시 저승	하직하고	이 향단에	이르소서	暫辭眞界下香壇

보소청진언(普召請眞言)

나무 보보제리 가리다리 다타아다야 (3번)

수위안좌진언(受位安座眞言)

옴 마니 군다니 훔훔 사바하 (3번)

변식진언(變食眞言)

나막 살바 다타아다 바로기제 옴 삼바라 삼바라 훔 (3번)

시감로수진언(施甘露水眞言)

나무 소로바야 다타아다야 다냐타 옴 소로소로 바라소로 바라소로 사바하 (3번)

일자수륜관진언(一字水輪觀眞言)

옴 밤밤밤밤 (3번)

유해진언(乳海眞言)

나무 사만다 못다남 옴 밤 (3번)

시귀식진언(施鬼食眞言)

옴 미기미기 야야미기 사바하 (3번)

시무차법식진언(施無遮法食眞言)

옴 목역능 사바하 (3번)

보공양진언(普供養眞言)

옴 아아나 삼바바 바아라 훔 (3번)

〔가지소(加持疎)〕

바라건대	법다운	이공양이여	願此加持食
시방세계	두루두루	넘칠지어다	普遍滿十方
먹는 자는	굶주림을	길이여의고	食者除飢渴
아미타	극락세계	태어날지라	得生安養國

반혼(返魂)

성분이 다 되면 상주가 영정과 위패를 모시고 염불하며 하산함.
반혼재는 간단히 상용영반으로 행함.

제2편

서원편(誓願篇)

제1장 법등서원(法燈誓願)

1. 마하반야바라밀 염송

 보살이 국토를 장엄하여 불국토를 이루는데 무상의 여의 보주를 가졌으니 보살은 이 보주를 항상 굴리어 대위신력을 발휘하고 중생을 제도한다.

 이 보주는 '마하반야바라밀'이다. 관세음보살도 마하반야바라밀로 '관자재' 하시어 '오온개공' 하여 일체 고액에서 해탈하신다. 일체 보살이 반야바라밀다로 일체 공포를 타파하고 자유를 성취하며 열반을 증득하고 성불한다. 마하반야바라밀다는 이것이 대신주다. 대명주다. 무상주다. 무등등주다.

 마하반야바라밀다가 구르는 곳에 일체 고가 없어지며 일체의 장애가 타파되며 삼악도가 없어진다. 광명 천지가 열리고 일체 소원이 성취되며 자재 해탈을 얻게 된다. 일체 불보살과 함께 하게 되어 그 위신력을 쓰기 때문이다. 그러므로 불광보살은 생각마다, 걸음마다, 항상 마하반야바라밀을 힘차게 염송하는 것이다.

마하반야바라밀을 염할 때는 자세를 바르게 하고 합장 또는 대삼마야인을 맺는다. 눈을 감고 자신의 마음에 부처님이 함께하고 있고 부처님의 빛나는 위신력과 큰 공덕이 넘치고 있음을 관한다. 동시에 일체 소원이 성취되는 자신과 용기를 가지고 환희심과, 감사한 마음으로 마하반야바라밀을 일심 염송한다.

2. 법등일송(法燈日誦)

❀ 생명은 밝은 데서 성장한다. 인간은 밝은 사상에서 발전이 있다. 우리의 본면목이 원래로 밝은 생명이기에.

어둠을 찢고 솟아오르는 찬란한 아침 해를 보라. 거침없는 시원스러움이, 넘쳐나는 활기가, 모두를 밝히고, 키우고, 따뜻이 감싸주는 너그러움이 거기 있다.

이 한 해를 결코 성내지 않고, 우울하지 않고, 머뭇대지 않고, 밝게 웃으며, 희망을 향하여 억척스럽게 내어닫는 슬기로운 삶으로 만들자.

빛을 향하는 곳에 행운이 있다. 성공이 온다.

🪷 오늘 우리는 몇 번 남을 칭찬하였던가. 오늘 우리는 몇 번 남의 허물을 말하였던가. 칭찬하면 태양이 나의 주위에서 빛나고, 비방하면 어둠이 나를 감고 돌아간다. 칭찬하는 마음에는 천국이 열려가고, 비방하는 발길에는 가시덤불 엉기나니.

입은 진실과 광명을 토하는 문이다. 언제나 찬탄과 기쁨을 말하도록 하자.

🪷 쾌활은 빛이고 우울은 어둠이다. 쾌활과 우울은 공존하지 못한다. 쾌활해지면 우울이 사라지고, 우울해지면 쾌활이 사라진다. 쾌활하게 살자. 크게 웃고 살자. 우울해지면 웃음을 터트리자. 마음이 밝을 때, 건강과 행운이 오는 법이다.

사람들 중에는 말과 표정과 몸가짐 전체로 밝게 빛나는 사람이 있다. 이런 사람은 어디를 가나 환영 받는다.

설사 초청받지 않은 자리라도 마치 겨울의 햇빛처럼 누구에게나 환영 받는다. 초청받은 사람이라도 마음이 어두운 사람은 언젠가는 사람들이 싫어한다.

 사람이 우울한 것을 싫어하기 때문이다. 마음 밝은 사람에게는 행운이 따라 붙고, 어두운 사람에게는 불운이 따라 붙는다.

※ '나는 불행하다'고 생각하였을 때, 불행한 일은 찾아든다. 그러니 결코 근심스러운 표정이나 성난 표정은 하지 말아야 한다.

 생각은, 이것이 하나의 조각가와도 같다. 사람의 용모 위에 재주를 부린다.

 사람을 미워하면 주름살을 나타내고, 슬퍼하면 얼굴 위에 슬픔을 그려낸다. 따뜻한 자비심은 보살을 나타내고, 근심 걱정 할 때에는 용모를 어둡게 만들어 간다. 용모가 어두울 때, 어두운 운명이 오는 법이다. 마땅히 모든 근심 걱정 털어버리고 밝은 행복을 생각할 것이다. 평화롭고, 만족스런 표정, 희망에 넘치는 미소는 그 사람에게 영원한 젊음과 아름다움을 나타낸다.

※ 아무리 어두운 구름이 덮여 오더라도 태양은 거침없이

찬란한 빛을 부어낸다. 아무리 고난과 불안이 밀어닥쳐도 우리의 희망, 우리의 전진을 가로막지는 못한다.

구름을 벽으로 아는 자에게 길이 막힌다. 구름을 두려워 떠는 자에게 불행이 온다.

고난과 불행은 움직이는 필름의 영상과 같이 나타났을 때 사라진다. 그것은 그림자다.

두려워 말고 흔들리지 말고 앞으로 나아가자.

희망과 용기와 자신을 더하고 성공을 꿈꾸자.

영겁의 생명, 진리의 태양은 지금 우리의 가슴을 뛰고 시시각각 우리의 결단을 기다리고 있다.

❀ 원래로 보름달과 같이 원만한 우리 마음인데, 이를 가로막는 것은 감정의 구름덩어리다. 원래로 행복한 우리 인생인데, 불행하게 만든 것은 번뇌 망상이다.

❀ 원망, 질투, 시기, 분노, 복수심, 슬픔, 삿된 욕망, 쓸쓸한 생각, 또는 무거운 죄의식 – 이런 것들이 우리의 밝은 마음을 흐리게 한다.

흐린 마음 어두운 마음에서 불행과 병고가 생긴다.

그러므로 우리는 항상 밝고 맑은 마음이어야 하고 결코 남을 미워하거나 원망하여서는 아니 된다. 어두운 망상이 나면 털어버리고 나쁜 마음이 들면 참회하여 맑혀야 한다. 참회는 망념을 정화하는 최상의 영약이다.

3. 법등십과(法燈十課)

1. 조석으로 법등일과를 지키고 부처님께 감사하며, 기쁜 마음으로 하루를 시작합니다.
2. 하루 세 번 이상 합장하고, '나는 불보살님과 함께 있다. 나는 건강하고 반드시 행운이 온다.'라고 선언합니다.
3. 매일 선조와 부모님과 가족과 이웃에게 감사합니다.
4. 사람을 만났을 때, 먼저 밝은 미소(和顏)와 친절한 말로 대하고, 무엇으로든 도와드릴 마음을 가집니다.
5. 공공일과 대중사에 앞장서고, 무슨 일이든 정성을 기울여 최선을 다합니다.
6. 매일 법등오서를 읽고 전법을 실천하며, 법회에는 반드시 출석합니다.
7. 자기 법등과 자기 번호와 마하보살 이름을 기억하고, 자

주 연락을 가지며 법등가족의 거룩한 책임을 다합니다.
8. 병든 이나 고난에 빠진 이를 만나면 반드시 기도하고 돕습니다.
9. 자기 소망을 기원할 때도, 나라와 세계의 평화 번영과 중생의 성숙을 함께 기원합니다.
10. 법등가족은 감사, 찬탄, 헌신, 전법을 신조로 삼고 법등으로 호법하고 호국할 것을 명심합니다.

4. 법등오서(法燈五誓)

우리는 ○○법등입니다.
전법(傳法)으로 바른 믿음을 삼겠습니다.
전법(傳法)으로 정정진을 삼겠습니다.
전법(傳法)으로 무상공덕을 삼겠습니다.
전법(傳法)으로 최상의 보은을 삼겠습니다.
전법(傳法)으로 정토를 성취하겠습니다.

제2장 보현행자의 서원
普賢行者 誓願

1. 서분(序分)

부처님은 끝없는 하늘이시고, 깊이 모를 바다이십니다.

생각할 수 없는 청정공덕을 햇살처럼 끊임없이 부어주십니다. 나의 마음, 나의 집안, 우리 사회 구석구석에 또한 온 겨레, 온 중생 가슴 속에 한없이 한없이 고루 부어주십니다.

온 중생 온 세계 온 우주는 부처님의 자비하신 은혜 속에 감싸여 있습니다. 부처님의 거룩하신 은혜는 나의 생명과 우리 국토 온 세계에 넘치고 있습니다. 모든 중생이 부처님의 은혜로운 공덕을 받고서 태어났으며, 은혜로운 공덕을 받아쓰면서 생활합니다. 온 중생은 모두가 일찍이 축복받은 자이며, 일찍이 거룩한 사명을 안고 이 땅에 태어나서 거룩한 삶의 역사를 열어가고 있습니다.

이와 같이 거룩한 광명과 은혜로 살고 있으면서 이 사실을 모르고 있는 자를 중생이라 하였습니다. 저들은 지혜의 눈이 없다 하기보다 착각을 일으켜 육체를 자기로 삼고, 듣고 보는 물질로써 세계를 삼으며, 거기서 얻은 생각으로 가치를 삼고, 그를 추구합니다. 그렇기 때문에 중생세계는 겹겹으로 장벽에 싸여 있고, 사람과 사람 사이는 막혀 있으며, 중생들은 헤아릴 수 없는 고통에 감겨 지냅니다.

이 모두가 미혹의 탓이며, 착각으로 말미암아 자기를 그릇 인정한 데에 기인합니다.

그렇지만 이 국토는 원래로 부처님 공덕이 넘쳐 있습니다. 설사, 중생들이 미혹해서 잘못 보고, 잘못 생각하고, 고통을 느끼더라도 실로 우리와 우리의 국토가 부처님의 광명국토임은 변하지 않았습니다.

거룩한 광명과 거룩한 공덕이 영원히 변함없이 이 세계를 감싸았고, 그 속에 온 중생이 끝없는 은혜를 지닌 채 약여(躍如)합니다.

이 세상이 우리 눈에 어떻게 나타나 보이더라도, 이 마음에 어떻게 느껴지더라도, 저희들은 부처님의 무량공덕장 세계를 의심하지 않겠습니다. 온 세계 가득히 넘쳐 있는 거룩한 공덕을 결코 의심하지 않겠습니다.

거룩하신 대보살들과 모든 중생들이 부처님의 거룩하신

마음 속에 하나인 것을 굳게 믿사옵니다. 일체 중생의 본성이 불성이오므로 온갖 중생의 생명이 부처님의 공덕생명임을 믿사오며, 중생들이 이 참생명을 믿고 구김없이 씀으로써 한량없는 새로운 창조가 열리는 것을 굳게 믿사옵니다.

보현보살께서 말씀하신 십종 행원은 부처님의 무량공덕을 우리의 현실 위에 발휘하는 최상의 지혜행입니다. 행원을 실천하는 데서 우리와 우리의 가정과 우리의 사회 위에 생명의 참 가치가 구현되며, 우리 국토 위에 불국토의 공덕장엄이 구현됩니다.

보현행원은 부처님의 무량공덕세계를 여는 열쇠입니다. 열 가지 문은 하나로 통해 있습니다. 한 가지를 행하여도 부처님의 온전한 공덕은 넘쳐 나옵니다. 행원의 실천은 우리가 자기 생명의 문을 여는 일입니다. 나의 생명 가득히 부어져 있는 부처님 공덕을 발휘하는 거룩한 기술입니다.

나의 생명을 부처님 태양 속에 바로 세우는 일이며, 내 생명에 깃든 커다란 위력을 퍼내는 생명의 숨결이며, 박동(拍動)입니다.

그렇기 때문에 행원에는 목적이 없습니다. 어떠한 공덕을 바라거나, 부처님의 은혜를 바라거나, 이웃이 알아주기를 바라거나, 내지 성불하기를 바라지 않습니다. 행원 자체가 목적입니다. 행원은 나의 생명의 체온이며 숨결인 까닭에 나는 나의 생명껏 행원으로 살고 기뻐하는 것뿐입니다.

행원으로 나의 생명은 끝없는 힘을 발휘합니다. 출렁대는 바다의 영원과 무한성을 생명에 받으며, 무가보(無價寶)가 흐르는 복덕의 대하(大河)가 생명에 부어집니다.

나의 참생명의 파동이 행원인 까닭에 나의 생명이 끝이 없고 영원하듯이 나의 행원도 끝이 없고 영원합니다. 허공계가 다하고, 중생계가 다하고, 중생의 업이 다하고, 중생의 번뇌가 다하더라도 나의 생명 행원은 다함이 없습니다.

보현행원은 나의 영원한 생명의 노래이며, 나의 영원한 생명의 율동이며, 나의 영원한 생명의 환희이며, 나의 영원한 생명의 위덕이며, 체온이며, 광휘이며 그 세계입니다.

나는 이제 불보살님 전에 나의 생명 다 바쳐서 서원합니다.

보현행원을 실천하겠습니다.

보현행원으로 보리를 이루겠습니다.

보현행원으로 불국토를 성취하겠습니다.

대자대비 세존이시여, 저희들의 이 서원을 증명하소서.

2. 예경분(禮敬分)

부처님께 예경하겠습니다.

일체 세계 일체 국토에 계시는 미진수(微塵數) 부처님께 예경하겠습니다.

혹은 보살신으로 나투시고, 혹은 부모님으로 나투시고, 혹은 형제나 착한 이웃으로 나투시고, 혹은 거칠은 이웃이나 대립하는 이웃으로 나타나시는 자비하신 부처님께 빠짐없이 예경하겠습니다.

아무리 모나게 나에게 대하여 오고, 아무리 억울하고 다시 어려운 일을 나에게 몰고 오더라도 거기서 자비하신 부처님을 보겠습니다. 나를 키우시려는 극진하신 자비심에서 나의 온갖 일을 다 살펴주시고, 천만 가지 방편을 베푸시어 자비하신 은혜로 나에게 대하여 오시는 나를 둘러싼 수많은 부처님.

비록 형상과 나툼이 아무리 거칠더라도 진정 곡진하신 자비심을 깊이 믿고 감사하겠사오며 그 모든 부처님을 공경하겠습니다. 온갖 방편 다 기울여서 영원한 미래가 다하도록 예경하겠습니다.

부모님과 형제, 이웃과 벗, 온 겨레와 중생이 기실 부처님

아니신 분 없으십니다. 끝없고 한없는 공덕을 갖추지 않으신 분 없으십니다. 이 모든 거룩한 임께 내 지극정성 다 바쳐서 예경하겠습니다.

그리고 이 사회, 이 국토, 이 질서 속에서 이와 같은 불성(佛性) 인간의 존엄과 신성이 보장되고, 그가 지닌 지고(至高)한 가치와 능력과 덕성이 발휘되도록 힘쓰겠습니다.

3. 찬양분(讚揚分)

모든 부처님을 찬양하겠습니다.

부처님의 대지혜와 대자비의 끝없는 큰 공덕을 찬양하겠습니다. 부처님이 지니신 바 거룩하온 서원력은 일체 세계 일체 시간을 덮고 있사오며, 저희들은 온갖 지혜, 온갖 힘을 다 기울여도 그 작은 부분조차 생각할 수 없사오니 오직 있는 정성 모두 바쳐 끝없는 서원력을 찬양하겠습니다.

일체 중생 모두가 또한 부처님의 공덕을 모두 갖추었으니 일체 중생이 갖춘 그 모든 공덕을 찬양하겠습니다.

겉모양이 비록 가지가지 중생상을 보일지라도 그것은 모두가 허망한 그림자이며 나를 위한 방편시현이십니다.

실로 모든 중생이 진정 중생이 아니며, 부처님의 거룩하신 공덕을 구족하게 갖추고 있사옵니다. 지극히 지혜롭고, 지극히 자비하고, 온갖 능력 다 갖추었으며, 온갖 공덕 다 이루어 원만하고 자재하니, 이것이 일체 중생의 참모습이옵니다.

저희들은 이 모든 중생과 그가 지닌 한량없는 공덕을 찬양하겠습니다. 결코 중생이라 낮춰 말하지 않겠습니다. 비방하거나, 어리석다 하거나, 무능하다 하거나, 불행하다 하거나, 미래가 어둡다고 말하지 않겠습니다. 부처님께서 완전하심과 같이 일체 중생이 원만한 덕성임을 믿사오며, 그 모두를 항상 찬양하겠습니다.

끝없는 은혜를 주시는 부처님이 항상 우리 주변에 계시어서 혹은 부모님이기도 하고, 아내나 남편이기도 하고, 형제가 되기도 하고, 이웃이나 벗이나 같은 겨레가 되어서 언제나 끝없는 은혜를 부어주고 계시며, 이 땅 위에 부처님 광명세계를 이룩하기 위하여 큰 위신력을 떨치고 계심을 깊이 믿고, 저 모든 부처님을 미래세가 다하도록 찬양하겠습니다.

일체 세계에 극미진수 부처님이 계시고, 그 낱낱 부처님 계신 곳마다 한량없는 보살들이 둘러계심을 깊이 믿사오며,

눈 앞에 대하듯 정성 기울여 찬양하겠습니다.

중생과 세계의 나타난 현상이 아무리 거칠고 부정하게 보이더라도 실로 실상은 청정하고 원만하오니 저는 결코 중생과 세계의 실상을 찬양하고 긍정하는 말을 하겠습니다.

참된 진리의 모습을 깊이 믿고 그대로를 말하는 것이 실상의 말이며, 참된 말이며, 올바르게 찬양하는 말인 것을 깊이 믿습니다. 그리고 이와 같이 믿고 찬양하는 참말은 위대한 성취력을 지니며 창조의 힘을 나타냄을 깊이 믿습니다.

그리하여 저희들이 닦는 바 찬양하는 행원은 이것이 이 세상에 평화와 번영과 청정과 협동을 실현하는 심묘한 작법임을 믿습니다.

저희들은 이 찬양하는 행원으로 우리의 마음과 우리의 세계에 실상공덕을 구현시키겠사오며, 우리들이 바라온 바 보살의 국토를 성취하고 우리의 일상생활 속에서 필요한 낱낱 소망을 성취하겠습니다.

말은 이것이 위대한 창조의 힘을 지니고 있사온 바 저희들은 참된 말을 바로 써서 말의 위력을 실현하겠습니다. 결코 거짓말을 하지 않겠사오며, 나쁜 말을 하지 않겠사오며, 참된 말만을 하겠습니다. 결코 소극적이며, 부정적이며, 비관

적인 말을 하지 않겠습니다.

  진리의 참모습이 적극적이며, 활동적이며, 원만하며, 영원하기 때문입니다. 변재천녀는 차라리 미묘한 말과 음성을 내겠지만, 저희들은 그보다도 참된 말을 하고, 부처님의 참된 공덕세계를 믿고, 긍정하고, 찬양하는 말을 하겠습니다.

4. 공양분(供養分)

  널리 공양하겠습니다.

  시방세계 일체처에 미진수의 부처님이 계시고 한량없는 보살들이 함께 계심을 깊이 믿사오며, 눈 앞에 대한 듯 분명한 지견으로 모든 불보살께 공양하겠습니다

  음식으로 공양하겠습니다.

  꽃과 향과 음악과 의복과 의약과 방사와 그밖의 모든 공양구로 항상 공양하겠습니다.

  공양은 이것이 부처님께서 주신 바 무량복덕의 문을 활짝 여는 길임을 믿습니다.

  저희들은 간탐심과 애착심으로 인하여 참된 공양을 행하지 못하였고, 설사 약간의 공양을 한다 하더라도 이유와 조건을 붙인 공양이었습니다. 그러므로 그 과보는 가난하고

물질생활에서 부자유하며 제한을 많이 받고 있사옵니다.

저희들은 이제 공양을 행하되 마음의 문이 활짝 열리도록 아낌없이 바람없이 지성껏 공양하겠습니다. 정성 바쳐 공양함으로써 애착과 간탐심의 작은 뿌리들을 하나하나 뽑겠습니다.

부처님의 무량복덕이 우리 생명에 흘러오는 것을 가로막고 있는 마음의 장벽들이 모두 다 무너지도록 청정한 마음으로 공양하겠습니다. 부처님께 공양하겠습니다. 부모님과 형제와 모든 이웃에게 공양하겠습니다. 부처님께 공양하듯 차별없이 정성 다 바쳐서 공양하겠습니다.

저희들의 이와 같은 공양은 저희들을 가난하게 만들고, 부자유스럽게 만드는 모든 요인을 남김없이 타파하여 우리의 생명 위에 부처님의 무량공덕이 시원스러이 물결쳐 흘러 들어오게 함을 믿사옵니다.

법공양에 힘쓰겠습니다. 부처님 말씀대로 수행하는 공양과, 중생들을 이롭게 하는 공양과, 중생을 섭수하는 공양과, 중생의 고를 대신 받는 공양과, 선근을 부지런히 닦는 공양과, 보살업을 버리지 않는 공양과, 보리심을 여의지 않는 공양을 닦겠습니다.

재물을 베풀어 공양하면 복덕의 종자를 심는 것이며 복덕의 문이 열려 옵니다. 이것은 중생의 육체생명을 키워주는 소중한 조건이옵니다.

그러나 법공양을 행하면 행하는 자와 공양받는 자가 다 함께 법신생명이 성장하오며, 무량한 법신공덕이 넘쳐오고, 그 국토에 찬란한 법성광명이 빛나게 됩니다. 그러므로 법공양을 행하는 공덕이 얼마만한가를 부처님께서도 다 말씀하지 못하십니다.

부처님께서는 무엇보다도 법을 존중히 하십니다. 법공양을 행하고 부처님 가르침을 행하면 이 세상에 곧 부처님이 출생하시옵니다. 법이 불(佛)이며, 법은 추상적 이치에 있는 것이 아니고 구체적인 바른 행동에 있기 때문입니다. 그러므로 법공양이 참된 부처님 공양이며 이로써 일체 부처님께 참된 공양을 성취합니다.

법공양을 행함은 일체 불보살의 바라시는 바를 실현하는 것입니다. 그러므로 법공양을 행하면 보리의 싹이 자라고, 법공양을 행하면 무량공덕문이 열리며, 법공양을 행하면 중생이 성숙되고, 법공양을 행하면 국토가 맑아지오며, 제불보살이 환희하시옵니다.

저희들은 이 생명을 법공양으로 빛내겠습니다.

부모님께 공양하겠습니다. 아내와 남편에게 공양하겠습니다. 형제와 이웃과 모든 동포 모든 인류에게 공양하겠습니다. 이 생명 영원하고 청정함과 같이 영원히 법공양을 행하겠습니다.

5. 참회분(懺悔分)

모든 업장을 참회하겠습니다.

기나긴 과거세에서 오늘날에 이르도록 햇빛보다 밝은 참 성품을 어기고 많은 죄업을 지었습니다.

기나긴 과거세에서 금생에 이르는 동안 미혹하고 어리석어 성내고 탐욕부려 많은 죄를 지었습니다.

몸으로 죄를 지었습니다. 입으로 죄를 지었습니다. 생각에만 있을 뿐, 행이나 말로 나타나지 아니한 죄도 또한 많이 지었습니다. 그 사이에 지은 죄는 아는 것도 있고 모르고 범한 죄도 있사오며, 지은 죄를 잊은 것도 한이 없습니다.

이 모든 죄가 만약 형상이 있다면 허공으로 어찌 용납할 수 있으리까?

이제 불보살님 앞에 머리 조아려 참회하옵니다. 영영 다시는 죄를 짓지 않겠사오며 영원토록 청정자성을 행하여 나아가겠습니다.

이제 저의 밝은 자성 드러내어 살피옵건대, 저희들이 지난 동안 지은 바 모든 죄업들은 자성 앞에 가로놓인 한 조각 구름이오며 한 가닥의 안개인 듯하옵니다.

내 이제 청정한 삼업에 돌아가 모든 불보살님 전에 거듭 지성으로 참회하옵니다. 다시는 악한 업을 짓지 않겠습니다. 영영 청정한 일체 공덕 속에 머물러 있겠습니다.

죄업은 이것이 어둠이오며, 참회는 이것을 밝은 자성광명 앞에 드러냄이옵니다. 찬란한 자성광명 앞에 어찌 사라지지 아니할 어둠이 있사오리까. 밝음 앞에 어둠이 사라지듯이 저의 참회 앞에 모든 죄업이 사라짐을 믿사옵니다. 죄업이 사라졌으매 다시 어찌 청정한 자성광명을 가로막을 것이 있사오리까.

참회하였으므로 죄업이 소멸되고, 모든 죄업이 소멸되었사오매 저의 생명에는 끝없는 부처님의 자비공덕이 넘쳐남을 믿사옵니다.

그러므로 저희들은 지성으로 참회하고는 다시는 죄를 생각하지 않겠습니다. 흘러간 구름을 좇지 않겠사오며 지나간 어둠을 마음 속에 붙들어 놓지 않겠습니다.

항상 밝은 마음, 항상 맑은 마음, 항상 활기찬 마음으로 일체 공덕을 실천하겠습니다.

끝없는 청정행을 펴 나아가겠습니다. 그리고 때없는 맑은 눈으로 일체 세계 일체 중생을 대하겠습니다.

남이 잘못하는 듯이 보이는 허물은 남의 허물이 아니옵고 저 자신의 허물임을 알겠습니다. 원래로 마음 밖에는 한 물건도 없는 것이오매 어찌 내 마음의 허물을 떠나서 다른 사람의 허물이 있사오리까? 밖에 나타나 보이는 허물은 이것이 나 자신의 마음 속에 깃든 어두운 그림자의 나타남임을 알고 다시 참회하는 마음을 새로이 하겠습니다.

고난과 장애를 당하여 결코 불평하거나 원망하지 않겠습니다. 고난이 나타났으므로 업장이 소멸되고 참회하여 소멸되었음을 믿고 기뻐하고 용기를 내겠습니다.

6. 수희분(隨喜分)

남이 짓는 공덕을 기뻐하겠습니다.

모든 부처님께서 처음 발심하실 때로부터 무상지(無上智)를 구하기 위하여 부지런히 복덕을 닦을 새, 몸과 목숨을 돌보지 아니하고, 무한 겁이 다하도록 난행고행을 행하시면서 가지가지 바라밀문(波羅蜜門)을 닦으신 그 모든 공덕을 기뻐하겠습니다. 가지가지 보살도를 원만히 닦으시고, 마침내 무상도를 성취하시며, 열반에 드신 뒤에 사리를 분포하시는 그 모든 공덕을 기뻐하겠습니다.

또한 시방 일체 세계에 있는 사생(四生) 육취(六趣) 모든 종류 중생들이 짓는 한 털끝만한 공덕이라도 존중하며 함께 기뻐하겠습니다. 시방세계 모든 보살들과 모든 성자들과, 모든 스님들이 닦으시는 온갖 공덕을 다 함께 기뻐하겠습니다.

일체 중생 어떤 종류의 중생이 짓는 공덕이라도 극진히 존경하겠사옵거든 하물며 보살들이 닦으시는 행하기 어려운 여러 수행이리까!

가지가지 난행고행으로 무상도를 이루시며, 모든 중생에게 가르치시고, 또한 우리에게 올바른 행의 표본이 되시며, 깊은 가르침을 주시고, 나아가 불국토를 성취하시는 그 모든 높은 공덕을 남김없이 찬양하고 기뻐하겠습니다.

세상에서 나쁜 사람이라고 낙인찍힌 사람일지라도 그가 행하는 착한 공덕이 또한 한이 없음을 믿고, 그가 행한 털끝만한 공덕이라도 진심으로 기뻐하겠습니다.

나를 해치려 하고 모함하고 욕하고 억울한 누명을 씌우거나, 또는 때리고 손해를 끼친 사람이라 하더라도 그가 지닌 공덕을 찬탄하고 그가 짓는 공덕을 함께 기뻐하겠습니다.

모든 불보살과 일체 중생과 저희들은 원래가 한몸이옵기 그 중에 어느 하나가 지은 공덕은 바로 그것이 저 자신의 기쁨이 아닐 수 없습니다. 함께 기뻐함으로써 넓고 큰 기쁨이 너울치는 큰 생명을 가꾸어 가겠습니다.

남이 짓는 공덕을 함께 기뻐하올 때 남과 나는 둘이 아님을 확인하옵니다. 이 세간 누구와도 대립된 자 없고 불화할 사람 없사오니 이 천지 누구와도 화합하고 화목하게 지내며 존중하겠습니다.

화합하지 아니함은 대립한 것이요, 두 쪽이 된 것이며, 은혜를 주신 수많은 불보살님과 담을 쌓고 척을 짓는 것이 되옵니다. 설사 부처님께 공양하고, 부처님을 받들어 섬기며, 경전을 외운다 하더라도 만약 부모님이나 부부나 형제나 이웃이나 그밖에 벗들과 화목하지 못한다면 부처님께 공양은 성취되지 못하옵니다. 부모님과 형제와 모든 이웃과 한마음이 되고, 존경하고 아끼고 함께 기뻐하올 때 불보살님께 공양이 성취됨을 믿사옵니다.

부처님은 일체를 초월한 불이(不二)로 계시오며, 일체 중생을 하나로 하신 곳에 계시옵니다. 일체와 화합하고 일체와 둘이 아님을 쓰는 데서 저희들은 부처님의 은혜를 받을 수 있는 것이며 그 기쁨을 누릴 수 있사옵니다.

남이 짓는 공덕을 기뻐한다는 것은 진정 그와 더불어 마음을 함께 함이옵니다. 저희들은 남이 짓는 공덕을 함께 기뻐함으로써 거기에서 부처님이 주시는 자비하신 은혜를 받을 마음바탕을 이루게 됨을 믿사옵니다.

이와 같이 한마음이시며 큰 은혜를 베푸시는 부처님께 감사하겠습니다. 부모님과 형제에게 감사하겠습니다. 감사는 바로 화목이며 둘이 아님을 이루는 것이오매 저희들은 일체 중생에 감사하겠습니다. 한 몸이 생각없이 한 몸의 완전을 도모하듯이 둘이 아닌 경지에서는 결코 서로에 해침이 없사옵니다.

일체 중생에 감사하여 둘이 아니며, 그의 승리, 그의 성공, 그의 공덕을 찬양하고 기뻐할 때 그 모두는 나와 더불어 한

몸이거니 어느 무엇이 나를 해칠 자 있사오리까. 일체 중생과 둘이 아닌 이 몸을 이루게 하는 '감사'와 '함께 기뻐하는' 이 심묘한 법을 저희들은 생명껏 노래하고 받들어 행하겠습니다.

7. 청법분(請法分)

설법하여 주시기를 청하겠습니다.

일체 세계 처처에 한량없는 부처님이 계시니 제가 그 모든 부처님께 몸과 말과 뜻을 기울여 여러 가지 방편을 지어서 설법하여 주시기를 권청하겠습니다.

아무리 많은 세간적 영화가 가득 찼다 하더라도 그것은 모두가 잠깐이기에 번개나 아침이슬과도 같은 것이라 믿고 의지할 바 못 되지만, 부처님법은 이것이 영겁의 보배이며, 영원한 생명수(生命水)입니다. 부처님의 법으로 중생은 대해탈을 성취하며, 이 세계는 불국토로 바뀝니다.

이 법이 머무르는 곳에 태양이 있는 것이고, 이 법이 숨었을 때 영겁에 어둠이 있다고 하옵니다.

진정 부처님 법은 진리의 태양이십니다. 오래오래 이 땅에 머물러서 영원토록 중생들을 이롭게 하여 주시기를 간절히 바라옵니다.

　부처님 법은 원래로 있는 것이매 쇠(衰)하거나 성(盛)할 것도 없사옵니다. 부처님이 나타나시어서 다시 더 한 법이라도 가히 보탤 것도 없는 것이오나, 그러나 미혹한 중생들에게는 부처님의 말씀이 아닌들 어찌 영원한 감로의 법을 알 수 있사오리까!

　부처님의 설법을 통해서 비로소 저희 앞에 불법이 나타날 수 있사옵니다. 불법이 있으므로 해서 중생의 희망도 국토의 평화도 마침내 이룰 수 있사옵니다.

　참되게 살고 싶어도 거짓과 다툼과 고통의 수레바퀴를 벗어나지 못하는 것은 중생들이 불법을 모르는 데서 오는 것이오니, 진실로 설법은 중생과 세계를 붙들어 나아갈 가장 근원적인 지혜며 힘이시옵니다.

　모든 부처님께 설법하여 주시기를 청하겠습니다. 모든 대보살께 설법하여 주시기를 청하겠습니다. 모든 선지식들과 모든 스님들께 설법하여 주시기를 청하겠습니다.

　설사 잠시 동안 스님을 만나거나, 잠깐 동안 삼보도량에 머물렀거나, 한 장의 경전을 읽은 사람에게까지라도 설법하여 주시기를 청하겠습니다.

저의 몸과 저의 말과 저의 뜻을 다 바쳐서 설법을 청하겠습니다. 이 땅 위에 평화가 영원하도록, 모든 중생이 환희하도록, 이들 모두를 가꾸고 키워주시는 감로의 법우(法雨)가 끊임없이 포근히 내려지도록 지극정성 기울여서 권청하겠습니다.

이 땅이 아무리 스산하고, 이 땅이 아무리 캄캄하고, 이 땅이 아무리 폭풍우가 몰아쳐도 필경 이 모든 불행과 악과 재난을 쓸어 버리는 것은 오직 부처님의 법문뿐이오니, 대법문의 수레가 멈추지 않고 구르는 한 찬란한 아침해는 밝아오는 것이며, 구름을 몰아내는 한 가닥 바람은 거기에 있사옵니다.

이 땅 위에 설법이 행하여지는 데는 선지식이 계시고 설법할 법당과 법을 설할 모임이 있어야 하옵니다. 부처님에게 죽림정사(竹林精舍)와 기수급고독원(祇樹給孤獨園)이 있었듯이 청법하올 대중과 설법하올 처소가 있어야 하옵니다. 서로가 화합하고 환희하며, 서로가 힘을 합하여 법륜 굴리기에 힘쓴다면 설법은 더욱 더 우레같이 울려퍼져서 우리 사회 구석구석에 감로법우(甘露法雨)가 넘쳐 납니다.

그러하옵기에 저희들은 법륜이 영원토록 구르게 하기 위

하여 정성 다 바쳐서 설법 환경을 가꾸겠습니다.

이 땅에 선지식이 나타나시어 법을 설하시는데 이를 비방하거나, 모임에 불참하거나, 허튼 말을 돌려서 불목하게 한다면 이것은 법륜이 구르는 것을 방해하는 것이오니 어찌 털끝만이라도 감히 그런 짓을 하오리까.

저희들은 맹세코 선지식께 설법하여 주시기를 청하겠사오며, 항상 법을 배우는 거룩한 무리들과 그 모임을 환희 찬탄하겠사오며, 법회가 열리는 곳이 비록 먼 곳이라 하더라도 가장 귀한 보물을 찾아가는 마음으로 찾아가 청법하겠사오며, 선지식과 그 모임의 거룩하온 이름을 널리 드날리겠습니다.

8. 주세분(住世分)

모든 부처님께 이 세상에 오래 계시기를 청하겠습니다.

모든 보살들과 성문·연각·유학·무학 일체 선지식에게 열반에 드시지 말고 영원토록 이 세상에 머무시면서 중생들을 이롭게 하여 주시도록 권청하겠습니다.

부처님은 법계의 태양이시며, 선지식은 일체 중생을 돕고 성숙시킬 마지막 의지처이십니다. 이 모든 성스러운 스승님께서는 항상 밝고 맑은 청정법을 흘러내시어 중생을 키워주시고 세계를 윤택하게 하여 주시옵니다.

저희들은 이들 모든 부처님과 모든 선지식을 물 건너는 사람의 부낭(浮囊)과 같이 생각하고 존중하고 의지하며, 세간의 안목으로 받들고 섬기겠습니다.

생명의 물줄기는 이들 성스러운 선지식을 통해서 흘러나옵니다. 이 땅 위에 감로수가 끊이지 아니하도록, 복전이 영원하도록, 지혜의 태양이 영원히 빛나도록, 중생이 의지할 두려움이 없는 힘이 영원하시도록 저희들은 기원드리겠사오며, 모든 선지식에게 열반에 드시지 말고 영겁토록 머물러 주시기를 지심 간청하겠습니다.

선지식께서는 우리를 가르치시며, 우리와 함께 일하시며, 우리를 보호하여 주십니다. 우리의 선지식께서는 불조의 정지견(正知見)을 갖추셨으며, 마음에 상이 없으시고, 항상 청정범행을 찬탄하시옵니다.

설사 저희들이 친근코자 하여도 교만하지 않으시고, 저희들이 멀리하여도 원한이 없으시오나, 저희들은 이 모든 선지식에게 목숨 다 바쳐 공양하고 섬기겠습니다.

선지식이 이 땅에 머무시올 때 이 땅에는 안목이 있는 것이며, 선지식이 이 땅을 떠났을 때 이 땅은 지혜의 눈을 잃으옵니다. 선지식이 아니 계시올 때 중생들은 무엇을 인하여 기나긴 미망의 밤을 헤어날 수 있사오리까.

오늘 저희들은 거룩하온 선지식들을 모시고 있사옵니다. 맹세코 이들 모든 선지식을 공양하고 섬기오면서 그 가르침을 받들어 행하고, 일체 불찰 극미진수겁(極微塵數劫)토록 이 세상에 머물러 주시기를 간청하겠습니다.

일찍이 유덕왕(有德王)이 각덕(覺德) 비구를 보호하고자 하여 스스로의 신명을 바침으로써 아축불국(阿閦佛國) 제일의 성문이 되었고, 마침내 그 호법공덕으로 정각을 이루심과 같이 저희 또한 일체의 선지식을 받들고 섬기어 거룩한 법이 이 땅에 영원히 머물도록 힘쓰겠습니다.

9. 수학분(隨學分)

항상 부처님을 따라 배우겠습니다.

부처님의 견고하신 발심과 불퇴전(不退轉)의 정진을 배우겠습니다. 지위나 재산이나 명예나 내지 목숨까지도 보시하신 것을 따라 배우겠습니다.

헤아릴 수 없는 난행고행을 닦으시고, 보리수하에서 대보리를 이루시고, 가지가지 신통변화를 일으키시던 일을 따라 배우겠습니다.

어떤 때는 부처님 몸을 나투시고, 어떤 때는 보살 몸을 나투시고, 혹은 성문 연각의 몸을 나투시고, 성왕이나 학자나 정치가나 사업가나 혹은 무명의 거사신(居士身)을 나투시기도 하며, 혹은 천룡팔부 등 신중(神衆)의 몸을 나투시면서 저들의 모인 곳에 이르러 저들을 성숙시키던 일들을 다 따라 배우겠습니다.

부처님의 음성은 원만하시고, 중생의 근기 따라 알아듣게 하시며, 그들의 마음을 열어 번뇌를 쳐 없애고 지혜와 환희가 넘쳐나게 하시며, 마침내 저들의 기뻐함을 따라서 수행을 성취케 하시니 저희들은 그 모두를 따라 배우겠습니다.

부처님께서 열반을 보이심은 중생의 방만(放慢)을 여의게 하고자 하심이시니 짐짓 열반상을 보이시나 실로는 멸도함이 없사옵니다. 영원토록 중생들을 깨우치고 키워주시고자 온갖 방편 베푸시며 잠시의 쉼도 없으시는 그 모두를 따라 배우겠습니다.

부처님께서 발심하고, 정진하고, 고행하시고, 대각을 이루시고, 교화하시는 그 사이에 베푸신 칭량 못할 무량법문은 모두가 중생들이 닦아가야 할 표준을 보이심이십니다.

　청정한 자성을 구김없이 온전히 드러내는 과정과 방법을 보이심이오니 저희들은 이 모두를 따라 배워서 본래의 함이 없는 땅에 이르겠습니다.

　누구나 중생된 몸에서부터 시작하여 번뇌의 몸, 업보의 몸 그 모두를 벗어나고 청정한 본법신(本法身)을 이루고자 할진대, 부처님이 행하신 바 그 모두는, 마땅히 배우고 의지하고 닦아 이룰 위 없는 대도이며 묘법임을 깊이 믿고 지성 다해 받들어 배우겠습니다.

10. 수순분(隨順分)

　항상 중생을 수순하겠습니다.

　진법계 허공계 시방세계에 있는 모든 중생을 수순하겠습니다.

　태로 낳든 알로 낳든 출생의 차별 없이 수순하겠습니다.

　땅에 살든 물에 살든 하늘에 살든 풀섶에 살든 마을에 살든 궁전에 살든 그 모든 중생을 수순하겠습니다.

　몸의 형상이 어떻게 생겼더라도 차별하지 아니하고, 그의 수명이 길든 짧든 나이가 많든 적든 차별하지 아니하고 수순하겠습니다.

　종족이나 그가 속한 계급을 보지 않고 수순하겠사오며, 그의 심성이 간악하든, 질투하든, 넓든 좁든, 선하든 악하든 모두를 수순하겠습니다.

　지혜가 있든 지혜가 없든, 어떠한 행동을 하든 거동과 형색이 아무리 괴이하더라도 다 한결같이 수순하겠습니다.

　형상이 있든 없든, 생각이 있든 없든, 빛깔이 있든 없든 모든 중생들을 다 수순하겠습니다.

　부모와 같이 공경하며 스승이나 아라한이나 내지 부처님과 조금도 다름없이 받들어 섬기겠습니다.

　병자에게는 어진 의원이 되고, 길 잃은 자에게는 바른 길을 가리키고, 어두운 밤중에는 광명이 되고, 가난한 이에게는 보배를 얻게 하면서 일체 중생을 평등하게 받들고, 그의 이익을 도모하겠습니다.

　중생을 수순함은 모든 부처님을 수순함이 되며, 중생을 존중히 받들어 섬기면 여래를 존중히 받들어 섬김이 되며, 중생으로 하여금 환희심이 나게 하면 여래로 하여금 환희하시게 함이오니, 저희들은 모든 중생에게 부처님을 대하듯 공경하고 받들어 섬기겠습니다.

부처님을 큰 나무에 비유하오면 중생은 나무의 뿌리요, 보살은 꽃과 과실이시옵니다. 만약 나무뿌리에 물을 주면 어찌 지혜의 꽃과 과실이 무성하지 않겠사오며, 여래이신 나무가 환희로 장엄하지 않으오리까?

부처님께서는 중생으로 인하여 대비심을 일으키시고, 대비심으로 인하여 보리심을 발하시며, 보리심으로 인하여 정각을 이루신다 하시니, 중생을 공경하고 받들어 섬김이 이 어찌 부처님을 받들어 섬김이 아니오리까?

중생이 없사올 때 일체 보살이 성불하지 못한다 하셨사옵니다.

저희들은 모든 중생을 받들어 섬기겠습니다. 원수거나 친한 이나 차별 없이 받들어 섬기겠습니다. 그러하옵거늘 어찌 부모님이나 아내나 남편이나 형제와 이웃을 받들어 섬기지 아니하오리까?

이분들을 수순하고 받들어 섬기올 때 보살의 나무는 무성하고, 보리의 화과(華果)가 성취되오며, 저희들의 생활마당에 크나큰 공덕의 물결이 넘쳐오는 것을 믿사옵니다.

이와 같이 수순을 배워올 때 어찌 이 세상에 불화하고 불목하고 대립할 중생이 있사오리까. 저 모든 중생들은 부처님이 마땅히 거두시는 바며, 내가 마땅히 회복하여야 할 자기 생명의 내용입니다.

저들을 수순하고 받들어 섬김은 곧 참된 자기의 성장이며, 원만성을 한층 성취하는 것이 되옵니다. 중생이 중생이 아니요, 내 자성의 중생이오니, 저들을 받들고 수순하며 공양하면 이것이 자기 제도며 중생 제도며 제불공양을 함께 하는 법공양이 아니오리까.

중생은 자성분별이요, 수순은 자성청정의 실현이오니, 이것이 보살의 최상행임을 믿사옵니다. 중생들을 성숙하고 참된 이익을 주기 위하여 저희들은 부지런히 지혜를 닦겠사오며, 다시 서원과 방편을 깊이 닦아서 항상 모든 중생을 수순하겠습니다.

11. 회향분(廻向分)

지은 바 모든 공덕을 널리 중생에게 회향하겠습니다.

부처님께 예배하고 공경하며, 모든 부처님을 찬양하며, 내지 모든 중생을 수순한 것까지의 모든 공덕을 진법계 허공계 일체 중생에게 남김없이 회향하겠습니다.

바라옵건대 모든 중생이 항상 안락하여지이다. 일체 병고는 영영 소멸하여지이다. 악한 일을 하고자 하면 하나도 됨이 없고, 착한 일을 하고자 하면 다 성취하여지이다.

저들이 나아가는 곳에 일체 악취의 문은 모두 닫히고, 인간에나 천상에나 열반에 이르는 바른 길은 활짝 열려 있어지이다.

저 모든 중생들이 무시겁래 지어 쌓은 악업으로 인하여 한량없는 고초를 받게 되옵거든 제가 다 대신 받겠사옵니다.

바라옵나니 저 모든 중생이 모두 해탈하여 무상보리를 성취하여지이다. 제가 지은 공덕은 일체 중생의 공덕이 되어 저들의 미혹한 마음이 활짝 밝아지오며, 불보살이 이루신 바 모든 공덕을 수용하고 불국토의 청정광명을 영겁토록 누려지이다.

옛 불보살이 이러하셨으며, 오늘의 불보살이 이러하시오매, 저희들의 회향도 또한 이러하옵니다.

제3장 포살요목(布薩要目)

예경삼보

일심정례 시방삼세 일체제불
일심정례 시방삼세 일체존법
일심정례 시방삼세 일체승보

헌향게

바라건대 미묘하온 이향운이
시방세계 모든국토 두루하여서
한량없는 향장엄 이룩하옵고
위 없는 여래공양 이뤄지이다

개경게

위 없이 심허깊은 미묘법이여   無上甚深微妙法
백천 만겁인들 어찌만나리   百千萬劫難遭遇
내 이제 보고듣고 받아지니니   我今聞見得受持
부처님의 진실한뜻 알아지이다   願解如來眞實意

나무 영산불멸 학수쌍존 시아본사 석가모니불 (21번)

〔탄백(歎白)〕

빛나올사	거룩하신	석가모니불	天上天下無如佛
시방세계	무엇으로	견주어보리	十方世界亦無比
이 세상	모든 것을	다 보았지만	世間所有我盡見
부처님만	하온어른	다시 없어라	一切無有如佛子

1. 보살계 서문(菩薩戒 序文)

　여러 불자들이여, 합장하고 지성 다한 마음으로 들으라. 내가 지금 모든 부처님의 큰 계의 서를 말하고자 하노라.

　대중은 모여서 잠잠히 듣고 스스로 죄 있는 줄 알면 마땅히 참회하라. 참회한 즉 안락하고 참회하지 아니하면 죄가 더욱 깊어지리라. 죄없는 자는 잠자코 있으라. 잠잠하면 마땅히 대중이 청정함을 알지로다.

　여러 대덕과 우바새 우바이들은 자세히 들으라. 부처님 열반하신 뒤에 마땅히 바라제목차(波羅提木叉)를 존경하여야 하나니 바라제목차는 곧 이 계니라. 이 계를 지니는 자는 어두운 데서 밝음을 만남이며, 가난한 이가 보배를 얻음이며, 병든 이가 병이 나음이며, 갇혔던 죄수가 풀려나온 것 같으며, 멀리 갔던 사람이 집에 돌아온 것과 같으니라.

마땅히 알지라. 이 계는 곧 그대들의 큰 스승이니라. 만약 부처님이 세상에 더 계시더라도 이와 다름 없느니라. 죄를 두려워하는 마음을 내기는 어렵고, 착한 마음을 내기는 더욱 어려우니라. 그러므로 경에 말씀하시기를 "작은 죄라고 재앙이 없다고 가벼이 여기지 말라. 방울 물이 적으나 끝내는 큰 그릇에 찬다."고 하였나니 잠깐 지은 죄로도 무간지옥에 빠지게 되느니라. 사람 몸을 한번 잃으면 만겁을 지내도 다시 얻기 어려우니라. 젊은 시절이 머물러 있지 않는 것은 달음질치는 말과 같고, 사람의 목숨을 믿을 수 없는 것은 산 위에서 내리 붓는 물보다 빠르니라. 오늘은 비록 살아있다 하지만 내일을 다시 보증하기 어려우니라.

대중들은 각각 일심으로 힘써 정진하고 게으르거나 잠자기 좋아하거나 방종하지 말지니 밤인즉 마음을 거두어 삼보를 생각하여 헛되이 보내지 말지니라. 부질없이 세월을 보내면 후생에 깊이 뉘우치리라.

대중들은 각각 일심으로 삼가 이 계에 의지하여 법다이 수행하여 마땅히 배울지니라.

불자여, 모든 생명을 존중하고 보호하며 결코 산목숨을 죽이지 말지니, 자비심으로 중생을 사랑하라. 이것이 우바새 우바이의 계이니, 신명이 다하도록 지킬지니라.

(나무 석가모니불)

 불자여, 아낌없이 베풀어 주고 결코 주지 않는 남의 물건을 훔치지 말지니, 널리 보시를 행하여 복덕을 지으라. 이것이 우바새 우바이의 계이니, 신명이 다하도록 지킬지니라.

(나무 석가모니불)

 불자여, 항상 청정한 행을 하고 결코 사음을 행하지 말지니, 몸과 마음에 청정한 행을 닦으라. 이것이 우바새 우바이의 계이니 신명이 다하도록 지킬지니라. (나무 석가모니불)

 불자여, 진실을 말하고 신뢰를 지킬지니, 결코 망어를 하지 말라. 이것이 우바새 우바이의 계이니, 신명이 다하도록 지킬지니라. (나무 석가모니불)

 불자여, 정념을 지키고 결코 술을 마셔 취하지 말지니, 언제나 밝고 통달한 지혜를 호지하라. 이것이 우바새 우바이의 계이니, 신명이 다하도록 지킬지니라. (나무 석가모니불)

불자여, 수행일과를 성실히 닦아가며, 어느 때나 마하반야바라밀을 염하고, 부처님의 무량공덕을 관할지니라.

(나무 석가모니불)

불자여, 불보살님의 자비하신 은덕이 끊임없이 그대 생명에 넘쳐나고, 우리 국토를 성숙시켜 주심을 감사하며, 밝은 표정과 기쁜 말을 잊지 말지니라. (나무 석가모니불)

불자여, 모든 고난과 불행을 생각하지 말고 미움과 원망과 슬픈 마음은 깊이 참회하고 버려서, 마음이 허공처럼 밝고 청정하게 할지니라. (나무 석가모니불)

불자여, 어느 때나 삼보님께 공양하며 이웃을 돕고 고난에 빠진 이를 만나면 기도하고 도울지니라. (나무 석가모니불)

불자여, 삼보와 조상님과 부모님과 가족과 이웃을 어느 때나 예경하고 존중하며 한량없는 공덕을 찬탄할지니라.

(나무 석가모니불)

불자여, 전법오서를 명심하고 모든 기회에 전법을 실천할지니라. (나무 석가모니불)

불자여, 그대 생명에 바라밀생명이 태양처럼 빛나고 있음을 생각하라. 어느 때나 큰 희망과 밝은 미래와 성공을 꿈꾸고 매사에 정성을 기울여 최선을 다할지니라.

(나무 석가모니불)

불자여, 이 국토는 그대의 보살도 성숙의 땅임을 생각하고 작은 소망을 기원할 때도 나라와 세계의 평화 번영과 중생의 성숙을 함께 기원할지니라. **(나무 석가모니불)**

회향게

송계하온	크신공덕	수승한행의
가 없고	크신복덕	회향하오니
바라건대	고해중의	모든중생이
어서속히	무상정각	이뤄지이다
시방삼세	일체불	제존보살마하살

마하반야바라밀

2. 보살계 십중대계(菩薩戒十重大戒): 요약문

1) 살생하지 말라

불자여, 산목숨을 자기가 죽이거나 남을 시켜 죽이지 말라. 보살은 항상 자비한 마음과 효순한 마음을 내어 온갖 중생을 방편으로 구호할 것이어늘 도리어 방자스럽게 즐거운 생각과 통쾌한 마음으로 산목숨을 죽인다면 이것은 보살의 바라이죄니라.

2) 도적질을 하지 말라

불자여, 남의 물건을 제가 훔치거나 남을 시켜 훔치지 말라. 보살은 마땅히 불성에 효순한 마음과 자비한 마음을 내어 항상 온갖 중생을 도와서 복이 나고 즐거움이 생기게 할 것이어늘 도리어 남의 재물을 훔친다면 이것은 보살의 바라이죄니라.

3) 음행하지 말라

불자여, 제가 음행하거나 남을 시켜 음행하지 말라. 보살은 마땅히 불성에 효순한 마음을 내어 온갖 중생을 구원하고 제도하여 깨끗한 법을 일러 줄 것이어늘 도리어 온갖 중생에게 음행을 하여 자비한 마음이 없으면 이것은 보살의 바라이죄니라.

4) 거짓말하지 말라

불자여, 제가 거짓말하거나 남을 시켜 거짓말을 하지 말라. 보살은 항상 바른 말을 하고 바른 견해를 가지며, 여러 중생에게도 바른 말을 하게 하고 바른 견해를 갖게 할 것이어늘 도리어 온갖 삿된 말과 삿된 견해와 삿된 업을 짓는다면 이것은 보살의 바라이죄니라.

5) 술을 팔지 말라

불자여, 제가 스스로 술을 팔거나 남을 시켜 술을 팔지 말라. 술은 죄를 저지르는 인연이 되나니, 보살은 마땅히 일체 중생으로 하여금 밝게 사무친 지혜를 내게 할 것이어늘 도리어 온갖 중생으로 하여금 전도된 마음을 내게 한다면 이것은 보살의 바라이죄니라.

6) 사부대중의 허물을 말하지 말라

불자여, 출가한 보살이나, 재가보살이나, 비구 비구니의 허물을 제 입으로 말하거나 남을 시켜 말하지 말라. 보살이 만일 외도나 나쁜 사람들이 불법에 대하여 법답지 못한 일과 계율을 어기는 일을 말하는 것을 들으면 항상 자비한 마음으로 나쁜 사람들을 교화하여 대승에 대한 믿음을 내게 할 것이어늘 도리어 스스로 불법 가운데의 허물을 말한다면 이것은 보살의 바라이죄니라.

7) 자기를 칭찬하고 남을 비방하지 말라

불자여, 자기를 칭찬하고 남을 비방하거나 남을 시켜 자기를 칭찬하고 남을 비방하게 하지 말라. 보살은 마땅히 일체중생을 대신하여 남의 비방을 받으며 나쁜 일은 자기에게 돌리고 좋은 일은 남에게 돌릴 것이어늘 도리어 자기의 덕은 드러내고 남이 잘한 것은 숨겨서 다른 이로 하여금 비방을 받게 한다면 이것은 보살의 바라이죄니라.

8) 자기 것을 아끼고 남을 욕하지 말라

불자여, 제가 인색하거나 남을 시켜 인색하게 하지 말라. 보살은 가난한 사람이 와서 구하면 그 사람이 필요로 하는 것을 주어야 하는 것이어늘 보살이 나쁜 마음과 성내는 마음으로 돈 한푼 · 바늘 한 개 · 풀 한 포기라도 주지 않고, 또한 법을 구하는 이에게 법문 한 구절, 게송 한마디나 조그마한 법도 일러주지 아니하고 도리어 나쁜 말로 욕설한다면 이것은 보살의 바라이죄니라.

9) 성내지 말고 참회를 받으라

불자여, 제가 성내거나 남을 시켜 성내게 하지 말라. 보살은 마땅히 일체 중생에게 선근과 다툼이 없는 일을 나게 하여 항상 자비한 마음과 효순한 마음을 낼 것이어늘 도리어 온갖 중생이나 무정물에게까지 나쁜 욕설을 하거나 때리고도 성이 풀리지 아니하며 그 사람이 좋은 말로 참회하더라도 성난 마음을 풀지 않는다면 이것은 보살의 바라이죄니라.

10) 삼보를 비방하지 말라

불자여, 스스로 삼보를 비방하거나 남을 시켜 비방하지 말라. 보살은 외도나 나쁜 사람들이 삼보를 비방하는 말 한마디만 듣더라도 창으로 가슴을 찔린 듯이 느껴야 할 것이어늘 하물며 제 입으로 비방하리오, 믿는 마음과 효순한 마음을 내지 아니하고 도리어 나쁜 사람과 잘못된 소견 가진 자를 도와 함께 비방한다면 이것은 보살의 바라이죄니라.

제3편

수지편(受持篇)

1. 화엄경 보현행원품
華嚴經 普賢行願品

 그 때에 보현보살마하살이 부처님의 수승하신 공덕을 찬탄하고 나서 모든 보살과 선재동자에게 말씀하셨다.
 "선남자여, 여래의 공덕은 가량 시방에 계시는 일체 모든 부처님께서 불가설불가설 불찰 극미진수겁을 지내면서 계속하여 말씀하시더라도 다 말씀하지 못하느니라. 만약 이러한 공덕문을 성취하고저 하거든 마땅히 열 가지 넓고 큰 행원을 닦아야 하나니, 열 가지라 함은 무엇일까? 첫째는 모든 부처님께 예배하고 공경하는 것이요, 둘째는 부처님을 찬탄하는 것이요, 셋째는 널리 공양하는 것이요, 넷째는 업장을 참회하는 것이요, 다섯째는 남이 짓는 공덕을 기뻐하는 것이요, 여섯째는 설법하여 주시기를 청하는 것이요, 일곱째는 부처님께 이 세상에 오래 계시기를 청하는 것이요, 여덟째는 항상 부처님을 따라 배우는 것이요, 아홉째는 항상 중생을 수순하는 것이요, 열째는 지은 바 모든 공덕을 널리 회향하는 것이니라."

선재동자가 사뢰 말씀하였다. "대성이시여, 어떻게 예배하고 공경하오며 내지 어떻게 회향하오리까?"

보현보살이 선재동자에게 말씀하셨다.

"선남자여, 모든 부처님께 예배하고 공경한다는 것은 진법계 허공계 시방삼세 일체불찰 극미진수 모든 부처님을 내가 보현행원의 원력으로 눈앞에 대하듯 깊은 믿음을 내어서 청정한 몸과 말과 뜻을 다하여 항상 예배하고 공경하되 낱낱 부처님 계신 곳마다 불가설불가설 불찰 극미진수 몸을 나투고 낱낱 몸으로 불가설불가설 불찰 극미진수 부처님께 두루 예배하고 공경하는 것이니 허공계가 다하면 나의 예배하고 공경함도 다하려니와 허공계가 다할 수 없으므로 나의 예배하고 공경함도 다함이 없느니라.

이와 같이 하여 중생계가 다하고 중생의 업이 다하고 중생의 번뇌가 다하면 나의 예배하고 공경함도 다하려니와 중생계 내지 중생의 번뇌가 다함이 없으므로 나의 예배하고 공경함도 다함이 없어 생각생각 상속하여 끊임이 없되 몸과 말과 뜻으로 짓는 일에 지치거나 싫어하는 생각이 없느니라.

 선남자여, 또한 부처님을 찬탄한다는 것은 진법계 허공계 시방삼세 일체세계에 있는 극미진의 그 낱낱 미진 속마다 일체세계 극미진수 부처님이 계시고, 그 낱낱 부처님 계신 곳마다 한량없는 보살들이 둘러계심에, 내 마땅히 깊고 깊은 수승한 이해와 분명한 지견으로 각각 변재천녀의 혀보다 나은 미묘한 혀를 내며, 낱낱 혀마다 한량없는 음성을 내며, 낱낱 음성마다 한량없는 온갖 말을 내어서 일체 부처님의 한량없는 공덕을 찬탄하여 미래세가 다하도록 계속하고 끊이지 아니하여 끝없는 법계에 두루하는 것이니라.

 이와 같이 하여 허공계가 다하고, 중생계가 다하고, 중생의 업이 다하고, 중생의 번뇌가 다하면, 나의 찬탄도 다하려니와, 허공계 내지 중생의 번뇌가 다함이 없으므로 나의 이 찬탄도 다함이 없어 생각생각 상속하여 끊임이 없되, 몸과 말과 뜻으로 짓는 일에 지치거나 싫어하는 생각이 없느니라.

 선남자여, 또한 널리 공양한다는 것은 진법계 허공계 시방삼세 일체불찰 극미진마다 각각 일체세계 극미진수의 부처님이 계시고, 낱낱 부처님 계신 곳마다 한량없는 보살들이 둘러계심에 내가 보현행원의 원력으로 깊고 깊은 믿음과 분명한 지견을 일으켜 여러 가지 으뜸가는 묘한 공양구로 공양하되, 이른바 화운이며, 만운이며, 천음악운이며, 천산개운이며, 천의복운이며, 가지가지 하늘의 향인 도향이며, 소향이며, 말향이며, 이와 같은 공양구가 각각 수미산만하며 또한 여러 가지 등을 켜되 소등이며, 유등이며, 여러 가지 향유등이며, 이와 같은 등의 낱낱 심지는 수미산 같고, 기름은 큰 바닷물 같으니, 이러한 여러 가지 공양구로 항상 공양하는 것이니라.

선남자여, 모든 공양 가운데는 법공양이 가장 으뜸이 되나니 이른바 부처님 말씀대로 수행하는 공양이며 중생들을 이롭게 하는 공양이며 중생을 섭수하는 공양이며 중생의 고를 대신 받는 공양이며 선근을 부지런히 닦는 공양이며 보살업을 버리지 않는 공양이며 보리심을 여의지 않는 공양이니라.

선남자여, 앞에 말한 많은 공양으로 얻는 공덕을 일념 동안 닦는 법공양의 공덕에 비한다면 백분의 일도 되지 못하며 천분의 일도 되지 못하며 백천구지 나유타분과 가라분과 산분과 수분과 비유분과 우파니사타분의 일도 또한 되지 못하느니라. 무슨 까닭인가? 모든 부처님께서는 법을 존중히 하시는 까닭이며, 말씀대로 행하면 많은 부처님이 출생하시는 까닭이며, 또한 보살들이 법공양을 행하면 곧 여래께 공양하기를 성취하나니, 이러한 수행이 참된 공양이 되는 까닭이니라. 이 넓고 크고 가장 수승한 공양을 허공계가 다하고 중생계가 다하고 중생의 업이 다하고 중생의 번뇌가 다하면 나의 공양도 다하려니와, 허공계와 내지 중생의 번뇌가 다함이 없으므로 나의 이 공양도 다함이 없어, 생각생각 상속하여 끊임이 없되 몸과 말과 뜻으로 짓는 일에 지치거나 싫어하는 생각이 없느니라.

선남자여, 또한 업장을 참회한다는 것은 보살이 스스로 생각하기를 '내가 과거 한량없는 겁으로 내려오면서 탐내는 마음과 성내는 마음과 어리석은 마음으로 말미암아 몸과 말과 뜻으로 지은 모든 악한 업이 한량없고 가이 없어 만약 이 악업이 형체가 있는 것이라면 끝없는 허공으로도 용납할 수 없으리니, 내 이제 청정한 삼업으로 널리 법계 극미진수 세계 일체 불보살 전에 두루 지성으로 참회하되, 다시는 악한 업을 짓지 아니하고 항상 청정한 계행의 일체 공덕에 머물러 있으오리다.' 하는 것이니라.

이와 같이 하여 허공계가 다하고 중생계가 다하고 중생의 업이 다하고 중생의 번뇌가 다하면 나의 참회도 다하려니와, 허공계와 내지 중생의 번뇌가 다함이 없으므로 나의 참회도 다함이 없어 생각생각 상속하고 끊임이 없되 몸과 말과 뜻으로 짓는 일에 지치거나 싫어하는 생각이 없느니라.

선남자여, 또한 남이 짓는 공덕을 함께 기뻐한다는 것은 진법계 허공계 시방삼세 일체 불찰 극미진수 모든 부처님께서 처음 발심하실 때로부터 일체지를 위하여 부지런히 복덕을 닦되 몸과 목숨을 돌보지 않기를 불가설불가설 불찰 극미진수 겁을 지내고 낱낱 겁마다 불가설불가설 불찰 극미진수의 두목과 수족을 버리고 이와 같은 일체 난행 고행으로 가지가지 바라밀문을 원만히 하며 가지가지 보살지지를 증득하여 들어가며 모든 부처님의 위 없는 보리를 성취하며 내지 열반에 드신 뒤에 사리를 분포하실 때까지의 모든 선근을 내가 다 함께 기뻐하며, 저 시방 일체 세계의 육취 사생 일체 종류 중생들의 짓는 공덕을 내지 한 티끌만한 것이라도 모두 함께 기뻐하며 시방삼세의 일체 성문과 벽지불인 유학 무학들의 지은 모든 공덕을 내가 함께 기뻐하며, 일체 보살들이 한량없는 난행고행을 닦아서 무상정등보리를 구하는 넓고 큰 공덕을 내가 모두 함께 기뻐하는 것이니라.

이와 같이 하여 허공계가 다하고 중생계가 다하고 중생의 업이 다하고 중생의 번뇌가 다하여도 나의 이 함께 기뻐함은 다함이 없어 생각생각 상속하고 끊임이 없되 몸과 말과 뜻으로 짓는 일에 지치거나 싫어하는 생각이 없느니라.

선남자여, 또한 설법하여 주시기를 청한다는 것은 진법계 허공계 시방삼세 일체불찰 극미진마다 각각 불가설불가설 불찰 극미진수의 광대한 부처님 세계가 있으니 이 낱낱 세계에 염념 중에 불가설불가설 불찰 극미진수의 부처님이 계셔서 등정각을 이루시고 일체 보살들로 둘리워 계시거든 내가 그 모든 부처님께 몸과 말과 뜻으로 가지가지 방편을 지어 설법하여 주시기를 은근히 권청하는 것이니라.

이와 같이 하여 허공계가 다하고, 중생계가 다하고, 중생의 업이 다하고, 중생의 번뇌가 다하여도, 나의 항상 일체 부처님께 바른 법 설하여 주시기를 권청하는 것은 다함이 없어 생각생각 상속하고 끊임이 없되 몸과 말과 뜻으로 짓는 일에 지치거나 싫어하는 생각이 없느니라.

선남자여, 또한 부처님께 이 세상에 오래 계시기를 청한다는 것은 진법계 허공계 시방삼세 일체불찰 극미진수의 모든 부처님께서 장차 열반에 드시려 하실 때와 또한 모든 보살과 성문 연각인 유학 무학과 내지 일체 모든 선지식에게 두루 권청하되 "열반에 드시지 말고 일체불찰 극미진수 겁토록 일체 중생을 이롭게 하여 주소서." 하는 것이니라.

이와 같이 하여 허공계가 다하고, 중생계가 다하고, 중생의 업이 다하고 중생의 번뇌가 다하여도, 나의 이 권청은 다함이 없어 생각생각 상속하고 끊임이 없되, 몸과 말과 뜻으로 짓는 일에 지치거나 싫어하는 생각이 없느니라.

선남자여, 또한 항상 부처님을 따라 배운다고 하는 것은 이 사바세계의 비로자나여래께서 처음 발심하실 때로부터 정진하여 물러나지 아니하고 불가설불가설의 몸과 목숨을 보시하시되 가죽을 벗기어 종이를 삼고 뼈를 쪼개어 붓을 삼고 피를 뽑아 먹물을 삼아서 쓴 경전을 수미산같이 쌓더라도 법을 존중히 여기는고로 신명을 아끼지 아니하거든 어찌 하물며 왕위나 성읍이나 촌락이나 궁전이나 정원이나 산림이나 일체 소유와 가지가지 난행 고행일 것이며, 내지 보리수하에서 대보리를 이루시던 일이나 가지가지 신통을 보이시사 가지가지 변화를 일으키시던 일이나 가지가지 부처님 몸을 나투사 가지가지 중회에 처하시되 혹은 모든 대보살 중회도량에 처하시고 혹은 성문과 벽지불 등 중회도량에 처하시고 혹은 전륜성왕 소왕권속 등 중회도량에 처하시고 혹은 찰제리나 바라문이나 장자나 거사의 중회도량에 처하시며 내지 천룡팔부와 인비인 등 중회도량에 처하시면서 이러한 가지가지 회중에서 원만하신 음성을 마치 큰 우레소리와도 같게 하여 그들의 좋아함을 따라서 중생을 성숙시키시던 일이나 내지 열반에 드심을 나투시는 이와 같은 일체를 내가 다 따라서 배우기를 지금의 세존이신 비로자나불께와 같이하는 것이니라.

이와 같이 하여 진법계 허공계 시방삼세 일체 불찰의 모든 미진 중에 계시는 일체 부처님께도 또한 다 이와 같이 하여 염념 중에 내가 다 따라 배우니라.

이와 같이 하여 허공계가 다하고 중생계가 다하고 중생의 업이 다하고 중생의 번뇌가 다하여도 나의 이 따라 배움은 다함이 없어 생각생각 상속하고 끊임이 없되 몸과 말과 뜻으로 짓는 일에 지치거나 싫어하는 생각이 없느니라.

선남자여, 또한 항상 중생을 수순한다는 것은 진법계 허공계 시방세계에 있는 중생들이 가지가지 차별이 있으니 이른바 알로 나는 것, 태로 나는 것, 습기로 나는 것, 화해서 나는 것들이 혹은 지수화풍을 의지하여 살기도 하며 혹은 허공이나 초목에 의지하여 살기도 하는 저 가지가지 생류와 가지가지 몸과 가지가지 형상과 가지가지 모양과 가지가지 수명과 가지가지 종족과 가지가지 이름과 가지가지 심성과 가지가지 지견과 가지가지 욕망과 가지가지 행동과 가지가지 거동과 가지가지 의복과 가지가지 음식으로 가지가지 마을이나 성읍이나 궁전에 처하며, 내지 모든 천룡팔부와 인비인 등과 발 없는 것, 두 발 가진 것과 여러 발 가진 것들이며, 빛깔 있는 것, 빛깔 없는 것, 생각 있는 것, 생각 없는 것, 생각 있는 것도 아니요 생각 없는 것도 아닌 이러한 여러 가지 중생들을 내가 다 수순하여 가지가지로 받아 섬기며 가지가지로 공양하기를 부모와 같이 공경하며, 스승이나

아라한이나 내지 부처님과 조금도 다름없이 받들되, 병든 이에게는 어진 의원이 되고, 길 잃은 이에게는 바른 길을 가리키고, 어두운 밤중에는 광명이 되고, 가난한 이에게는 보배를 얻게 하나니, 보살이 이와 같이 평등히 일체 중생을 이익하게 하는 것이니라.

어찌한 까닭인가? 만약 보살이 능히 중생을 수순하면 곧 모든 부처님을 수순하며 공양함이 되며 만약 중생을 존중히 받들어 섬기면 곧 여래를 존중히 받들어 섬김이 되며 만약 중생으로 하여금 환희심이 나게 하면 곧 일체 여래로 하여금 환희하시게 함이니라.

어찌한 까닭인가? 모든 부처님께서는 대비심으로 체를 삼으시는 까닭에 중생으로 인하여 대비심을 일으키고 대비로 인하여 보리심을 발하고 보리심으로 인하여 등정각을 이루시나니 비유하건대 넓은 벌판 모래밭 가운데 한 큰 나무가 있어 만약 그 뿌리가 물을 만나면 지엽이나 꽃이나 과실이 모두 무성하는 것과 같아서 생사광야의 보리수왕도 역시 그러하니 일체 중생으로 나무뿌리를 삼고 여러 불보살로 꽃과 과실을 삼거든, 대비의 물로 중생을 이익하게 하면 즉시에 여러 불보살의 지혜의 꽃과 과실이 성숙되느니라. 어찌한 까닭인가? 만약 보살들이 대비의 물로 중생을 이익하게 하면 곧 아뇩다라삼먁삼보리를 성취하는 까닭이니라.

그러므로 보리는 중생에 속하는 것이니, 만약 중생이 없으면 일체 보살이 마침내 무상정각을 이루지 못하느니라. 선남자여, 너희들은 이 뜻을 마땅히 이렇게 알지니 중생에게 마음이 평등한 고로 능히 원만한 대비를 성취하며, 대비심으로 중생을 수순하는 고로 곧 부처님께 공양함을 성취하느니라.

보살이 이와같이 중생을 수순하나니 허공계가 다하고 중생계가 다하고 중생의 업이 다하고 중생의 번뇌가 다하여도 나의 이 수순은 다함이 없어 생각생각 상속하고 끊임이 없되, 몸과 말과 뜻으로 짓는 일에 지치거나 싫어하는 생각이 없느니라.

선남자여, 또한 지은 공덕을 널리 회향한다는 것은, 처음에 부처님께 예배하고 공경하는 것으로부터 중생을 수순하는 것까지의 모든 공덕을 진법계 허공계 일체 중생에게 남김 없이 회향하여 중생으로 하여금 항상 안락하고 일체 병고는 영영 없기를 원하며, 악한 일을 하고자 하면 하나도 됨이 없고 착한 업을 닦고자 하면 다 속히 성취하여 일체 악취의 문은 닫아버리고 인간에나 천상에나 열반에 이르는 바른 길은 열어보이며, 모든 중생이 그가 지어 쌓은 모든 악업으로 인하여 얻게 되는 일체의 극중한 고보는 내가 다 대신 받아서 저 중생으로 하여금 모두 해탈케 하여 마침내 무상보리를 성취하게 하는 것이니라.

보살은 이와 같이 그 닦은 공덕을 회향하나니 허공계가 다하고, 중생계가 다하고, 중생의 업이 다하고, 중생의 번뇌가 다하여도 나의 이 회향은 다하지 아니하여 생각생각 상속하고 끊임이 없되 몸과 말과 뜻으로 짓는 일에 지치거나 싫어하는 생각이 없느니라.

선남자여, 이것이 보살 마하살의 열 가지 대원을 구족하고 원만하게 함이니 만약 모든 보살이 이 대원에 수순하여 나아가면 능히 일체 중생을 성숙함이며 아뇩다라삼먁삼보리에 수순함이며 보현보살의 한량없는 모든 행원을 원만히 성취함이니, 이 까닭에 선남자여, 너희들은 이 뜻을 마땅히 이와 같이 알지니라.

만약 어떤 선남자 선여인이 시방 무량무변 불가설불가설 불찰 극미진수 일체 세계에 가득 찬 으뜸가는 묘한 칠보와 또한 모든 인간과 천상에서 가장 수승한 안락으로 저 모든 세계에 있는 중생들에게 보시하며 저 모든 세계에 계시는 불보살께 공양하기를 저 불찰 극미진수겁을 지내도록 항상 계속하고 끊이지 아니하여 얻을 공덕과 다시 어떤 사람이 이 원왕을 잠깐 동안 듣고 얻을 공덕과를 비교하면 앞에 말한 공덕은 백분의 일도 되지 못하며 천분의 일도 되지 못하며 내지 우파니사타분의 일에도 또한 미치지 못하느니라.

다시 어떤 사람이 깊은 신심으로 이 대원을 받아 가지고 읽고 외우거나 내지 한 게송만이라도 쓴다면 속히 오무간업이 소멸하며 세간에 있는 심신의 모든 병과 모든 고뇌와 내지 불찰 극미진수의 일체 악업이 모두 소멸하며 또한 일체 마군과 야차와 나찰과 혹 구반다와 혹 비사사나 부다 등 피를 빨고 살을 먹는 모든 악한 귀신들이 다 멀리 달아나거나 혹 발심하여 가까이 와서 친근하며 수호하리니, 이 까닭에 이 원왕을 외우는 사람은 이 세간을 지냄에 조금도 장애가 없어 마치 공중의 달이 구름 밖으로 나온 듯하니라.

그러므로 모든 불보살이 칭찬하시며 일체 인간이나 천상 사람이 마땅히 예배하고 공경하며 일체 중생이 마땅히 공양하리니 이 선남자는 훌륭한 사람 몸을 받아서 보현보살의 모든 공덕을 원만히 하고 마땅히 오래지 않아 보현보살과 같은 미묘한 몸을 성취하여 三十二 대장부상이 구족할 것이며, 만약 인간이나 천상에 태어나면, 난 곳마다 수승한 종족 가운데 나며, 능히 일체 악취는 다 없애며, 일체 악한 벗은 다 멀리하고, 일체 외도는 다 조복받고, 일체 번뇌에서 해탈하는 것이 마치 사자왕이 뭇 짐승들을 굴복시키는 것과 같아서 능히 일체 중생의 공양을 받을 것이니라. 또 이 사람이 임종할 마지막 찰나에 모든 육근은 모두 흩어지고 일체의 친족들은 모두 떠나고 일체 위엄과 세력은 다 사라지고 정승대신과 궁성내외와 코끼리나 말이나 모든 수레와 보배나 재물 등 이러한 모든 것들은 하나도 따라오는 것이 없건만 오직 이 원왕만은 서로 떠나지 아니하여 어느 때나 항상 앞길을 인도하여 일 찰나 동안에 극락세계에 왕생하고 왕생하고는 즉시에 아미타불과 문수사리보살과 보현보살과 관자재보살과 미륵보살 등을 뵈오리니 이 모든 보살들이 몸매가 단정하고 엄숙하며 구족한 공덕으로 장엄하고 계시거든 그 때에 그 사람 스스로가 연꽃 속에 태어났음을 보게 되고 부처님의 수기를 받고 나서는 무수 백천만억 나유타 겁을 지내도록 시방의 불가설불가설 세계에 널리 다니며 지혜의 힘으로써 중생들의 마음을 따라 이익이 되게 하며, 머지 않아 마땅히 보리도량에 앉아서 마군들을 항복받고 등정각을 성취하며 미묘한 법문을 설하여 능히 불찰 극미진수 세계의 중생으로 하여금 보리심을 발하게 하고 그 근기와 성질을 따라서 교화하여 성숙시키며 내지 한량없는 미래겁이 다하도록 널리 일체 중생을 이롭게 할 것이니라.

선남자여, 저 모든 중생들이 이 대원왕을 듣거나 믿고 다시 받아가지고 읽고 외우며 널리 남을 위하여 설한다면 이 사람의 지은 공덕은 부처님을 제하고는 아무도 알 사람이 없나니 그러므로 너희들은 이 원왕을 듣고 의심을 내지 말지니라. 마땅히 지성으로 받으며 받고는 능히 읽고 읽고는 능히 외우며 외우고는 능히 지니고 내지 베껴 써서 널리 남을 위하여 설한다면 이 모든 사람들은 일념간에 모든 행원을 다 성취하며 그 얻는 복의 무더기는 한량이 없고 가이없어 능히 대번뇌 고해 중에 빠진 중생들을 제도하여 마침내 생사에서 벗어나 아미타불 극락세계에 왕생하게 되리라."

그 때에 보현보살마하살이 이 뜻을 거듭 말씀하시고저 널리 시방을 관하시고 게송을 설하시었다.

가 없는	시방세계	그 가운데
과거현재	미래의	부처님들께
맑고맑은	몸과말과	뜻을기울여
빠짐없이	두루두루	예경하옵되

보현보살	행원의	위신력으로
널리일체	여래전에	몸을나투고
한몸다시	찰진수효	몸을나투어
찰진수불	빠짐없이	예경합니다
일미진중	미진수효	부처님께서
곳곳마다	많은보살	모이시었고
무진법계	미진에도	또한그같이
부처님이	충만하심	깊이믿으며

몸몸마다	한량없는	음성으로써
다함없는	묘한말씀	모두내어서
오는세상	일체겁이	다할때까지
부처님의	깊은공덕	찬탄합니다

아름답기	으뜸가는	여러꽃타래

좋은풍류　　좋은향수　　좋은일산들
이와같이　　가장좋은　　장엄구로써
시방삼세　　부처님께　　공양하오며

으뜸가는　　좋은의복　　좋은향들과
가루향과　　꽂는향과　　등과촛불의
낱낱것을　　수미산의　　높이로모아
일체여래　　빠짐없이　　공양하오며

넓고크고　　수승하온　　이내슬기로
시방삼세　　부처님을　　깊이믿삽고
보현보살　　행원력을　　모두기울여
일체제불　　빠짐없이　　공양합니다

지난세상　　지은바　　　모든악업은
무시이래　　탐심진심　　어리석음이
몸과말과　　뜻으로　　　지었음이라
내가이제　　남김없이　　참회합니다

시방삼세　　여러종류　　모든중생과

성문연각　　유학무학　　여러이승과
일체의　　　부처님과　　모든보살의
지니옵신　　온갖공덕　　기뻐합니다

시방세계　　계시옵는　　세간등불과
가장처음　　보리도를　　이루신님께
위 없는　　 묘한법문　　설하시기를
내가이제　　지성다해　　권청합니다

부처님이　　반열반에　　들려하시면
찰진겁을　　이세상에　　계시오면서
일체중생　　이락하게　　살펴주시길
있는지성　　기울여서　　권청합니다

예경하고　　찬양하고　　공양한복덕
오래계셔　　법문하심　　청하온공덕
기뻐하고　　참회하온　　온갖선근을
중생들과　　보리도에　　회향합니다

내가여러　　부처님을　　따라배우고

보현보살　　원만행을　　닦고익혀서
지난세상　　시방세계　　부처님들과
지금계신　　부처님께　　공양하오며

여러가지　　즐거움이　　원만하도록
오는세상　　부처님께　　공양하옵고
삼세의　　　부처님을　　따라배워서
무상보리　　속히얻기　　원하옵니다

시방세계　　일체의　　　모든세계의
넓고크고　　청정한　　　묘장엄속에
모든여래　　대중에게　　위요되시며
큰보리수　　아래에　　　계시옵거든

시방세계　　온갖종류　　모든중생이
근심걱정　　다여의어　　항상즐겁고
심히깊은　　바른법문　　공덕받아서
모든번뇌　　남김없이　　없애지이다

내가보리　　얻으려고　　수행할때에

나는국토 　어디서나 　숙명통얻고
날때마다 　출가하여 　계행을닦아
깨끗하고 　온전하여 　새지않으리

천과용과 　야차들과 　구반다들과
사람들과 　사람아닌 　이들에까지
그네들이 　쓰고 있는 　여러말로써
가지가지 　소리로　 　설법하오며

청정하온 　바라밀을 　힘써닦아서
어느때나 　보리심을 　잊지않으며
모든업장 　모든허물 　멸해버리고
일체의　 　묘한행을 　성취하오며

연꽃잎에 　물방울이 　붙지않듯이
해와달이 　허공에　 　머물쟎듯이
어두운맘 　미욱한업 　마경계라도
세간살이 　그속에서 　해탈얻으리

일체악도 　온갖고통 　모두없애고

중생에게　즐거움을　고루주기를
찰진겁이　다하도록　쉬지않으며
시방중생　위하는일　한이없으리

어느때나　중생들을　수순하면서
오는세상　일체겁이　다할때까지
보현보살　광대행을　항상닦아서
위 없는　대보리를　원만하리라

나와같이　보현행을　닦는이들은
어느때나　같은곳에　함께모이어
몸과말과　뜻의업이　모두같아서
일체행원　다같이　닦아지오며

바른길로　나를돕는　선지식께서
우리에게　보현행을　이르시거든
어느때나　나와같이　함께모여서
어느때나　환희심을　내어지이다

원합노니　모든여래　모든불자에

둘리워서　　　　계시옴을　　　　항상뵈옵고
광대하온　　　　공양을　　　　　항상올리되
미래겁이　　　　다하여도　　　　피염없으며

제불세존　　　　미묘법문　　　　모두지니고
일체의　　　　　보리행을　　　　빛내오면서
구경으로　　　　청정하온　　　　보현의도를
미래겁이　　　　다하도록　　　　닦아지이다

시방법계　　　　넓은세상　　　　중생속에서
내가짓는　　　　복과지혜　　　　한정이없고
정과혜와　　　　모든방편　　　　해탈삼매로
한량없는　　　　모든공덕　　　　모두이루리

일미진중　　　　미진수효　　　　세계가있고
세계마다　　　　한량없는　　　　부처님계셔
곳곳마다　　　　많은대중　　　　모인가운데
보리행을　　　　연설하심　　　　항상뵈오며

한량없는　　　　시방법계　　　　모든세계와

털끝마다　　과현미래　　삼세의바다
한량없는　　부처님과　　많은국토에
두루두루　　무량겁을　　수행하오리

일체여래　　말씀하심　　청정함이여
한말씀속　　여러가지　　음성갖추고
모든중생　　뜻에맞는　　좋은음성이
음성마다　　부처님의　　변재이시라

시방세계　　과현미래　　여래께서는
어느때나　　다함없는　　그말씀으로
깊은이치　　묘한법문　　설하시거든
나의깊은　　지혜로써　　요달하리라

나는오는　　세상까지　　깊이들어가
일체겁을　　다하여　　　일념만들고
과거현재　　미래의　　　일체겁중에
한 생각　　즈음으로　　다들어가며

일념으로　　과현미래　　삼세가운데

계시옵는 부처님을 모두뵈옵고
부처님 경계중의 환과도같은
자재해탈 모든위력 수용하오며

한 터럭 끝에있는 극미진중에
과현미래 장엄세계 나타내이고
시방법계 미진세계 모든털끝도
모두깊이 들어가서 엄정하오리

오는세상 시방법계 조세등께서
성도하고 설법하고 교화하시며
하옵실일 마치시고 열반들려면
내가두루 나아가서 섬기오리다

일념에서 두루하는 신통의힘과
일체문에 다통하는 대승의힘과
지와행을 널리닦은 공덕의힘과
위신으로 널리덮는 자비의힘과

청정장엄 두루하는 복덕의힘과

집착없고   의지없는   지혜의힘과
정과혜의   모든방편   위엄의힘과
넓고널리   쌓아모은   보리의힘과

일체것이   청정하온   선업력으로
일체의   번뇌의힘   멸해버리고
일체의   마군의힘   항복받아서
일체의   모든행력   원만히하여

한량없는   모든세계   엄정히하며
한량없는   모든중생   해탈케하며
한량없는   모든법을   잘분별하여
한량없는   지혜바다   요달하오며

한량없는   모든행을   청정히하며
한량없는   모든원을   원만히하며
일체여래   친근하고   공양하면서
무량겁을   부지런히   수행하옵고

과거현재   미래세   일체여래의

위 없는   보리도인   모든행원을
남김없이   공양하고   원만히닦아
보현보살   큰행으로   보리이루리

일체여래   부처님의   맏아드님은
그 이름   거룩하신   보현보살님
내가지금   온갖선근   회향하오니
지와행이   나도저와   같아지이다

몸과말과   뜻의업이   항상깨끗고
모든행과   국토도   다시그러한
이러하온   지혜가   보현이시니
바라건대   나도저와   같아지이다

일체에   청정하온   보현의행과
문수사리   법왕자의   모든대원의
온갖사업   남김없이   원만히닦아
미래제가   다하도록   끊임없으며

한량없는   많은수행   모두닦아서

한량없는	많은공덕	모두이루고
한량없는	모든행에	머물러있어
한량없는	신통묘용	요달하오며

문수사리	법왕자의	용맹지혜도
보현보살	지혜행도	그러하시니
모든선근	내가이제	회향하여서
저를따라	일체를	항상배우리

삼세여래	부처님이	칭찬하시는
이와같은	위 없는	모든대원에
내가이제	온갖선근	회향하옴은
수승하온	보현행을	얻고잡니다

원합노니	이목숨이	다하려할때
모든업장	모든장애	다없어져서
찰나중에	아미타불	친견하옵고
그자리서	극락세계	얻어지이다

나의몸이	저세계에	가서나고는

그자리서　　　이대원을　　　모두이루고
온갖것을　　　남김없이　　　원만히이뤄
일체중생　　　이롭도록　　　하여지오며

저부처님　　　회상은　　　　청정하시니
내가그때　　　연꽃속에　　　태어나아서
무량광　　　　부처님을　　　친견하옵고
그자리서　　　보리수기　　　받아지오며

부처님의　　　수기를　　　　받자옵고는
수 없는　　　　백구지의　　　화신을내고
지혜의힘　　　광대하여　　　시방에퍼져
일체중생　　　이롭도록　　　하여지이다

허공계가　　　다하고　　　　중생다하고
업과번뇌　　　다하면　　　　모르거니와
이와같은　　　일체것이　　　다함없을새
나의원도　　　마침내　　　　다함없으리

가 없는　　　　시방국토　　　장엄하온바

온갖보배 부처님께 공양하옵고
일체세계 인천대중 미진겁토록
가장좋은 안락으로 보시한대도

어떤사람 수승하온 보현원왕을
한번듣고 마음에서 믿음을내고
무상보리 구할생각 간절만하면
이사람의 얻는공덕 저를지내니

간데마다 나쁜벗을 멀리여의며
영원토록 모든악도 만나지않고
무량광   부처님을 속히뵈어서
위 없는 보현원을 모두갖추리

이사람은 길이길이 수명얻으며
난데마다 항상좋은 사람몸받고
머지않아 마땅히   보현보살의
크고넓은 보살행   성취하리라

지난날에 어리석고 지혜없어서

무간지옥　　빠질중죄　　지었더라도
보현행원　　대원왕을　　읽고외우면
일념간에　　저중죄가　　소멸하리니

날적마다　　좋은가문　　좋은얼굴과
좋은상호　　밝은지혜　　원만하여서
모든마와　　외도들이　　범접못하니
삼계중생　　온갖공양　　능히받으며

오래잖아　　보리수　　　밑에나아가
파순이도　　마군중도　　항복받고서
무상정각　　성취하고　　법을설하여
모든중생　　빠짐없이　　이익주리라

누구든지　　보현원을　　읽고외우고
받아갖고　　대중위해　　연설한다면
그과보는　　부처님만　　능히아시니
어김없이　　무상보리　　얻게되리라

어떤사람　　보현원을　　능히외우는

그선근의　　소분만을　　말씀한다면
일념간에　　일체공덕　　원만하여서
중생들의　　청정원을　　성취하리라

내가지은　　수승하온　　보현의행의
가없는　　　수승한복　　회향하오니
바라건대　　고해중의　　모든중생이
하루속히　　극락세계　　얻어지이다

그 때에 보현보살마하살이 부처님 앞에서 이 넓고 큰 보현원왕의 청정게송을 설하시니 선재동자는 한량없이 뛸 듯 기뻐하였고 일체 보살들은 모두 크게 환희하였으며 여래께서는 "옳다 옳다" 하시며 칭찬하시었다.

그 때에 세존께서 거룩하옵신 여러 보살마하살과 더불어 이와 같은 불가사의해탈경계의 수승한 법문을 연설하실 적에 문수사리보살을 상수로 하는 대보살들과, 그 보살들이 성숙하신 바 六천의 비구들과, 미륵보살을 상수로 하는 현겁의 일체 대보살들이시며, 무구보현보살을 상수로 하는 일생보처(一生補處)이시며, 관정위(灌頂位)에 이르신 대보살들과, 널리 시방 여러 세계에서 모이신 일체 찰해 극미진수의 모든 보살마하살과, 대지 사리불·마하목건련 등을 상수로 하는 대성문들과, 인간과, 천상과, 세간의 모든 임금과, 하늘과, 용과, 야차와 건달바와 아수라와 가루라와 긴나라와 마후라가와 인비인 등 일체 대중들이 부처님의 말씀을 듣고 다들 크게 환희하고 믿고 받아 받들어 행하였다.

2. 법화경 관세음보살 보문품
法華經 觀世音菩薩 普門品

　그 때에 무진의보살이 자리에서 일어나 바른 쪽 어깨에 옷을 벗어메고 바른 쪽 무릎을 땅에 꿇으며 부처님을 향하여 합장하고 말씀드렸다.
　"세존이시여, 관세음보살은 어떠한 인연으로 이름을 관세음이라 하나이까?"
　부처님께서 무진의보살에게 말씀하셨다.
　"선남자여, 만약 무량백천만억 중생들이 여러 가지 고뇌를 당할 때에 관세음보살의 명호를 듣고 일심으로 그 명호를 일컬으면 관세음보살이 곧 그 음성을 관하고 모두 고뇌에서 해탈케 하느니라.
　선남자여, 만약 관세음보살의 명호를 받드는 자는 설사 큰 불 속에 들어가는 일이 있더라도 불이 그를 태우지 못하나니 이는 이 관세음보살의 위신력 때문이니라.
　혹은 큰 물에 떠내려가게 되더라도 그 명호를 일컬으면

곧 얕은 곳에 이르게 될 것이며 또 혹은 백천만억 중생이 금·은·유리·자거·마노·산호·호박·진주 등 보배를 구하고자 큰 바다에 들어갔을 때 가령 폭풍이 불어 그들이 탄 배가 나찰들의 나라로 표착했더라도 그 중에 혹 한사람이라도 관세음보살의 명호를 일컫는 자가 있으면 이 사람들은 다 나찰의 난으로부터 벗어나게 되나니 이런 인연으로 이름을 관세음이라 하느니라.

또 어떤 사람이 만일 흉기로 해를 입게 되었을 때 관세음보살의 명호를 일컬으면 저들이 잡은 흉기는 곧 조각조각으로 부서져 위험에서 벗어날 수 있으리라.

혹은 삼천대천세계에 가득 찬 야차·나찰 등 악귀들이 사람을 괴롭히려 하더라도 관세음보살의 명호를 일컫는 것을 들으면 그 모든 악귀들이 능히 악한 눈으로 보지 못하거늘 하물며 어찌 해칠 수 있으랴.

또 어떤 사람이 설사 죄가 있거나 없거나, 큰 칼을 씌우고 고랑에 채워지고 몸이 사슬에 묶였더라도 관세음보살의 명호를 일컬으면 이것들이 모두 다 부서져 곧 벗어나게 되느니라.

만약 삼천대천국토에 흉기를 가진 원수와 도적들이 가득

찼는데 그 중에 한 상인의 우두머리가 많은 상인들을 이끌고 귀중한 보물을 가지고 험한 길을 지나갈 때 그 중에 한 사람이 말하기를 "여러분이여, 그대들은 두려워하지 말고 마땅히 일심으로 관세음보살의 명호를 일컬으라. 이 보살이 능히 중생들에게 두려움이 없게 해주니 그대들이 만약 그 명호를 일컬으면 이 도적들의 난을 벗어나리라." 하자 여러 상인들이 이 말을 듣고 모두 일제히 소리를 내어 "나무관세음보살" 하고 그 이름을 일컬음으로써 곧 벗어나게 되느니라.

무진의여, 관세음보살마하살의 위신력이 거룩하기 이와 같느니라.

만약에 중생이 음욕이 많더라도 항상 관세음보살을 염하고 공경하면 곧 음욕을 여의게 되며, 만약 미워하고 성내는 마음이 많더라도 항상 관세음보살을 염하고 공경하면 곧 성내는 마음을 여의게 되며 또 어리석음이 많더라도 항상 관세음보살을 염하고 공경하면 곧 어리석음을 여의니라.

무진의여, 관세음보살이 이와 같은 큰 위신력이 있어 이롭게 하는 바가 많으니 그러므로 중생이 마땅히 항상 마음에 염하여야 하느니라.

만약 어떤 여인이 남아 낳기를 원하여 관세음보살을 예배 공양하면 곧 복덕과 지혜를 지닌 남아를 낳을 것이며 여아 낳기를 원하면 곧 단정하고 상호를 갖춘 여아를 낳으리니 그는 숙세에 복덕을 심었으므로 모든 사람의 사랑과 존경을 받으리라. 무진의여, 관세음보살이 이와 같은 힘을 가지고 있느니라.

 만약에 중생이 관세음보살을 공경하고 예배하면 그 복이 헛되지 않으리니 그러므로 중생이 모두 마땅히 관세음보살의 명호를 받들어 지녀야 하느니라.

 무진의여, 만약 어떤 사람이 육십이(六十二)억 항하사 보살의 명호를 받들고 또 목숨이 다하도록 음식과 의복·침구·의약으로 공양하면 너는 어떻게 생각하느냐? 이 선남자 선여인이 얻을 바 공덕이 얼마나 많겠느냐?"

 무진의가 말씀드렸다.

 "심히 많겠나이다. 세존이시여."

 부처님께서 말씀하셨다.

 "만약 어떤 사람이 관세음보살의 명호를 받아지니고 한 때라도 예배하고 공경하면 이 두 사람의 복이 꼭 같고 다름이 없어서 저 백천만억겁에 이르도록 다함이 없으리라. 무진의여, 관세음보살의 명호를 받들어 지니면 이와 같이 무량무변한 복덕을 얻느니라."

무진의보살이 부처님께 말씀드렸다.

"세존이시여, 관세음보살이 어떻게 이 사바세계에서 노니시며 어떻게 중생을 위하여 설법하시며 방편력은 또한 어떠하나이까?"

부처님께서 무진의보살에게 이르셨다.

"선남자여, 어떤 국토의 중생 중에 마땅히 부처의 몸으로써 제도할 자는 관세음보살이 곧 부처의 몸을 나투시어 설법하며, 마땅히 벽지불의 몸으로 제도할 자는 곧 벽지불의 몸을 나투어 설법하며, 마땅히 성문의 몸으로써 제도할 자는 곧 성문의 몸을 나투어 설법하며, 마땅히 범왕(梵王)의 몸으로써 제도할 자는 곧 범왕의 몸을 나투어 설법하며, 마땅히 제석(帝釋)의 몸으로써 제도할 자는 곧 제석의 몸을 나투어 설법하며, 마땅히 자재천(自在天)의 몸으로써 제도할 자는 곧 자재천의 몸을 나투어 설법하며, 마땅히 대자재천의 몸으로써 제도할 자는 곧 대자재천의 몸을 나투어 설법하며, 마땅히 천대장군(天大將軍)의 몸으로써 제도할 자는 곧 천대장군의 몸을 나투어 설법하며, 마땅히 비사문(毘沙門)의 몸으로써 제도할 자는 곧 비사문의 몸을 나투어 설법하며, 마땅히 소왕(小王)의 몸으로써 제도할 자는 곧 소왕의 몸을 나투어 설법하며, 마땅히 장자의 몸으로써 제도할 자는 장자의 몸을 나투어 설법하며, 마땅히 거사의 몸으로써 제도할 자는 곧 거사의 몸을 나투어 설법하며, 마땅히 재관의 몸으로써 제도할 자는 곧 재관(宰官)의 몸을 나투어 설법하며, 마땅히 바라문의 몸으로써 제도할 자는 곧 바라문의 몸을 나투어 설법하며, 마땅히 비구·비구니·우바새·우바이의 몸으로써 제도할 자는 곧 비구·비구니·우바새·우바이의 몸을 나투어 설법하며, 마땅히 장자·거사·재관·바라문의 부녀의 몸으로써 제도할 자는 곧 부녀의 몸을 나투어 설법하며, 마땅히 동남(童男) 동녀(童女)의 몸으로써 제도할 자는 곧 동남·동녀의 몸을 나투어 설법하며, 마땅히 천·용·야차·건달바·아수라·가루라·긴나라·마후라가·인비인(人非人) 등의 몸으로 제도할 자는 곧 이들 모두의 몸을 나투어 설법하며, 마땅히 집금강신의 몸으로써 제도할 자는 곧 집금강신을 나투어 설법하느니라.

무진의여, 관세음보살이 이와 같은 공덕을 성취하여 여러 가지 형상으로 여러 국토에 노니시며 중생을 제도하고 해탈케 하느니라. 그러므로 그대들은 마땅히 일심으로 관세음보살을 공양하여야 하나니 이 관세음보살마하살이 두려움과 급한 환난 중에서 능히 두려움을 없게 해주시는 까닭에 사바세계에서는 모두 관세음보살을 일컬어 두려움 없음을 베푸시는 성자라고 부르느니라."

무진의 보살이 부처님께 말씀드렸다.

"세존이시여, 제가 이제 관세음보살을 공양하겠나이다." 하고 목에 걸었던 백천량금 값어치가 되는 온갖 보주(寶珠)와 영락(瓔珞)을 끌러 바치면서 사루었다.

"어지신 이여, 이 진보영락의 법시(法施)를 받으소서."

그 때에 관세음보살이 이를 받으려 하지 않으니 무진의는 다시 관세음보살께 사루었다.

"어지신 이여, 저희들을 불쌍히 여기시어 이 영락을 받으소서."

그 때에 부처님께서 관세음보살에게 이르셨다.

"이제 이 무진의보살과 사부대중과 천·용·야차·건달바·아수라·가루라·긴나라·마후라가·인비인들을 불쌍히 여겨 그 영락을 받으라."

이에 관세음보살은 사부대중과 천·용·인비인들을 불쌍

히 여기사 곧 그 영락을 받아서 두 몫으로 나누어 한 몫은 석가모니불께 바치고 한 몫은 다보불탑에 바쳤다.

부처님께서 말씀하셨다.

"무진의여, 관세음보살이 이와 같은 자재한 신력을 가지고 사바세계를 노니시느니라."

그 때 무진의보살이 게송으로 물었다.

묘상이 　구족하신 　세존이시여
제가이제 　다시금 　　문사옵나니
불자를 　　어떠하온 　인연으로써
관세음 　　보살이라 　하시나이까

묘상이 　구족하신 　부처님께서
무진의 　보살에게 　대답하셨다
너는이제 　들으라 　　관음의행이
처처에서 　알맞게 　　응해주심을

넓고깊은 　서원은 　　바다와같아
헤아릴수 　없는겁을 　지내오면서
천만억 　　부처님을 　모시는동안
청정하온 　큰 원을 　　세웠더니라

내 이제　　너를위해　　설해주리니
명호라도　　듣거나　　　친견하거나
마음으로　　섬기고　　　지성다하면
이 세상　　　모든고통　　벗어나리라

가령　　　　어떤이가　　해침을받아
불구덩에　　떠밀려　　　떨어진대도
관세음의　　위신력을　　염한다면
불구덩이　　변하여　　　못이되리라

어쩌다　　　바다에서　　풍파에밀려
용과고기　　귀신들의　　난을만나도
관세음의　　위신력을　　염한다면
험한물결　　속에서도　　무사하리라

높고높은　　수미산　　　봉우리에서
사람에게　　떠밀려　　　떨어진대도
관세음의　　위신력을　　염한다면
해와같이　　허공에　　　머물게되리

어쩌다가　　악인에게　　쫓기게되어

금강산　　　험한골짝　　떨어진대도
관세음의　　위신력을　　염한다면
터럭끝　　　하나라도　　상치않으리

원수나　　　도적들이　　둘러싸고서
제각기　　　칼을들고　　해치려해도
관세음의　　위신력을　　염한다면
원적들이　　모두가　　　자비심내리

나라법에　　걸려서　　　고통받거나
형벌을　　　당하여　　　죽게되어도
관세음의　　위신력을　　염한다면
흉기가　　　조각조각　　부서지리라

큰칼쓰고　　깊은옥에　　갇혔더라도
손과발에　　고랑차고　　묶였더라도
관세음의　　위신력을　　염한다면
어김없이　　시원스리　　풀려나리라

어떤사람　　이몸을　　　해코저하여
주술이나　　가지가지　　독약을써도

관세음의 위신력을 염한다면
해독이 본인에게 되돌아가리

어쩌다 악한나찰 만난다거나
독한용과 아귀떼에 둘러싸여도
관세음의 위신력을 염한다면
언제라도 저들이 해치못하리

사나운 맹수들에 에워싸여서
날카로운 이와발톱 소름끼쳐도
관세음의 위신력을 염한다면
먼곳으로 뿔뿔이 달아나리라

살모사와 독사와 쏘는독충이
불꽃같은 독기를 뿜을지라도
관세음의 위신력을 염한다면
소리따라 스스로 흩어지리라

먹구름에 천둥일고 번개를치며
우박이 쏟아지고 큰비퍼붜도
관세음의 위신력을 염한다면

즉시에	구름걷고	활짝개이리

중생들이   가지가지   곤액당하여
한량없는   고통이   핍박하여도
관세음의   신묘한   지혜의힘이
이 세상   온갖고통   건져주리라

가지가지   신통의힘   구족하시며
지혜의   온갖방편   널리닦으사
시방세계   넓고넓은   모든국토에
거룩하신   그 몸을   두루나투네

가지가지   나쁜곳의   여러중생들
지옥아귀   축생에   이르기까지
나고늙고   병들어   죽는고통을
차츰차츰   모조리   없애주느니

(무진의는   환희하고   만족하고서
이와같은   게송을   읊었더니라)

진실한   관이시며   청정관이며

넓고넓은　　큰지혜의　　관이시오며
비관이며　　다시또한　　자관이시니
저희들이　　어느때나　　우러릅니다

티없이　　　거룩하온　　청정한광명
지혜의해　　모든어둠　　부숴주시며
능히모든　　재앙을　　　흩어버리고
모든세간　　남김없이　　밝혀주시네

자비하신　　몸의행은　　우레와같고
자애로운　　거룩한뜻　　큰구름이라
감로의　　　법의비를　　뿌려주시어
활활타는　　번뇌의불　　꺼버리시네

송사하여　　관청에　　　이를때에나
두려울사　　목숨건　　　전쟁터라도
관세음의　　위신력을　　염한다면
모든원수　　모든원한　　다사라지니

생각할수　　없사온　　　묘음관세음
하늘땅에　　가득하온　　범음해조음

세간음성	그모두에	뛰어나시니
이까닭에	어느때나	염하옵니다

염할지라	염할지라	의심말지라
거룩하신	그 성인	관음보살은
고통과	번뇌와	죽을액난에
중생들이	의지하고	믿을바로다

일체의	모든공덕	구족하시고
자비하신	눈으로	중생살피고
지니신복	바다같이	그지없으니
마땅히	지성다해	경배할지라

그 때에 지지보살이 자리에서 일어나 부처님 앞에 나아가 말씀드렸다.

"세존이시여, 만약 어떤 중생이 이 관세음보살품의 자재한 업과 보문(普門)으로 나투시는 신통력을 듣는다면 마땅히 이 사람의 공덕이 적지 않을 줄로 아나이다."

부처님께서 이 보문품을 설하실 때에 회중 팔만사천 중생이 모두 무등등(無等等) 아뇩다라삼먁삼보리심을 발하니라.

3. 법보단경 반야품
法寶壇經 般若品

  선지식아, 보리반야(菩提般若)의 지혜는 세간 사람이 다 본래부터 스스로 가지고 있는 것인데 다만 마음이 미혹하여 스스로 깨닫지 못할 따름이니 모름지기 큰 선지식의 가르침과 인도함을 빌어서 견성(見性)하여야 하느니라. 마땅히 알라. 어리석은 자와 지혜있는 사람이 불성에는 본래로 차별이 없는 것이요, 다만 미혹함과 깨친 것이 다를 뿐이라. 이 까닭에 어리석음도 있고 슬기로움도 있는 것이니라.

  내 이제 마하반야바라밀법을 설하여 너희들로 하여금 각기 지혜를 얻게 하리니 지극한 마음으로 자세히 들어라. 너희들을 위하여 설하리라.

  선지식아, 세상 사람이 입으로는 종일 반야를 외우나 자성반야(自性般若)를 알지 못하니 마치 말로만 음식 이야기를 아무리 하여도 배부를 수 없는 것과 같아서 다만 입으로만 공(空)을 말한다면 만겁을 지내더라도 견성하지 못하리니 마침내 아무 이익이 없느니라.

　선지식아, '마하반야바라밀'이라는 말은 이것이 범어이니 여기 말로는 큰 지혜로 피안(彼岸)에 이르렀다는 말이니라. 이는 모름지기 마음에서 행하는 것이요, 입으로 외우는 데 있는 것이 아니니, 입으로 외우더라도 마음에서 행하지 않는다면 꼭두각시와 같고, 허깨비와도 같으며, 이슬과 같고 번개와도 같아서 실이 없으나 입으로 외우고 마음으로 행한다면 곧 마음과 입이 서로 응할 것이니라. 본성품 이것이 불(佛)이니 성품을 떠나서는 따로 부처가 없느니라.

　다음에 어떤 것을 마하(摩訶)라고 하는가? '마하'는 크다는 말이니 심량(心量)이 광대하여 마치 허공과도 같아서 가이 없으며, 또한 모나거나 둥글거나, 크고 작은 것이 없으며 청·황·적·백 등 빛깔도 아니며, 위 아래도 길고 짧음도 없으며, 성날 것도 기쁠 것도 옳은 것도 그른 것도 없으며, 착한 것도 악한 것도 없으며, 머리도 꼬리도 없으니 제불의 국토도 또한 이와 같이 다 허공과 같느니라. 세간 사람의 묘한 성품도 본래 공하여 가이 한 법도 얻을 수 없으니 자성이 참으로 공함이 또한 다시 이와 같느니라.

　선지식아, 내가 지금 공(空)을 설하는 것을 듣고 공에 집착하지 않도록 하라. 무엇보다 첫째로 공을 집착하지 말아야 하느니라. 만약 마음을 비워 고요히 앉는다면 곧 무기공(無記空)에 떨어지리라. 선지식아, 세계 허공이 능히 만물과 색상(色像)을 갈무리고 있어 일월(日月) 성수(星宿)와 산하대지와 샘이나, 물골이나 또한 개울이나 초목 총림과 악인·선인·악법·선법·천당·지옥이며 일체 대해와 수미(須彌) 제산이 허공 가운데 있는 것과 같이 세인의 성품이 공한 것도 또한 이와 같으니라.

선지식아, 자성이 능히 만법을 머금고 있는 것이 이것이 큰 것이니, 만법이 모든 사람의 성품 중에 있느니라. 만약 모든 사람이 하는 일에 선이나 악을 볼 때 모두를 취하지도 않고 버리지도 않으며 또한 물들거나 집착하지도 아니하여 마음이 마치 저 허공과 같은 것을 이름하여 크다 하는 것이니, 이 까닭에 '마하'라 하느니라.

선지식아, 미혹한 사람은 입으로만 말하고 지혜있는 사람은 마음으로 행하느니라. 또한 미혹한 사람이 있어 마음을 비우고 고요히 앉아 아무런 생각도 하지 않는 것을 가리켜 스스로 큰 것이라고 일컫는다면 이러한 무리와는 더불어 말조차 하지 말라. 지견(知見)이 삿되기 때문이니라.

선지식아, 심량이 광대하여 법계에 두루하니 작용을 하면 요요분명하여 응용함에 곧 일체를 알며, 일체가 곧 하나요 하나가 곧 일체여서 거래에 자유로워 심체가 막힘이 없는 것이 이것이 반야니라.

선지식아, 일체의 반야지는 모두가 자성에서 나(生)는 것이요, 밖에서 들어오는 것이 아니니 그릇 생각하지 않는 것을 참성품을 스스로 쓴다 하는 것이니라. 하나가 참되매 일체가 참되느니라. 마음은 큰일(大事)을 헤아리고, 작은 도행(道行)도 행하지 않으며 입으로는 종일 공을 말하면서 마음에 이 행을 닦지 않는 이런 일을 하지 말지니 이는 흡사 범인(凡人)이 국왕을 자칭하는 것과 같아서 아무 소용없나니 이런 자는 나의 제자가 아니니라.

선지식아, 무엇을 '반야'라 할 것인가? 반야라 함은 여기 말로 지혜라. 일체처 일체시에 생각 생각 어리석지 아니하여 항상 지혜를 행하는 것이 곧 반야행이니라. 한 생각 어리석으면 곧 반야가 끊어짐이요, 한 생각 슬기로우면 곧 반야가 나는 것이니라. 세상 사람들이 어리석고 미혹하여 반야는 보지 못하면서 입으로만 반야를 말하며, 마음 속은 항상 어리석으면서 항상 말하기는 내가 반야를 닦는다고 하며,

생각 생각마다 공을 말하나 진공(眞空)은 알지 못하느니라. 반야는 형상이 없는 것이라 지혜심이 바로 이것이니 만약 이와 같이 알면 곧 반야라 할 것이니라.

'바라밀'이란 무엇일까? 이는 서쪽나라 말이니 여기 말로는 피안(彼岸)에 이르렀다는 말이라, 생멸을 여의었다는 뜻이니라. 경계를 집착하면 생멸이 이(生)나니 이는 물에 물결이 이는 것과 같아서 이것이 곧 이 언덕이요, 경계를 여의면 생멸이 없나니 이는 물이 항상 자유로이 통해 흐르는 것과 같아서 이것이 곧 피안이 됨이라. 그러므로 바라밀이라 하느니라.

선지식아, 미혹한 사람은 입으로만 외우므로 외우고 있을 때에는 망(妄)도 있고 비(非)도 있지만 만약 생각 생각마다 행하면 이것이 곧 진성(眞性)이니라. 이 법을 깨달으면 이것이 반야법이요, 이 행을 닦으면 이것이 반야행이니라. 닦지 않으면 즉 범부요, 일념으로 수행하면 자신이 불(佛)과 같으니라.

선지식아, 범부가 곧 불이요, 번뇌가 곧 보리(菩提)니 전념(前念)이 미혹하면 즉 범부요, 후념(後念)이 깨달으면 즉 불이

라. 전념이 경계에 집착하면 번뇌가 되고, 후념이 경계를 여의면 즉시 보리니라.

　선지식아, 마하반야바라밀이 가장 높고 가장 위며 가장 으뜸이니, 현재도 없고 과거도 없으며, 또한 미래도 없으니 삼세제불이 이 가운데서 나오느니라. 마땅히 대지혜를 써서 오온(五蘊) 번뇌 망상을 타파하라. 이와 같이 수행하면 결정코 불도를 이루리니, 삼독(三毒)이 변하여 계(戒)·정(定)·혜(慧)가 되느니라.

　선지식아, 나의 이 법문은 한 반야로부터 八만四천의 지혜를 내느니라. 무슨 까닭이랴? 세간 사람이 팔만사천의 번뇌가 있기 때문이니 만약 번뇌가 없으면 지혜가 항상 드러나 자성을 여의지 않느니라.

　이 법을 깨달은 자는 곧 생각도 없고 기억도 없고 집착도 없어서 거짓과 망령을 일으키지 아니하고 스스로의 진여성(眞如性)을 써서 지혜로 일체 법을 관조하여 취하지도 아니하고 버리지도 않나니, 이것이 곧 견성이요, 불도를 이룸이니라.

선지식아, 만약에 깊은 법계와 반야삼매에 들고자 하면 모름지기 반야행을 닦고 『금강반야경』을 지송하라. 곧 견성하리라. 마땅히 알아. 이 공덕이 무량 무변함을 경 가운데서 분명히 찬탄하셨으니 이를 다 말할 수 없느니라.

이 법문은 이것이 최상승(最上乘)이라, 큰 지혜 있는 사람을 위하여 설한 것이며, 상근인(上根人)을 위하여 설한 것이니라. 그러므로 지혜가 적고 근기(根機)가 얕은 자는 이 법문을 들어도 마음에서 믿음이 나지 않느니라.

선지식아, 근기가 낮은 사람이 이 돈교법문(頓敎法門)을 들으면 마치 뿌리가 약한 초목이 큰 비를 맞으면 모두 다 쓰러져 자라지 못하는 것처럼 근기가 낮은 사람도 또한 이와 같으니라. 원래 반야지혜를 갖추고 있기는 큰 지혜 있는 사람과 조금도 차별이 없거니, 어찌하여 법문을 듣고 스스로 개오하지 못할까?

이는 사견과 중한 업장과 번뇌의 뿌리가 깊기 때문이니 마치 큰 구름이 해를 가리었을 때 바람이 불지 않으면 햇빛이 드러나지 않는 것과 같으니라. 반야의 지혜는 크고 작은 것이 없으니 일체 중생의 마음이 미(迷)와 오(悟)가 같지 않기 때문에 마음이 미혹하여 밖을 보고 수행하며 불을 찾으므로 자성은 보지 못하니 이것은 근기가 낮은 것이니라. 만약 돈교를 깨달아서 밖을 향하여 닦는 것을 국집하지 아니하고, 다만 자기 마음에서 정견(正見)을 일으켜서 항상 번뇌의 티끌에 물들지 않는다면 이것이 곧 견성이라.

선지식아, 안과 밖에 머물지 아니하고 가고 옴이 자유로워 능히 집착심을 버리면 일체에 통달하여 걸림이 없으리니 능히 이 행을 닦으면 『반야경』과 더불어 본래로 차별이 없으리라.

선지식아, 일체 수다라(修多羅)와 모든 문자인 대소이승(大小二乘)의 십이부경(十二部經)이 사람으로 인하여 있는 것이며, 지혜의 성품으로 말미암아 능히 건립된 것이니 만약 세간 사람이 없으면 일체 만법이 본래로 있을 수 없느니라. 이 까닭에 알아라. 만법이 본래 사람으로 인하여 일어나는 것임을!

일체 경서도 사람을 위하여 설하게 되니 그 사람 가운데는 어리석은 자도 있고 슬기로운 자도 있어서, 어리석은 자는 소인이라 하고 슬기로운 자는 대인이라 하느니라. 어리석은 자는 지혜 있는 사람에게 묻고, 지혜 있는 사람은 어리석은 사람과 더불어 법을 설하므로 어리석은 사람이 홀연히 마음이 열려 깨치게 되면 곧 지혜 있는 사람과 다를 바가 없느니라.

선지식아, 깨닫지 못하면 불(佛)이 곧 중생이요, 한 생각 깨달을 때 중생이 곧 불이니라. 이 까닭에 알아라. 만법이 모두가 자기 마음에 있는 것이어늘 어찌하여 자심(自心) 중에서 바로 진여(眞如) 본성을 보지 못하는가.『보살계경(菩薩戒經)』에 이르기를, "나의 본원 자성이 본래 청정하니 만약 자심을 알면 견성이라. 모두가 불도를 이루리라." 하였으며, 또『정명경(淨名經)』에 이르기를 "즉시에 활연(豁然)하면 또한 본심을 얻는다." 하였느니라.

선지식아, 내가 인(忍)화상 회하에서 한 번 듣고 언하에 문득 깨달아 직하에 진여본성(眞如本性)을 보았으니 그러므로 이 교법을 널리 펴내려가 도를 배우는 자로 하여금 보리를 단번에 깨닫도록 하여 각기 스스로 마음을 보고 스스로 본성을 보게 하느니라. 만약 스스로 깨닫지 못하거든 모름지기 최상승법을 아는 대선지식을 찾아서 바른 길의 가르침을 받아라. 이러한 선지식은 큰 인연이 있어서 이른바 중생을 교화하고 인도하여 견성토록 하나니 일체 선법은 모두 선지식으로 인하여 능히 일어나느니라.

 삼세 제불의 십이부경이 모든 사람의 성품 가운데에 본래 스스로 갖추어져 있으나 이를 능히 스스로 깨닫지 못하면 모름지기 선지식의 가르침을 구하여야 바야흐로 보게 되려니와 만약 스스로 깨친 자는 밖으로 구할 것이 없느니라. 그러나 만약 일향 모름지기 다른 선지식의 지시를 기다려 해탈을 바라볼 수 있다고 국집한다면 이도 또한 옳지 않으니 왜냐하면 자기 마음 속에 선지식이 있어서 스스로 깨닫는 것인데 만약 삿되고 미혹한 마음을 일으켜 망념으로 전도하면 비록 밖으로 선지식의 가르침이 있더라도 아무 소용이 없느니라. 만약 바르고 참된 반야를 일으켜 관조한다면 찰나간에 망념이 모두 없어지나니 만약 자성을 알아 한번 깨달으면 단번에 불지(佛地)에 이르리라.

 선지식아, 지혜로 비추어 보면 안과 밖이 사무쳐서 자기의 본심을 아느니라. 만약 본심을 알면 이것이 곧 본해탈이며 해탈을 얻었으면 곧 그것이 반야삼매(般若三昧)며 또한 이것이 무념(無念)이니라. 어찌하여 무념이라 할까. 만약 일체법을 보더라도 마음에 물들고 집착하지 않으면 이것이 무념이라, 작용을 일으킨즉 일체처에 두루하되 일체처에 착하지 않으며, 다만 본심을 깨끗이 하여 육식(六識)으로 하여금 육문(六門)으로 나오더라도 육진(六塵) 중에 물들지 아니하고 섞이지도 아니하며 오고 감에 자유롭고 통용에 걸림이 없으니 이것이 즉시 반야삼매며 자재해탈이니 그 이름이 무념행이니라. 그러나 만약 아무 것도 생각지 아니하고 생각을 끊는다면 이것은 법박(法縛)이며 변견(邊見)이니라.

선지식아, 무념법을 깨달은 자는 만법에 걸림없이 통하며, 무념법을 깨달은 자는 제불 경계를 보며, 무념법을 깨달은 자는 불지위에 이르느니라. 선지식아, 뒷날 나의 법을 얻은 자가 이 돈교법문을 가지고 견해를 같이하며, 행을 같이하기로 원을 발하며, 받아 지니기를 부처님 섬기듯이 하며, 종신토록 물러서지 않는다면 결정코 성인 지위에 들리라. 그리고 나의 법을 얻은 자는 모름지기 위로부터 내려오면서 말없이 분부하심을 모두 전수하여 정법을 숨김이 없이 하라. 그러나 만약 견해가 같지 않고 행이 같지 않아 다른 법에 있는 자이거든 법을 전하지 말라. 그의 앞 사람을 손해하고 마침내 아무런 이익이 없으리니 저 어리석은 사람이 알지 못하고 이 법문을 비방함으로써 백겁(百劫) 천생(千生)으로 부처 종자를 끊을까 두려우니라.

　선지식아, 나에게 한 무상송(無相頌)이 있으니 모름지기 각기 외워 지녀라. 재가인이든 출가인이든 다만 이에 의하여 닦아라. 만약 스스로 닦지 아니하고 오직 내 말만 왼다면 또한 아무 이익이 없느니라. 나의 송(頌)을 들어라.

　　무애설법(無碍說法) 진여(眞如) 마음 모두 통하니
　　태양이 허공에 있음과 같네.
　　오직 견성하는 이 법 전하여
　　세간에 드러내어 사종(邪宗) 깸(破)일세.

　　법인즉 돈(頓)도 점(漸)도 없는 것인데
　　중생의 미오(迷悟)따라 늦고 빠르네.
　　성품 보아 부처되는 이 수승한 문을
　　어리석은 무리들이 어찌 다 알까?

　　말로 하면 만 가지로 벌어지지만
　　이치에 들어서면 모두가 하나
　　번뇌의 안개 속 어두운 집안에

지혜의 밝은 태양 항상 빛내라.

사념(邪念) 일 때 번뇌가 이는 것이며
정념이면 번뇌가 가시는지라
사(邪)와 정(正) 모두 여의어 쓰지 않을 때
생멸 없는 청정지에 이르렀더라.

보리는 본래로 이 자성이니
마음을 일으킬 때 즉시 망(妄)이라
정심(淨心)이란 망념 중에 있는 것이니
다만 정심(正心)이면 삼장(三障)이 없네.

세간 사람 만약에 수도하는 데는
일체 세간사가 방해 안 되니
항상 스스로 제 허물 보면
도와 더불어 서로 맞으리.

일체 중생 제각기 도(道)가 있으니
서로 서로 방해 없고 괴로움 없으리.
만약에 도를 떠나 도를 찾으면

목숨은 다하여도 도는 못 보리.
부질없이 바쁘게 일생 보내다
백발이 찾아드니 뉘우치누나.

만약에 참된 도를 보고자 하면
행이 바름이여 이것이 도니
만약에 스스로 도심 없으면
어둠 속을 감이라 도는 못 보리.

참되게 도를 닦는 사람이라면
세간 사람 허물을 보지 않나니
만약 다른 사람의 허물을 보면
도리어 제 허물이 저를 지내니
다른 사람 그르고 나는 옳다면
그르게 여김이 제 허물 되리.

다만 스스로 비심(非心) 버리면
번뇌는 부서져 자취는 없고
밉고 곱고에 마음 안 두니
두 다리 쭉 펴고 편히 쉬도다.

만약에 다른 사람 교화하려면
모름지기 기틀 따라 방편을 써서
저들의 의심뭉치 버리게 하라.
즉시에 청정자성 드러나리라.

불법은 세간 중에 있는 것이니
세간을 여의잖고 깨닫게 하라.
세간을 여의고서 보리 찾으면
흡사 토끼 뿔을 구함 같느니라.

정견(正見)은 세간에서 뛰쳐남이요
사견(邪見)은 세간 속에 파묻힘이라
사(邪)와 정(正)을 모두 다 쳐 물리치니
보리자성 완연히 드러나누나.

이 게송의 가르침이 바로 돈교며
또한 이름하여 대법선(大法船)이니
미(迷)하고 들으면 겁(劫)을 지내고
바로 들어 깨친 즉 찰나 사인져.

4. 심지관경 부모은중송
心地觀經 父母恩重頌

세간의 　범부들은 　지혜의 　눈이없어
은혜를 　모르므로 　묘한과보 　잃는구나
五탁으로 　악한세상 　여러가지 　중생들이
깊은은덕 　못깨닫고 　크신은덕 　배반하니
내 이제 　사중은을 　널리열어 　보이고서
바른지견 　들게하여 　보리도를 　닦게하리

자비하신 　부모님이 　키워주신 　은덕으로
온 세상 　자식된이 　모두가 　안락하네
아버지의 　사랑은혜 　산보다 　더높으고
어머니의 　슬픈은덕 　바다보다 　더깊으니
만약내가 　이세상에 　一겁동안 　머물면서
부모은혜 　말하여도 　그모두는 　말못하네
내 이제 　소분만을 　간략하게 　말해보나
모기들이 　바닷물을 　마시는데 　비교할까

어떤사람 　복을짓고 　덕을닦기 　위하여서
청정하온 　여러행을 　두루닦은 　바라문과
다섯가지 　신통으로 　자재이룬 　신선들과
대지혜를 　성취하신 　스승님과 　착한벗을
칠보로 　　장엄한 　　으뜸가는 　큰궁전에
우두향과 　전단으로 　꾸민방에 　모셔두고
일만가지 　병고치는 　진귀하온 　온갖약을
금그릇 　　은그릇에 　가득가득 　넘게하여
이와 같이 　하루세번 　빠짐없이 　공양하길
일겁십겁 　백겁동안 　끊이잖고 　계속해도
크신은덕 　부모님을 　공양하고 　모시기를
일념동안 　받든공덕 　그 소분도 　못미치니
부모님을 　섬긴복덕 　끝이없고 　한없어서
산수로나 　비유로나 　모두 다 　못미치네
세간에서 　어머니는 　그 아들을 　갖게되자
열달동안 　몸에품고 　긴고통을 　받았으니
다섯가지 　욕락에도 　도무지 　　뜻이없고
여러가지 　음식들도 　또한그와 　같았어라
낮이되나 　밤이되나 　어느때나 　걱정이고

행주좌와	온갖곳에	모두가	고통일세
그러다가	날이차서	아기를	낳을때면
칼날과	창끝으로	사지를	헤침같고
정신이	아득하여	동서남북	못가리며
온몸이	아픈것을	견뎌낼길	가이없네
이러다가	잘못되어	목숨또한	잃게되니
육친권속	친족들이	모두 다	슬퍼하네
자식으로	받게되는	이와 같은	큰고통은
세상에	있는말론	형언할길	가이없네
만약에	안락하게	그 몸을	회복하면
가난한 이	보배얻은	기쁨보다	더즐겁고
바라보니	아기얼굴	종일봐도	싫지않네
어여쁘게	생각하심	잠시라도	안멈추니
어머니의	은정이란	어느때나	이와 같네
어머니	출입에도	품안을	여의잖고
어머니의	양쪽 젖은	감로의	샘이로다
자라날때	어느때에	목마를때	있었던가
사랑하신	그 은덕은	비교하기	어려워라
살피시고	키우신 덕	헤아리기	어렵나니

세간에서   하늘땅을   중하다고   이르지만
어머니의   중한 은덕   저보다도   지나가며
세간에서   수미산을   가장높다   이르지만
어머니의   높은 은덕   수미산을   넘어서네

세간에서   빠르기란   거센바람   으뜸이나
한 생각   동한마음   저보다   지나가네
만약에   어떤중생   부모에게   불효하여
어머니가   잠시라도   한탄하는   맘을내고
원망하는   그 말씀을   조금만큼   내더라도
자식은   말씀따라   재난을   맞게되리
일체의   부처님과   천상의   금강신과
신선의   비법으로   불효 고는   못 구하네

자식들이   부모님의   가르침을   의지하고
그 뜻을   순히따라   안색이   공손하면
이 천지   모든재난   모두가   소멸하며
제천들이   옹호하여   어느때나   안락하리
만약 능히   부모님의   뜻을받아   효도하면

이와 같은　　남녀들은　　범부들이　　아니로세

대비갖춘　　보살들이　　인간으로　　화현하여
부모은덕　　보답하는　　효도모범　　보임이라
만약에　　　선남자와　　선여인이　　여기있어
부모은덕　　보답하려　　효도봉양　　하올적에
살을베고　　피를내어　　어느때나　　공양하길
하루한시　　빼지않고　　한겁동안　　끊이잖고
가지가지　　효도봉양　　두루두루　　닦더라도
어머니의　　잠시은덕　　그것조차　　못갚아라

열달동안　　어머님의　　태안에　　　있으면서
어머님의　　젖뿌리를　　항상물고　　피삼키고
아기에서　　자라나서　　동자까지　　되는동안
그가마신　　젖의양은　　백섬이　　　더되어라

음식이나　　탕약이나　　진귀한　　　의복들은
자식이　　　먼저하고　　어머니는　　나중일세
자식만약　　어리석어　　사람에게　　미움사도
어머님의　　사랑하심　　어느때나　　변함없네

옛날옛적　　어떤나라　　아기 안은　　어머니는
항하의　　　거친물을　　물에들어　　건너는데
물은점점　　불어나고　　힘은지쳐　　못가더니
자식안고　　물잠겨도　　마침내　　　안놓았네
이와 같이　자비스런　　선근의　　　공덕으로
죽은뒤에　　대범천에　　곧 바로　　태어나서
길이길이　　대범천의　　삼매묘락　　누리다가
부처님을　　뵈옵고서　　보리기를　　받았더라

어머니의　　공덕이름　　대지이며　　능생이며
　　　　　　　　　　　　大地　　　　能生
셋째는　　　능정이고　　넷째는　　　양육이며
　　　　　　能正　　　　　　　　　　養育
다섯째는　　지자이고　　여섯째는　　장엄이며
　　　　　　智者
일곱째는　　안온이고　　여덟째는　　교수이며
　　　　　　　　　　　　　　　　　　敎授
아홉째는　　교계이고　　열째는　　　여업이라
　　　　　　敎誡　　　　　　　　　　與業
이와 같은　큰 은덕을　무엇으로　당할손가
세간에서　　어떤자가　　제일가는　　부자런가
세간에서　　어떤자가　　제일궁한　　가난인가

어머니가 집에계심 제일가는 부자이고
어머니가 안계심이 가장궁한 가난이라
어머님이 생존일때 해가밝은 날이되고
어머님이 안계실때 해가저문 날이어라
어머니가 계실때는 무엇이든 원만하고
어머니가 돌아가니 온 세상이 공허해라

모든세간 일체의 선여인 선남자여
부모님의 크신은덕 산같음을 알지로다
어느때나 효순공경 마음깊이 새겨두고
은혜알아 갚는것이 이것이 성도일세
신명을 아끼쟎고 높은뜻을 받들고서
한 생각 동안인들 피로한맘 어이내리
어쩌다가 예고없이 부모님이 떠나시면
높은은덕 갚자해도 온갖정성 못미치네

여래또한 수행할때 어머님께 효도하여
그 공덕에 좋은상호 금색신을 얻었더라
명성이 널리떨쳐 시방세계 두루하고

천상이나 인간이나 모두가 계수하며
사람들과 비인까지 모두가 공경함은
저옛날에 부모은덕 보답했던 인연이며
삼십삼천 도리천궁 내가친히 올라가서
석달동안 어머님께 참된법을 설하고서
어머님이 마음열려 바른도에 들게하여
무생법인 깨닫고서 영원토록 주케하니
　　　　　　　　　　　　　　　　住

이같음은 그모두가 부모은덕 갚음이나
깊은은덕 다갚기엔 아직도 부족하네

나의제자 천이백중 신통제일 목건련이
삼계의 모든번뇌 모두끊어 해탈한뒤
걸림없는 신통으로 그 어머니 살펴보니
아귀도에 깊이빠져 심한고통 받고있어
목건련이 그 어머니 깊은은덕 보답코자
힘기울여 고난중의 어머니를 구해내서
욕계중의 복락제일 타화천에 나게하여
　　　　　　　　　　他化天
천궁의 즐거움을 누리도록 하였더라

마땅히	알지로다	부모은덕	가장깊네
제불보살	모든성현	크신은덕	보답코자
어떤사람	지성으로	부처님께	공양함과
부지런히	정성드려	부모님께	효도함에
두 사람이	지은복에	도무지	차이없어
삼세동안	복받아도	그 과보는	다함없네

세상사람	자식위해	여러죄를	다짓고서
삼악도에	떨어져서	길이고생	하건마는
자식들은	성인못돼	신통력을	못갖추니
윤회함을	보지못해	깊은은덕	못갚아라
애닯도다	세상사람	성스러운	도력없어
고통속의	어머니를	건져내지	못하누나

이 까닭에	그대들은	마땅히	알지로다
여러공덕	힘써닦아	큰 복리를	일으키라
지옥에 난	부모위해	자식들이	복지으면
금빛광명	찬란하게	지옥속에	비쳐들고
광명중에	심히깊은	미묘법문	연설하여

부모마음	열어주어	보리심을	내게하네
지난 생에	어느때나	죄지은것	생각하고
한 생각	뉘우치니	모든죄가	소멸하네
나무불	나무법	나무승을	외고나니
여러가지	얽힌고생	훤출하게	벗어났네
인간이나	천상에서	온갖복락	누리다가
부처님법	친히듣고	오는 세상	성불하리

어떤사람	시방정토	불국토에	나게하여
칠보로된	연꽃위에	부모님을	앉게하니
꽃이피자	세존뵙고	무생법을	깨달아서
불퇴지위	보살들로	도배우는	벗을삼고
여섯가지	대신통의	걸림없는	힘얻어서
보리도의	미묘하온	대궁전에	들어가네
이와 같이	효도함은	보살들이	자녀되어
효도 세울	원력으로	인간계에	나옴이라
이것이	부모은혜	참으로	갚음이니
누구나	중생들은	모두힘써	잘배우라

(부모은중송 끝, 다음은 중생은중송)

중생들이 육도를 돌고돌아 태어남은
수레바퀴 돌음이라 시작없고 끝도없네
어떤때는 부모되고 어떤때는 자식되어
날때따라 세상따라 서로서로 은혜입네
부모마다 평등하여 차별할법 없는것을
성스러운 지혜없인 아는방법 없느니라

일체의 여인들은 모두가 어머닌데
지난 생의 은혜조차 아직갚지 못하고서
어떻게 딴맘내어 원망하고 미워하랴
모름지기 은혜갚고 서로서로 도와주고
때리거나 꾸짖어도 원망커나 싫어마라
만약에 복을짓고 지혜의문 닦으려면
밤낮으로 여섯차례 큰 서원을 발하여라
원합노니 세세생생 무량겁을 두고두고
과거생일 모두아는 대신통을 갖추어서
지내온 백천생을 모두능히 다알아서
서로서로 부모되고 자식된일 모두알아
사생으로 육도중을 돌고돌아 나는중에

어느때나	나의일념	저있는곳	이르러서
묘한법문	설하여서	고된인연	벗겨주어
인간에나	천상에서	길이복락	받게하고
보리도의	큰서원을	굳게굳게	세우고서
육바라밀	보살도를	두루두루	수행하여
두 가지의	생사인을	길이길이	모두끊어
위 없는	열반도를	어서얻게	할지니라.

5. 원각경
圓覺經

1. 서분

 이와 같이 내가 들었다. 한 때 바가바께서 신통대광명장에 드시사 삼매에 바로하시니 이는 일체 여래와 광명으로 장엄하여 머무심이며 일체 중생들의 깨끗한 깨달음의 땅이었다. 몸과 마음이 적멸한 평등의 본바닥이며 시방에 원만하여 둘 아님에 수순함이니 이 둘 아닌 경지에서 모든 정토를 나투사 대보살마하살 십만인과 더불어 함께 계셨다.

 그 이름은 문수사리보살 보현보살 보안보살 금강장보살 미륵보살 청정혜보살 위덕자재보살 변음보살 정재업장보살 보각보살 원각보살 현선수보살 등이 상수가 되어 모든 권속들과 더불어 다함께 삼매에 들어 한 가지로 여래평등의 법회에 머물렀다.

2. 문수장

 이어서 문수사리보살이 대중 가운데에 있더니 자리에서 일어나 부처님 발에 절하고 바른편으로 세 번 돌고 꿇어 앉아 차수하고 부처님께 말씀드렸다.

 "대비이신 세존이시여, 바라옵건대 지금 이 모임에 온 모든 법을 배우는 대중을 위하여 여래께서 본래 일으키신 인지법행을 말씀하여 주시며 또한 보살로서 대승법문에 깨끗한 마음을 내어 모든 병을 멀리 여읠 것도 말씀하시사 능히 미래 말세 중생의 대승을 구하는 자로 하여금 삿된 지견에 떨어지지 않게 하여 주옵소서."

 이렇게 말하고 오체를 땅에 던져 절하며 이와 같이 청하기를 세 번 하고 다시 또 시작하였다.

 이 때에 세존께서 문수사리보살에게 말씀하셨다.

 "옳다. 착하다. 선남자여, 너희들이 이에 능히 모든 보살들을 위하여 여래의 인지법행을 물어 모든 보살들로 하여금 대승 가운데서 깨끗한 마음을 내며 또한 말세 일체 중생의 대승을 구하는 자로서 바른 머무름을 얻어서 삿된 지견에 떨어지지 않게 하니 너는 이제 자세히 들어라. 마땅히 너를 위해 말하리라."

이 때 문수사리보살이 가르침을 받들어 환희하고 모든 대중과 더불어 잠잠히 귀를 기울였다.

"선남자여, 무상대법왕이 대다라니문이 있으니 이름을 원각이라 하느니라. 일체 청정과 진여와 보리와 열반과 바라밀을 흘려내어 보살을 교수하나니 일체 여래가 본래 일으키신 인지(因地)는 모두가 깨끗한 깨달음새를 두렷이 비춤을 의지하여서 무명(無明)을 영영 끊고 바야흐로 불도를 이루느니라. 무엇을 무명이라 하는고. 선남자여, 일체 중생이 시작 없는 옛적으로부터 내려오면서 가지가지로 전도된 것이 마치 길 잃은 사람이 방향을 바꾸어 아는 것처럼 망녕되이 사대(四大)를 인정하여 자기 몸을 삼고 육진(六塵) 인연의 그림자를 자기 마음으로 삼나니, 비유하여 말하면 저 병든 눈이 허공 가운데서 헛 꽃과 다른 달을 보는 거와 같으니라.

선남자여, 허공에 실로는 꽃이 없건만 병자가 망녕되어 집착하나니 이 망녕된 집착으로 말미암아 허공 자성을 미혹할 뿐만 아니라 또한 다시 저 실다히 꽃이 생기게 된 곳까지 미하게 되느니라. 이로 말미암아 망녕되이 나고 죽음에 돌고 구름(輪轉)이 있는 것이니 이 까닭에 무명이라고 하느니라.

선남자여, 이 무명이라는 것도 실로는 있는 것이 아니니

라. 마치 저 꿈꾸는 사람이 꿈 가운데서는 없지 않지만 꿈을 깨게 되면 얻을 바가 없는 것처럼 저 여러 헛것들이 허공에서 없어지면 꺼진 곳이 있다고 정하여 말하지 못하느니라. 어찌하여 그런고, 난 곳이 없기 때문이니 일체 중생들이 무생(無生) 가운데서 망녕되이 생멸을 보게 되나니 이 까닭에 생사에 휘둘림이 있게 되느니라.

선남자여, 여래의 인지에 원각을 닦는 자가 이 헛 곳을 알면 곧 휘둘림도 없고, 또 저 나고 죽음을 받을 몸과 마음도 없게 되느니라. 이것은 짐짓 지어 없는 것이 아니고 본성품이 없기 때문이니라. 저를 알고 깨닫는 것도 오히려 허공 같음이며 허공을 알았음도 헛된 모양이기에 다시 또한 알고 깨닫는 성품이 없다고도 말할 수 없느니라. 있고 없고를 함께 보내고서야 깨끗한 깨달음에 수순한다고 할 것이니라. 어찌하여 그런고 하면 허공성인 까닭이며, 항상 부동(不動)한 까닭이며 여래장 가운데는 일거나 꺼짐이 없는 까닭이며, 지견이 없는 까닭이며, 법계성같이 구경원만하여 시방에 두루한 까닭이니 이것을 이름하여 인지법행이라 하느니라.

보살은 이것을 인하여 대승 가운데서 깨끗한 마음을 낼 것이니 말세 중생도 이를 의지하여 수행하면 사견에 떨어지지 않느니라."

그 때에 세존께서 이 뜻을 거듭 베푸시고자 하여 게송으로 말씀하셨다.

"문수여 그대 마땅히 알라.
일체의 모든 여래께서는
본래로 깨끗한 인지로 좇아
모두가 지혜로 깨치셨나니
무명을 투철히 요달하고서
헛꽃을 여실히 알게 된다면
생사에 윤전을 면하느니라.
또다시 꿈속의 사람과 같이
잠 깨면 꿈속 일 없어지나니
깨달음도 텅 빈 허공 같아서
평등하여 본래로 동전(動轉) 없으니
깨달음도 시방에 두루 퍼져서
즉시에 불도를 이루게 되리
헛꽃 멸한 곳 또한 없으니
불도를 이룸도 또한 없느니라

본성이 원만한 까닭이니라
삼세의 보살들이 이 가운데서
위 없는 보리심을 능히 발하고
오는세상 말세의 모든 중생도
이 법문 닦으면 사도 면하리."

3. 보현장

이 때에 보현보살이 대중 가운데에 있더니 곧 자리에서 일어나 부처님 발에 예경하고 바른 쪽으로 세 번 돌고 무릎을 꿇고 차수하고서 부처님께 말씀드렸다.

"대비하신 세존이시여, 원하옵건대 이 자리에 모인 여러 보살들과 말세에 대승을 닦는 모든 중생들을 위하여 수행하는 방편과 점차를 가르쳐 주옵소서. 이 원각의 청정경계의 법문을 듣사옵고 어떻게 수행하오리까. 세존이시여, 만일 저 중생이 저 환과 같음을 아는 자의 몸과 마음이 또한 환이올진대 어떻게 환으로써 도리어 환을 닦는 것이옵니까.

또한 만일 저 모든 환의 성품이 모두 다 멸하올진대 이것은 곧 마음이 없는 것이온대 누가 수행하오며, 이를 어찌 다시 환같음을 수행하라고 말씀하시옵니까. 만일 이 모든 중생이 원래로 수행하지 아니하면 저 생사 가운데서 항상 환화로써 머물러 일찍이 환다운 경계조차 알지 못하옵거늘 망상심으로써 어떻게 해탈하오리까? 원하옵건대 이 자리에 모인 모든 보살들과 말세 일체 중생을 위하여 수행하는 방편과 점차를 가르쳐 주옵소서. 어떤 방편을 지어야사 점차로 수습하여 모든 중생으로 하여금 길이 모든 환을 여의게 하오리까!"

이렇게 말하고 오체를 땅에 던져 절하며 청하기를 세 번 하고 다시 또 시작하였다.

그 때에 세존께서 보현보살에게 말씀하셨다.

"옳다. 착하다. 선남자여, 너희들이 모든 보살과 말세 중생을 위하여 여래에게 보살의 환다운 삼매와 닦아 익힐 방편 점차를 물어서 모든 중생으로 하여금 온갖 환을 여의게 하는구나. 너는 이제 자세히 들어라. 마땅히 너를 위하여 말하리라."

이 때에 보현보살이 가르침을 받들어 환희하고 모든 대중과 더불어 잠잠히 귀를 기울였다.

"선남자여, 일체 중생의 가지가지 환화 모두가 여래의 원각묘심에서 나온 것이니 마치 헛꽃이 허공을 좇아 있는 거와 같느니라. 환인 꽃은 비록 멸하더라도 허공 성품은 무너지지 않느니라. 중생의 환인 마음도 또한 환에 의하여 멸하나니 모든 환이 다 멸할지라도, 깨닫는 마음은 부동하니라. 환에 의하여 깨달음을 말한대도 또한 환이 되는 것이며 만일 깨달음이 있다고 말하더라도 아직도 환을 여의지 못한 것이며 깨달음이 없다고 말하더라도 또한 다시 그와 같느니라. 이런 까닭에 환이 멸함이 이름을 부동이라 하느니라.

선남자여, 일체 보살과 말세 중생은 응당 일체 환화인 허망한 경계를 멀리 여의어야 하느니라. 그리고 또 멀리 여의려는 마음을 굳건히 가져 집착함으로 말미암아 마음에 환 같은 것도 또한 다시 멀리 여의어야 하며 또 멀리 여읨도 환이 되는 것이니 이것 또한 멀리 여의어야 하느니라. 멀리 여의임을 여의는 것도 환이니 또한 다시 멀리 여의어야 하느니라. 여의일 바가 없음을 얻고서야 모든 환을 제거한 것이니라.

비유하면 찬화(鑽火)처럼 두 개 나무가 서로 인하여 불이 나면 나무는 없어지고 재도 날아가고 연기도 사라지는 거와 같으니 환으로써 환을 닦는 것도 또한 다시 이러하니라. 또한 모든 환이 비록 다 없어질지라도 단멸(斷滅)에 드는 것은 아니니라.

 선남자여, 환인 줄 앎이 곧 여의임이니 방편을 지을 것 없고 환을 여의면 곧 깨달음이니 또한 점차도 없는 것이니라. 일체 보살과 말세중생은 이에 의거하여 수행할지니 이와 같이 하면 능히 길이 모든 환을 여의게 되느니라."

 이 때에 세존께서 이 뜻을 거듭 베푸시고자 게송으로 말씀하셨다.

 "보현 그대 마땅히 알라.

 일체 모든 중생의 시작없는 환과 무명은

 모두가 여래의 원각심으로 건립됨이니라.

 마치 허공의 꽃이

 허공에 의지하여 형상이 있는 듯하지만

 허공의 꽃이 없어지더라도

 허공은 본래로 동하지 않느니라.

 이와 같이 모든 환도 깨달음으로 좇아 나왔으되

 환이 멸하면 깨달음이 원만하니

 깨달은 마음이 원래로 동하지 않는 까닭이니라.

 저 모든 보살과 말세중생이

 마땅히 항상 환을 여의어야 하니

만약 모든 환을 모두 여의면
마치 나무를 비벼 불을 낼 때
나무가 다 타버리면 불도 또한 없어지듯 하니라.
깨달음은 원래로 점차가 없으니
방편도 또한 그와 같니라."

4. 보안보살장

이에서 보안보살이 대중 가운데 있더니 자리에서 일어나 부처님 발에 절하고 바른편으로 세 번 돌고 꿇어 앉아 차수하고 부처님께 말씀드렸다.

"대비하신 세존이시여, 원하옵건대 여기 모인 여러 보살들과 말세 일체 중생을 위하시사 보살이 수행하는 점차를 풀어 말씀하여 주옵소서. 어떻게 생각하며 어떻게 머물러 가지며 중생이 깨닫지 못하면 어떤 방편을 지어서 널리 깨닫도록 하오리까?

세존이시여, 만약 저 중생들이 바른 방편과 바른 생각이 없게 되면 부처님께서 이 삼매를 설하심을 듣고서 마음이 아득하고 답답하여 원각을 깨달아 들어가지 못하오리니, 바라옵건대 자비 일으키사 저희들과 말세중생을 위하여 방편을 베풀어 말씀하여 주옵소서."

이렇게 말하고 오체를 땅에 던져 절하며 청하기를 세 번 하고 다시 시작하였다.

그 때에 세존께서 보안보살에게 말씀하셨다.

"옳다, 착하다. 선남자야, 너희들이 이에 모든 보살과 말세 중생을 위하여 여래의 수행과 점차와 사유와 머물러 가짐과 내지 가지가지 방편까지를 묻는구나. 너 이제 자세히 들어라. 마땅히 너를 위하여 말하리라."

그 때에 보안보살이 가르침을 받들어 환희하고 모든 대중들과 더불어 잠잠히 귀를 기울였다.

"선남자야, 저 신학보살과 말세중생이 여래의 정원각심을 구하려면 마땅히 생각을 바르게 하여 모든 환(幻)을 여의어야 하느니라.

먼저 여래의 사마타행(奢摩他行)을 의지하되 계를 굳건히 가지며 대중처소에 함께 머물며 고요한 방에 단정히 앉아 항상 이런 생각을 할 것이니라.

'나의 이 몸은 사대(四大)가 화합한 것이니, 이른바 머리카락과 손톱과 이빨과 살가죽과 근육과 뼈와 골수와 때와 빛깔 등은 다 흙으로 돌아가고, 침과 콧물과 피와 고름과 진액과 거품과 땀과 눈물과 정기와 오줌 똥 등은 다 물로 돌아가고, 따스한 기운은 불로 돌아가고, 움직이는 힘은 바람으로 돌아가나니 이와 같이 사대가 각기 떨어져 나가면 이제 이 망령된 몸이 어느 곳에 있다고 할 것인가?' 하라. 이에서 이 몸은 필경에 자체가 없어 화합하여 형상을 이루었어도 환(幻)과 같음을 아느니라. 사연(四緣)이 거짓 합하여 망령되이 육근(六根)이 있게 되고 육근과 사대가 안과 밖으로 합하여 이룬 것에 망령된 인연기운이 그 가운데에 쌓이고 모여서 연상(緣相)이 있는 듯하게 하니 이것을 거짓 이름하여 마음이라 하느니라.

선남자야, 이 허망한 마음은 만약 육진(六塵)이 없으면 능히 잊지 못할 것이니 사대가 나뉘어 흩어지면 육진도 얻지 못하느니라. 저 가운데에 연상과 육진이 각기 흩어져 멸해 버리면 필경 반연하는 마음을 가히 볼 수 없게 되느니라. 선남자여, 저 중생이 환의 몸이 멸하므로 환의 마음이 또한 멸하고, 환의 마음이 멸하므로 환의 티끌이 또한 멸하고, 환의 티끌이 멸하므로 환이 멸한 것도 또한 멸하며, 환이 멸한 것이 멸하므로 환이 아닌 것은 멸하지 않나니, 비유하면 거울을 닦으매 때가 다하면 밝음이 나타나는 것과 같느니라.

선남자야, 마땅히 알라. 몸과 마음이 다 환인 때(幻垢)가 되는 것이니 때모양이 영영 없어지면 시방이 청정하니라.

선남자야, 비유하면 청정한 마니보주는 오색을 비추면 방위를 따라 각기 달리 빛깔이 나타나는 것이거든 어리석은 자는 저 마니보주에 실로 오색이 있는 줄 아는 것과 같느니라. 선남자야, 원각의 깨끗한 성품이 몸과 마음을 나툴 때 류(類)를 따라 각기 다르거늘, 저 어리석은 자는 원각에 진실로 이런 몸과 마음의 모습이 있다 하는 것도 또한 다시 이와 같느니라.

이로 말미암아 능히 환화(幻化)를 멀리하지 못하느니라. 이런 까닭에, 내가 몸과 마음을 환인 때라 말하나니 환인 때를 대하여 환인 때를 여의어야 보살이라 할 것이니라. 때가 다하고 대(對)하는 것도 제하면, 곧 때를 대하는 것도 이름을 말하는 자도 없게 되느니라.

선남자야, 이 보살과 말세중생이 모든 것이 환임을 증득하여 영상(影像)이 멸하는 까닭에 그 때에 문득 방소(方所) 없는 청정을 얻나니 가 없는 허공이 깨달음이 나타낸 바이니라.

각(覺)이 두렷이 밝은고로 마음 나툼이 청정하고 마음이 청정한 고로 견진(見塵)이 청정하며, 견(見)이 청정한 고로 안근(眼根)이 청정하며, 근(根)이 청정한 고로 안식(眼識)이 청정하며, 식(識)이 청정한 고로 문진(聞塵)이 청정하며, 문(聞)이 청정한 고로 이근(耳根)이 청정하며, 근(根)이 청정한 고로 이식(耳識)이 청정하며, 식이 청정한 고로 각진(覺塵)이 청정하나니, 이와 같이 하여 내지 비설신의(鼻舌身意)도 또한 이와 같느니라.

선남자야, 근(根)이 청정한 고로 색진(色塵)이 청정하며, 색(色)이 청정한 고로 성진(聲塵)이 청정하며, 향미촉법(香味觸法)도 다시 이와 같느니라.

선남자야, 육진(六塵)이 청정한 고로 지대(地大)가 청정하며, 지(地)가 청정한 고로 수대(水大)가 청정하며, 화대풍대(火大風大)도 또한 이와 같느니라.

선남자야, 사대가 청정한 고로 십이처(十二處)와 십팔계(十八界)와 이십오유(二十五有)가 청정하니라. 저들이 청정한 고로 십력(十力)과 사무소외(四無所畏)와 사무애지(四無礙智)와 불십팔불공법(佛十八不共法)과 삼십칠조도품(三十七助道品)이 청정하나니 이와 같이 하여 내지 팔만사천 다라니문이 모두 다 청정하니라.

선남자야, 일체 실상(實相)의 성품이 청정한 고로 일신이 청정하며, 일신이 청정한 고로 모든 몸이 청정하며, 모든 몸이 청정한 고로 이와 같이 시방 중생의 원각이 청정하니라.

선남자야, 한 세계가 청정한 고로 모든 세계가 청정하고, 모든 세계가 청정한 고로 이와 같이하여 내지 허공을 다하고 삼세를 두렷이 싸서 일체가 평등하여 청정이 부동(不動)하니라.

선남자야, 허공이 이와 같이 평등하고 부동한 고로 마땅히 각성이 평등 부동함을 알 것이며, 사대가 부동한 고로 마땅히 각성이 평등 부동함을 알 것이며, 이와같이 하여 내지 팔만사천 다라니문이 평등 부동한 고로 마땅히 평등 부동함을 알 것이니라.

선남자야, 각성이 변만하고 청정부동하여 끝없이 원만한 고로 마땅히 육근이 법계에 변만함을 알 것이며, 근이 변만한 고로 마땅히 육진이 법계에 변만함을 알 것이며, 진이 변만한 고로 마땅히 사대가 법계에 변만한 것을 알 것이며, 이와 같이 하여 내지 다라니문이 법계에 변만함을 아느니라.

선남자야, 저 묘각의 성품이 변만하므로 말미암아 근성(根性)과 진성(塵性)이 무너짐도 없고 잡됨도 없으며, 근(根)과 진(塵)이 무너짐이 없는 고로 이와 같이 하여 내지 다라니문이 무너짐도 없고 잡됨도 없느니라. 마치 백천 등불이 한 방 안을 비치매 그 광명이 두루두루 가득하여 무너짐도 없고 잡됨도 없는 거와 같느니라.

　선남자야, 각을 성취하는 고로 마땅히 알아라. 보살은 법에 얽매이지도 않으며, 법을 벗으려고도 하지 않으며, 생사를 싫어하지도 않으며, 열반을 사랑하지도 않으며, 계 가짐을 공경하지도 않으며, 파괴를 미워하지도 않으며, 오래 배운 이를 중히 여기지도 않으며, 처음 배우는 이를 가벼이 여기지도 않느니라.

　어찌한 까닭이냐? 일체가 각인 까닭이니라. 비유하건대 눈의 광명이 앞을 밝힘에 그 광명이 원만하므로 밉고 곱고가 없는 거와 같으니라. 어찌한 까닭이냐? 광명의 체는 둘이 없어 싫어하고 좋아함이 없기 때문이니라.

　선남자야, 보살과 말세중생이 이 마음을 닦아 성취한 자는 여기에서 닦음도 없고, 또한 성취도 없어 원각이 두루 비춰 적멸하여 둘이 없느니라. 저 가운데에서 백천만억 아승지 불가설 항하사의 모든 불세계가 마치 헛꽃이 어지러이 일어나고 어지러이 꺼지는 것처럼, 즉(卽)하지도 아니하고 여의지도 아니하며, 얽매임도 아니고 벗은 것도 아니니,

비로소 중생이 본래 불(佛)이며 생사와 열반이 꿈과 같음을 아느니라.

선남자야, 어젯밤 꿈 같으므로 마땅히 알라. 생사와 열반이 일어남도 없고 멸함도 없으며, 오는 것도 없고 가는 것도 없으며, 그 증한바 인자(所證者)도 얻음도 없고 잃음도 없고, 취함도 없고 버림도 없으며, 그 능히 증한자(能證者)도 지음(作)도 없고 그침(止)도 없으며, 맡김(任)도 없고 멸(滅)도 없으며, 저 증(證)가운데는 능(能)도 없고 소(所)도 없어서, 필경에 증이 없고 또한 증할 자도 없어, 일체법의 성품이 평등하여 무너지지 않느니라.

선남자야, 저 모든 보살들이 이와 같이 수행하며 이와 같은 점차로 할 것이며, 이와 같이 생각할 것이며, 이와 같이 머물며, 이와 같이 방편할 것이며, 이와 같이 개오하여 이와 같이 법을 구하면, 또한 헤매지 않을 것이니라."

그 때에 세존께서 이 뜻을 거듭 베풀고자 하여 게송으로 말씀하였다.

"보안, 그대 마땅히 알라. 일체중생의 몸과 마음이
모두 이것이 환과 같으니라.
육신인 몸은 사대에 속하고

심성은 육진에 돌아가나니
만약 사대인 몸이 각각 흩어지면
무엇이 있어 화합자가 될 것인가
이와 같이 점점 닦아가면
일체 그 모두가 청정하여
법계에 두루하여 부동하리라.
작지임멸도 없으며
또한 능히 증득할 자도 없으니
일체 불세계는 마치 허공의 헛꽃과 같으며
삼세가 두루 평등하야
필경 오고감이 없느니라.
초발심보살과 말세중생이 불도에 들고자 할진대
마땅히 이와 같이 닦아 갈지니라."

6. 아미타경
阿彌陀經

1. 법회를 열다(法會衆證分)

 이와 같이 내가 들었다. 한때 부처님께서 사위국 기수급고독원에서 대비구 천이백오십인과 더불어 함께 계셨다. 그들은 모두가 대 아라한으로 여러 사람들에게 잘 알려진 이들이었으니, 장로 사리불, 마하목건련, 마하가섭, 마하가전연 마하구치라, 리바다, 주리반타가, 난타, 아난타, 라후라, 교범바제, 빈두루 파라타, 가루타이, 마하겁빈라, 박구라, 아누루타 등 이와 같은 큰 제자들이었으며 또한 보살마하살인 문수사리법왕자와 아일다보살, 건타하제보살, 상정진보살 등 이와 같은 여러 대보살이었으며, 또한 석제 환인 등 수많은 여러 천인들과 더불어 함께 계셨다.

2. 극락세계를 설하다(佛土依正分)

 그 때 부처님께서 장로 사리불에게 말씀하셨다.

"여기에서 서쪽으로 십만억 국토를 지난 곳에 한 세계가 있으니 이름이 극락이요, 거기에 부처님이 계시니 호가 아미타이시라 지금도 설법하고 계시니라.

3. 극락세계를 장엄하다(寶樹池蓮分)

사리불아, 저 세계를 어찌하여 극락이라 하는 줄 아는고? 그 세계에 있는 중생들은 아무 괴로움도 없고 다만 온갖 즐거움만 누리므로 극락이라 하느니라.

그리고 사리불아, 극락세계에는 일곱 겹으로 된 난간과 일곱 겹 나망과 일곱 겹 가로수가 있는데, 금, 은, 청옥, 수정 등 네 가지 보배로 두루두루 둘러싸여 있으므로 그 나라를 또한 극락이라 하느니라.

사리불아, 또 극락세계에는 칠보로 된 연못이 있으니, 여덟 가지 공덕이 있는 물이 가득 찼으며, 연못 바닥은 순전한 금모래가 깔려 있으며, 연못 둘레에는 금, 은, 유리, 파리 등 네 가지 보배로 이루어진 층계가 있다.

그 위에는 누각이 있어 역시 금, 은, 유리, 파리, 적진주, 마노 등으로 찬란하게 꾸며져 있으며, 연못 가운데 핀 연꽃은 크기가 큰 수레바퀴 만하여, 푸른 꽃에서는 푸른 광채가

나고, 누런 꽃에서는 누런 광채가 나며, 붉은 꽃에서는 붉은 광채가 나고, 흰꽃에서는 흰 광채가 나서 이를 데 없이 향기롭고 정결하니라.

사리불아, 극락세계는 이와 같은 공덕장엄으로 이루어졌느니라.

4. 천인이 공양을 올리다(天人供養分)

사리불아, 또 저 나라에는 항상 천상의 음악이 울리며, 땅은 황금으로 되고 밤낮 六시로 천상의 만다라꽃이 비내리는데, 그 나라의 사람들은 항상 이른 아침마다 각각 바구니에 온갖 묘한 꽃을 담아가지고 타방세계에 계시는 십만억 부처님께 공양하고, 식사 때까지 본국에 돌아와 식사를 마치고 경행하느니라.

사리불아, 극락세계는 이와 같은 공덕장엄으로 이루어졌느니라.

5. 새가 나무에서 법문을 설하다(禽樹演法分)

사리불아, 또 극락세계에는 항상 가지가지 기이하고 묘한 여러 빛깔을 가진 백학, 공작, 앵무새, 사리새, 가릉빈가, 공명조 등 새가 있어서 이 새들이 밤낮 六시로 항상 화평하고 맑은 소리를 내는데, 그 소리에서 오근(五根), 오력(五力), 칠보리분(七菩提分), 팔성도분(八聖道分) 등 법문을 설하는 소리가 흘러 나오느니라. 그 나라 중생들은 그 소리를 들으면 부처님을 생각하고 법문을 생각하며 스님들을 생각하게 되느니라.

사리불아, 그대는 저 새들을 죄업으로 인하여 생긴 것이라고 생각하지 말지니라. 왜냐하면 저 불국토에는 삼악도가 없느니라.

사리불아, 그 세계에는 악도라는 이름도 없거늘 어찌 실지로 그런 것이 있으랴. 이 여러 새들은 모두 아미타불께서 법문을 펴기 위하여 화현으로 만든 것이니라.

사리불아, 저 불국토에는 약간 바람이 불어도 보석으로 장식된 가로수와 나망에서 아름다운 소리가 나는데, 그것은 마치 백천 가지 악기가 합주하는 거와 같으며 이 소리를 듣는 사람은 모두 저절로 부처님을 생각하고 법문을 생각하며 스님들을 생각할 마음이 나느니라.

사리불아, 극락세계에는 이와 같은 공덕장엄으로 이루어졌느니라.

6. 부처님의 무량한 공덕을 설하다(佛德無量分)

사리불아, 어찌하여 저 부처님을 아미타불이라 하는 줄 아는고? 사리불아, 저 부처님의 광명이 한량없어 시방세계를 두루 비춤에 조금도 걸림이 없기 때문에 아미타불이라 하느니라.

사리불아, 그 부처님의 수명과 그 나라 인민의 수명이 무량무변 아승지겁이므로 또한 아미타불이라 하나니 아미타불이 성불한 지도 벌써 십겁(十劫)이 되느니라.

사리불아, 저 부처님에게는 헤아릴 수 없이 많은 성문제자들이 있으니 모두 아라한이라. 그 수효는 어떤 산수로도 헤아릴 수 없으며 보살대중의 수효도 또한 그러하니라.

사리불아, 저 불국토는 이와 같은 공덕으로 장엄되었느니라.

7. 그곳에 태어나기를 발원하다(往生發願分)

사리불아, 극락세계에 태어나는 중생들은 다 아비발치이며 그 가운데는 일생보처에 오른 이들이 또한 수없이 많아 산수로써 알 수 없으며 다만 무량무변 아승지로 말할 뿐이니라.

사리불아, 이 말을 들은 중생들은 마땅히 원을 발하되, 저 나라에 태어나기를 원하여야 하느니라. 왜냐하면 그 세계에 나면 이와 같이 으뜸가는 여러 착한 사람들과 한데 모여 살 수 있기 때문이니라.

8. 정행을 닦을 것을 명하다(修持正行分)

사리불아, 작은 선근이나 복덕의 인연으로 저 세계에 가서 날 수는 없느니라.

사리불아, 어떤 선남자 선여인이 있어 아미타불에 대한 법문을 듣고 하루나 이틀 혹은 삼일, 사일, 오일, 육일, 또는 칠일 동안 일심으로 아미타불의 명호를 외워 마음이 조금도 흐트러지지 않으면, 그 사람이 임종할 때 아미타불이 여러 성인들과 더불어 그 사람 앞에 나타나느니라. 그러면 그 사람이 목숨을 마칠 때에 마음이 휘둘리지 아니하여, 곧바로 아미타불의 극락세계에 왕생하게 되느니라.

사리불아, 여래는 이러한 공덕이 있는 것을 보므로 이런 말을 하는 것이니, 누구나 이 말을 듣는 자는 마땅히 저 국토에 가서 나기를 발원할 지니라.

9. 공덕을 찬탄하며 믿기를 권하다 (同讚勸信分)

사리불아, 여래가 지금 아미타불의 불가사의한 공덕을 찬탄하나, 동방에도 아축비불과 수미상불, 대수미불, 수미광불, 묘음불 등 항하사수 여러 부처님이 계셔서 각기 그 세계에서 삼천대천세계를 두루 덮는 큰 목소리로 성실한 말씀을 연설하시기를, '너희들 중생들은 마땅히 불가사의한 공덕을 칭찬하신 모든 부처님이 호념하시는 이 경을 믿으라'고 하시느니라.

사리불아, 남방세계에도 일월등불, 명문광불, 대염견불, 수미등불, 무량정진불 등 항하사수 여러 부처님이 계시는데 그 부처님도 또한 각기 그 세계에서 삼천대천세계를 두루 덮는 큰 목소리로 성실한 말씀을 연설하시기를 '너희들, 중생들은 불가사의한 공덕을 칭찬하신 여러 부처님이 호념하시는 이 경을 믿으라'고 하시느니라.

사리불아, 서방세계에도 무량수불, 무량상불, 무량당불, 대광불, 대명불, 보상불, 정광불 등 항하사수 여러 부처님이 계시는데, 그 부처님이 각기 그 세계에서 삼천대천세계를 두루 덮는 큰 목소리로 성실한 말씀을 연설하시기를 '너희들, 중생들은 불가사의한 공덕을 칭찬하신 모든 부처님이 호념하시는 이 경을 믿으라'고 하시느니라.

사리불아, 북방세계에도 염견불, 최승음불, 난저불, 일생불, 망명불 등 항하사수 여러 부처님이 계시어서 각기 그 세계에서 삼천대천세계를 두루 덮는 큰 목소리로 성실한 말씀으로 연설하시기를, '너희들 중생들은 마땅히 불가사의 공덕을 칭찬하신 모든 부처님이 호념하시는 이 경을 믿으라'고 하시느니라.

사리불아, 하방세계에도 사자불, 명문불, 명광불, 달마불, 법당불, 지법불 등 항하사수 여러 부처님이 계시어 각기 그 세계에서 삼천대천세계를 두루 덮는 큰 목소리로 성실한 말씀을 연설하시기를, '너희들 중생들은 마땅히 불가사의 공덕을 칭찬하신 모든 부처님이 호념하시는 이 경을 믿으라'고 하시느니라.

사리불아, 상방세계에도 범음불, 숙왕불, 향상불, 향광불, 대염견불, 잡색보화엄신불, 사라수왕불, 보화덕불, 견일체의불, 여수미산불 등 항하사수 여러 부처님이 계시어, 각기 그 세계에서 삼천대천세계를 두루 덮는 큰 목소리로 성실한 말씀을 연설하시기를, '너희들 중생들은 마땅히 불가사의한 공덕을 칭찬하신 모든 부처님이 호념하시는 이 경을 믿으라.'고 하시느니라.

10. 법문을 듣고 믿음을 세워 왕생하기를 원하다(聞法信願分)

사리불아, 어찌하여 이 경을 모든 부처님이 호념하시는 경이라 하는 줄 아는고?

사리불아, 어떤 선남자 선여인이 있어 만약 이 경을 듣고 받아 지니거나 부처님의 명호를 들으면, 이 모든 선남자 선여인은 모두 모든 부처님의 호념하심이 되어 아뇩다라삼먁삼보리에서 물러서지 않게 되느니라. 이 까닭에 사리불아, 너희들은 모두 마땅히 나의 말과 모든 부처님이 말씀하신 바를 믿을지니라.

사리불아, 어떤 사람이 만약 아미타불 세계에 가서 나기를 이미 발원하였거나, 지금 발원하거나 장차 발원하여 아미타불국토에 태어나고자 하면 이 사람들은 모두 아뇩다라삼먁삼보리에서 물러서지 아니하고 저 세계에 벌써 나거나 지금 나거나 장차 날 것이니, 그러므로 사리불아, 선남자 선여인으로서 신심이 있는 자는 마땅히 저 세계에 나기를 발원하여야 하느니라.

11. 믿기 어려운 법문 설하심을 찬탄하시다(互讚感發分)

사리불아, 여래가 지금 여러 부처님의 불가사의한 공덕을 찬탄하는 거와 같이 저 모든 부처님도 또한 나의 불가사의한 공덕을 칭찬하시기를 '석가모니불이 심히 어렵고 희유한 일을 위하여 능히 사바세계의 겁탁, 견탁, 번뇌탁, 중생탁, 명탁 등이 범람하는 오탁악세에서 아뇩다라삼먁삼보리를 얻고 모든 중생들을 위하여 일체 세간의 믿기 어려운 법을 설한다' 고 하시느니라.

사리불아, 마땅히 알지니 여래가 오탁악세에서 이 어려운 일을 행하여 아뇩다라삼먁삼보리를 얻고 일체 세간을 위하여 이 믿기 어려운 법을 말하는 것이 매우 어려우니라."

12. 유통하여 널리 중생을 제도하다(流通普度分)

부처님께서 이 경을 다 말씀하시니, 사리불과 여러 비구들과 일체 세간의 천상사람과 인간과 아수라 등이 부처님의 말씀을 듣고, 환희하여 믿고 받아서 예배하고 물러갔다.

7. 법화경 여래수량품
法華經 如來壽量品

중송분(重頌分)

여래가	성불한후	지내온 겁은
그 수효	한량없는	억조아승지
그때 이래	설법하여	교화한 중생
수효를	알수없는	무수억인데

저들을	불도에	들게한지도
그 세월	알수없는	무량겁이라
저들을	제도하기	위하는고로
방편으로	열반을	나타내지만
실로는	열반에	듦이아니고
영원토록	여기있어	설법하노라

나는여기	어느때나	머무르면서

여러가지 신통력을 구사하여서
미혹하여 휘둘린 저 중생들이
가까이 있으면서 못보게하네

중생들은 내가열반 들음을보고
사리를 지극정성 공양하면서
모두가 연모하는 생각을품고
목마른듯 우러를 마음을내어
지성으로 귀의하고 믿음을내고
그 뜻이 질직하고 보드라우며
일심으로 부처님을 보고자하여
스스로 신명까지 아끼잖으면
그때에 여래와 모든대중이
다함께 영축산에 나타나시어
나 항상 여기있어 멸하지않고
대자비 방편력을 쓰는까닭에
멸도와 불멸도를 나타낸다고
그때에 중생에게 말하느니라

그밖의 　　다른국토 　　중생에게도
여래를 　　　공경하고 　　깊이믿으면
나는 다시 　　저들에게 　　몸을나투어
위 없는 　　　묘한법을 　　설하느니라

너희들은 　　이법문을 　　듣지못하고
여래가 　　　열반든다 　　말을하나니
나는 여러 　　중생들이 　　고뇌에빠져
가지가지 　　고통을 　　　받음을볼새
일부러 　　　여래몸을 　　나투지않고
저들에게 　　갈앙심을 　　내이게하며
연모하는 　　마음을 　　　나오게하여
저들앞에 　　나타나서 　　설법하노라
여래의 　　　신통력이 　　이와같아야
한량없는 　　아승지겁 　　변함이없이
영축산과 　　그밖의곳 　　항상있니라

중생들은 　　세간겁이 　　다하려할때
모든세간 　　활활탐을 　　보게되지만

여래의　　　　이 국토는　　안온하여서
하늘사람　　세간사람　　항상넘치며
아름다운　　동산숲과　　여러누각을
가지가지　　보배로　　　장엄하였고
보배나무　　주렁주렁　　꽃과과실을
중생들이　　제각기　　　즐기게되며
여러하늘　　하늘북을　　힘차게치고
언제나　　　여러가지　　풍악잡히며
아름다운　　만다라화　　꽃비가되어
부처님과　　대중위에　　흩어지노라

나의정토　　이와 같이　　변함없건만
중생들은　　활활타는　　불꽃을보고
두려움과　　근심걱정　　수많은고통
이런것들　　모두가　　　넘치느니라

죄 많은　　　이들중생　　악업때문에
한량없는　　아승지겁　　지내가도록
거룩하온　　삼보이름　　듣지못하나
여러가지　　좋은공덕　　많이닦아서

유화하고　　깨끗하고　　곧은 이들은
모두들　　　여래몸이　　여기에있어
진실한 법　 연설함을　　보게되느니

여래는　　　어느때는　　이 대중위해
부처수명　　무량하다　　가르쳐주고
오래오래　　부처님을　　보는자에겐
부처님을　　만나기　　　어렵다하네

여래의　　　지혜의힘　　이와같아야
지혜의　　　광명은　　　한량이없고
수명도　　　다시또한　　무수겁이니
이모두　　　오래닦아　　얻은바이라

너희들　　　지혜자는　　의심치마라
마땅히　　　의망끊어　　영영없애라
부처님의　　말씀은　　　진실하나니
지혜스런　　의사가　　　선방편써서
미치광이　　아들을　　　고치느라고
살고서도　　죽었다고　　말하는것을

허망타고   말하지   못하느니라

나는 또한   모든세간   아버지되니
중생들의   모든고난   구제하노라
미혹하여   휘둘린   범부들에게
살아서   있으면서   죽었다함은
저들이   어느때나   나를보므로
도리어   방자하고   교만해져서
방일하고   오욕락에   탐착하므로
악도중에   떨어지기   때문이니라

중생들이   도닦거나   닦지않음을
여래는   어느때나   알고있으니
근기나   장소따라   방편을써서
그를위해   가지가지   법을설하며
어찌하면   중생들을   빠짐이없이
위 없는   큰 도에   능히들어가
하루속히   부처몸   이루게할까
어느때나   이와 같이   생각하노라.

8. 금강경
金 剛 經

제1분 법회를 이룬 연유(法會因由分)

 이와 같이 내가 들었다. 한때 부처님께서 사위국 기수급고독원에 계시사 대비구중 천이백오십인과 더불어 함께 하셨다.

 그 때는 세존께서 공양하실 때라 큰 옷 입으시고 발우 가지시어 사위대성에 들어가시사 밥을 비시는데 그 성중에서 차례로 비시옵고 본곳으로 돌아오시어, 공양을 마치신 뒤 의발을 거두시고 발을 씻으신 다음 자리를 펴고 앉으셨다.

제2분 선현이 법을 청하다(善現起請分)

 그 때에 장로 수보리가 대중 가운데 있더니 곧 자리에서 일어나 바른쪽 어깨에 옷을 벗어메고 바른쪽 무릎을 땅에 꿇으며 합장 공경하면서 부처님께 말씀드렸다.

 "희유하오이다. 세존이시여, 여래께서는 모든 보살들을 잘 호념(護念)하시오며 모든 보살들에게 잘 부촉하시옵니다.

세존이시여, 선남자 선여인이 아뇩다라삼먁삼보리심을 발하오니 마땅히 어떻게 머물며 어떻게 그 마음을 항복받으오리까?"

부처님께서 말씀하시었다.

"옳다 옳다. 수보리야, 참으로 네 말과 같아서 여래는 모든 보살들을 잘 호념하였으며 모든 보살들에게 잘 부촉하느니라. 너 자세히 듣거라. 이제 마땅히 너를 위하여 설하리라.

선남자 선여인이 아뇩다라삼먁삼보리심을 발하였으면 마땅히 이와 같이 머물며 이와 같이 그 마음을 항복받을지니라."

"그러하오이다. 세존이시여, 바라옵건대 듣고자 하옵니다."

제3분 대승의 바른 종지(大乘正宗分)

부처님께서 수보리에게 이르셨다.

"모든 보살마하살은 응당 이와 같이 그 마음을 항복받을지니라.

'있는 바 일체 중생 종류인, 혹 알로 생기는 것, 혹 태로 생기는 것, 혹 습(濕)으로 생기는 것, 혹 화(化)하여 생기는 것, 혹 형상 있는 것, 혹 형상 없는 것, 혹 생각 있는 것, 혹 생각 없는 것, 혹 생각이 있는 것도 아니요, 없는 것도 아닌 것들을 내가 다 하여금 무여열반(無餘涅槃)에 넣어서 멸도(滅度)하리라.

이와 같이 한량없고 셀 수 없고 가없는 중생을 멸도하나 실로는 멸도를 얻은 중생이 없다' 하라.

어찌한 까닭이랴. 수보리야, 만약 보살이 아상(我相)과 인상(人相)과 중생상(衆生相)과 수자상(壽者相)이 있으면 이는 곧 보살이 아니니라.

제4분 묘행은 머묾이 없음(妙行無住分)

그리고 또 수보리야, 보살은 마땅히 법에 머문 바 없이 보시(布施)를 행할지니, 이른바 형상에 머물지 않은 보시이며, 성(聲), 향(香), 미(味), 촉(觸), 법(法)에 머물지 않은 보시여야 하느니라.

수보리야, 보살은 응당 이와 같이 보시하여 상(相)에 머물지 않느니라. 어찌한 까닭이랴? 만약 보살이 상에 머물지 않고 보시하면 그 복덕을 가히 생각으로 헤아릴 수 없느니라.

 수보리야, 어떻게 생각하느냐, 동쪽 허공을 가히 생각으로 헤아릴 수 있겠느냐?"

 "못하겠습니다. 세존이시여."

 "수보리야, 남서북방과 사유(四維)와 상하 허공을 가히 생각으로 헤아릴 수 있겠느냐?"

 "못하겠습니다. 세존이시여."

 "수보리야, 보살의 상(相)에 머무름이 없는 보시의 복덕도 또한 다시 이와 같아야 생각으로 헤아릴 수 없느니라.

 수보리야, 보살은 자못 마땅히 가르친 바와 같이 머물지니라.

제5분 바른 도리를 실답게 봄(如理實見分)

 수보리야, 어떻게 생각하느냐? 너는 몸 모양으로써 여래를 볼 수 있겠느냐?"

 "못보겠습니다. 세존이시여, 몸 모양으로써 여래는 볼 수 없습니다.

 왜냐하오면 여래께서 말씀하시는 바 몸 모양은 곧 몸 모양이 아니옵니다."

부처님께서 수보리에게 이르셨다.

"무릇 있는 바 상(相)은 다 이것이 허망하니 만약 모든 상이 상 아님을 보면 곧 여래를 보리라."

제6분 바른 믿음은 희유하다(正信希有分)

수보리가 부처님께 말씀드렸다.

"세존이시여, 어떤 중생이 이와 같은 말씀의 글귀를 보고 자못 실다운 믿음을 낼 자가 있사오리까?"

부처님께서 수보리에게 이르셨다.

"그런 말을 하지 말지니라. 여래가 멸도에 든 뒤 후 오백세에 이르러 계를 가지고 복을 닦는 자가 있어서 능히 이 글귀에 신심을 내며 이로써 실다움을 삼으리라. 마땅히 알라.

이 사람은 일불(一佛)이나 이불이나 삼사오불에게 선근(善根)을 심었을 뿐만 아니라, 이미 한량없는 천만불께 모든 선근을 심었으므로 이 글귀를 듣고 일념으로 조촐한 믿음을 내는 자니라.

수보리야, 여래는 이 모든 중생들이 이와 같이 한량없는 복덕을 얻는 것을 다 알며 다 보느니라. 어찌한 까닭이랴?

이 모든 중생은 아상도 없으며 인상 중생상 수자상도 없으며, 법상도 없으며 또한 법 아닌 상도 없기 때문이니라.

어찌한 까닭인가 하면 이 모든 중생들이 만약 마음에 상을 취하면 곧 아상과 인상과 중생상과 수자상에 착함이 되며 만약 법상을 취하더라도 곧 아상과 인상·중생상·수자상에 착함이 되느니라.

어찌한 까닭이랴? 만약 법 아닌 상을 취하더라도 이는 곧 아상과 인상·중생상·수자상에 착함이 되느니라.

이런 까닭으로 마땅히 법을 취하지 말아야 하며 마땅히 법 아님도 취하지 말아야 하느니라.

이러한 뜻인 고로 여래는 항상 말하되 '너희들 비구는, 나의 설법을 뗏목으로 비유한 바와 같다고 아는 자는 법도 오히려 마땅히 버려야 하거늘 어찌 하물며 법 아님이랴' 하느니라.

제7분 얻을 것도 없고 설할 것도 없음(無得無說分)

수보리야, 어떻게 생각하느냐? 여래가 아뇩다라삼먁삼보리를 얻었느냐? 여래가 설한 바 법이 있느냐?"

수보리가 말씀드렸다.

"제가 부처님의 말씀하신 바 뜻을 이해하옴 같아서는 아뇩다라삼막삼보리라 할 정한 바 법이 없사오며 또한 여래께서 가히 설하신 정한 법도 없사옵니다.

무슨 까닭인가 하오면 여래가 설하신 바 법은 다 취할 수 없사오며 말할 수도 없사오며 법도 아니오며 법 아님도 아니기 때문입니다.

이유를 말씀드리오면 일체 성현(聖賢)이 다 무위법(無爲法)을 쓰시어 차별이 있기 때문입니다."

제8분 법에 의하여 출생함(依法出生分)

"수보리야, 어떻게 생각하느냐? 만약 어떤 사람이 삼천대천세계에 가득 찬 칠보를 가지고 보시에 쓴다면 이 사람이 얻을 바 복덕이 얼마나 많겠느냐?"

수보리가 말씀드렸다.

"심히 많사옵니다. 세존이시여, 왜냐하오면 이 복덕이 곧 복덕성이 아니오니 이 까닭에 여래께서 복덕이 많다 말씀하심입니다."

"만약 다시 사람이 있어 이 경 가운데서 四구게만이라도 받아 지니고 다른 사람을 위하여 말해주면 그 복이 저보다 나으니라.

수보리야, 왜냐하면 일체 모든 부처님과 모든 부처님의 아뇩다라삼먁삼보리법이 다 이 경으로 좇아 나오는 까닭이니라.

수보리야, 이른바 불법이라 하는 것도 곧 불법이 아니니라.

제9분 하나의 상(相)은 상이 없음(一相無相分)

수보리야 어떻게 생각하느냐? 수다원(須陀洹)이 능히 '내가 수다원과를 얻었다' 하는 생각을 가지겠느냐?"

수보리가 말씀드렸다.

"아니옵니다. 세존이시여, 왜냐하오면 수다원은 이름을 성류(聖流)에 든다 하오나 실로는 들어간 바가 없사와 형상이나 성·향·미·촉·법에 들어가지 아니하오니 이를 수다원이라 이름하옵니다."

"수보리야, 어떻게 생각하느냐? 사다함(斯陀含)이 능히 내가 사다함과를 얻었다 하는 생각을 가지겠느냐?"

수보리가 말씀드렸다.

"아니옵니다. 세존이시여, 왜냐하오면 사다함은 이름이 일왕래(一往來)이오나 실로는 오고 가는 바가 없사오니 이를 사다함이라 이름하옵니다."

"수보리야, 어떻게 생각하느냐? 아나함(阿那含)이 능히 생각하기를 '내가 아나함과를 얻었다' 하겠느냐?"

수보리가 말씀드렸다.

"아니옵니다. 세존이시여, 왜냐하오면 아나함은 이름을 오지 않는다 하오나 실은 오지 아니함이 없사오니 이 까닭에 아나함이라 이름하옵니다."

"수보리야, 어떻게 생각하느냐? 아라한(阿羅漢)이 능히 생각하기를 '내가 아라한도를 얻었다' 하겠느냐?"

수보리가 말씀드렸다.

"아니옵니다. 세존이시여, 왜냐하오면 실로 법이 없음을 이름하여 아라한이라 하옵니다. 세존이시여, 만약 아라한이 생각하기를 '내가 아라한도를 얻었다' 하오면 곧 아상과 인상과 중생상과 수자상에 착함이 되옵니다.

세존이시여, 부처님께서 저를 무쟁삼매(無諍三昧)를 얻은 사람 가운데에서 가장 으뜸이라 말씀하셨으니 이는 욕심을 여읜 제일의 아라한이라 하심이옵니다.

세존이시여, 그러하오나 저는 욕심을 여읜 아라한이라는 생각을 하지 않사옵니다.

세존이시여, 제가 만약 '내가 아라한도를 얻었다'고 생각

한다면 세존께서는 곧 수보리에게 아란나행(阿蘭那行)을 즐기는 자라고 말씀하시지 아니하시련만 수보리가 실로 행하는 바가 없사오므로 수보리는 아란나행을 즐기는 자라고 이름하셨습니다."

제10분 정토를 장엄함(莊嚴淨土分)

부처님께서 수보리에게 이르셨다.

"수보리야, 어떻게 생각하느냐. 여래가 옛적에 연등불 회상에 있었을 때 법에 얻은 바가 있었겠느냐?"

"아니옵니다. 세존이시여, 여래께서 연등불 회상에 계실 때 법에 있어 실로 얻은 바가 없사옵니다."

"수보리야, 어떻게 생각하느냐? 보살이 불국토를 장엄한다고 하겠느냐?"

"아니옵니다. 세존이시여, 왜냐하오면 보살이 불국토를 장엄함은 곧 장엄이 아니옵고 그 이름이 장엄이옵니다."

"이 까닭에 수보리야, 모든 보살마하살은 마땅히 이와 같이 청정한 마음을 낼지니 마땅히 형상에 머물러서 마음을 내지 말며, 마땅히 성·향·미·촉·법에 머물러서 마음을 내지 아니하고, 응당 머문 바 없이 그 마음을 낼지니라.

수보리야, 비유컨대 만일 어떤 사람이 있어 몸이 수미산왕만 하다면 네 생각에 어떠하냐? 그 몸을 크다고 하겠느냐?"

수보리가 말씀드렸다.

"심히 크옵니다. 세존이시여, 왜냐하오면 부처님께서는 몸이 아님을 말씀하시어 큰 몸이라 이름하셨습니다."

제11분 무위복이 수승함(無爲福勝分)

"수보리야, 항하 가운데에 있는 바 모래수와 같은 항하가 또 있다면 어떻게 생각하느냐, 저 여러 항하에 있는 모래를 얼마나 많다 하겠느냐?"

수보리가 말씀드렸다.

"심히 많습니다. 세존이시여, 다만 저 여러 항하만이라도 오히려 많아 셀 수 없사옵거든 하물며 어찌 그 모래이오리까!"

"수보리야, 내가 이제 진실한 말로 너에게 이르노니, 만약 선남자 선여인이 있어 저 항하의 모래수의 삼천대천세계에 가득 찬 칠보를 가지고 보시에 쓴다면 얻을 바 복이 많겠느냐?"

수보리가 말씀드렸다.

"심히 많습니다. 세존이시여."

부처님께서 수보리에게 이르셨다.

"만약 선남자 선여인이 있어 이 경 가운데서 내지 사구게만이라도 받아지니고 다른 사람을 위하여 말해 주면 그 복덕이 앞에 말한 복덕보다 나으니라."

제12분 바른 가르침을 존중히 함(尊重正敎分)

"그리고 또 수보리야, 이 경을 설함에서는 내지 사구게 등만이라도 마땅히 알아라. 이곳은 일체 세간의 천상과 인간과 아수라가 다 마땅히 공양하기를 부처님의 탑묘(塔廟)와 같이 할 것이거늘, 어찌 하물며 사람이 있어 능히 다 받아지니며 읽고 외움이랴.

수보리야, 마땅히 알아라. 이 사람은 가장 높고 제일 가는 희유한 법을 성취하리라.

만약 이 경전이 있는 곳이면 곧 부처님과 존중하신 제자가 계심이 되느니라."

제13분 법다이 받아지님(如法受持分)

그 때에 수보리가 부처님께 말씀드렸다.

"세존이시여, 이 경을 마땅히 무어라 이름하오며, 저희들이 어떻게 받들어 가지오리까?"

부처님께서 수보리에게 이르셨다.

"이 경은 이름을 금강반야바라밀이라 하나니 이 명자로써 너희들은 마땅히 받들어 가질지니라. 무슨 까닭이냐. 수보리야, 여래가 말한 반야바라밀이 곧 반야바라밀이 아니라 이 이름이 반야바라밀이니라.

수보리야, 어떻게 생각하느냐. 여래가 설한 바 법이 있느냐?"

수보리가 부처님께 말씀드렸다.

"세존이시여, 여래께서는 설하신 바가 없사옵니다."

"수보리야, 어떻게 생각하느냐. 삼천대천세계에 있는 가는 먼지를 많다 하겠느냐?"

수보리가 말씀드렸다.

"심히 많사옵니다. 세존이시여."

"수보리야, 이 모든 가는 먼지는 여래가 가는 먼지 아님을 말함이니 그 이름이 가는 먼지이며 여래가 설한 세계도 세계가 아니라 이 이름이 세계니라.

수보리야, 어떻게 생각하느냐. 32상으로써 여래를 보겠느냐?"

"아니옵니다, 세존이시여. 32상으로 여래를 볼 수 없습니다. 왜냐하오면 여래께서 말씀하신 32상이 곧 상이 아니옵고 그 이름이 32상이옵니다."

"수보리야, 만약 어떤 선남자 선여인이 있어 항하의 모래 수와 같은 목숨을 바쳐 보시하더라도 만약 다시 어떤 사람이 이 경 가운데서 내지 사구게만이라도 받아지니며 다른 사람을 위하여 말해주면 그 복이 심히 많으니라."

제14분 상을 여의어 적멸함(離相寂滅分)

이 때에 수보리는 이 경 설하심을 듣고 깊이 그 뜻을 깨달아 눈물을 흘리고 슬피 울면서 부처님께 말씀드렸다.

"희유하오이다. 세존이시여, 부처님께서 이와 같이 심히 깊은 경전을 설하심은 제가 옛적으로부터 내려오면서 얻은 바 혜안(慧眼)으로도 일찍이 이와 같은 경은 얻어 듣지 못하였사옵니다.

세존이시여, 만약 다시 어떤 사람이 이 경을 얻어 듣고 신심이 청정하면 곧 실상(實相)이 나오리니 이 사람은 마땅히 제일 희유한 공덕을 성취함을 알겠사옵니다.

세존이시여, 이 실상이라는 것은 곧 이것이 상이 아니오니 이런고로 여래께서 실상이라 말씀하셨습니다.

세존이시여, 제가 지금 이와 같은 경전을 얻어 듣고 믿어 알고 받아 지니기는 족히 어려울 것이 없사오나 만약 오는 세상 후 오백세에 어떤 중생이 이 경을 얻어 듣고 믿어 알고 받아지닌다면 그 사람은 곧 제일 희유함이 되겠사옵니다.

이유를 말씀드리오면 그 사람은 아상이 없사오며 인상도 없사오며 중생상도 없사오며 수자상도 없는 까닭이옵니다.

왜냐하오면 아상이 곧 상이 아니오며 인상과 중생상과 수자상이 곧 상이 아니옵니다.

왜 그러냐 하오면 일체 모든 상을 여읨을 곧 모든 부처님이라 이름하기 때문입니다."

부처님께서 수보리에게 이르셨다.

"옳다 그렇다.

만약 다시 어떤 사람이 있어 이 경 말씀을 듣고 놀래지도 아니하고 겁내지도 아니하고 두려워하지도 아니하면 마땅히 알라, 이 사람은 심히 희유함이 되느니라.

어찌한 까닭이랴? 수보리야, 여래가 말한 제일바라밀이 곧 제일바라밀이 아니요, 그 이름이 제일바라밀이니라.

수보리야, 인욕바라밀도 여래가 인욕(忍辱)바라밀이 아님을 말함이니라.

 어찌한 까닭이랴? 수보리야, 내가 옛적에 가리왕에게 몸을 베이고 끊김을 당하였을 적에 내가 저때에 아상이 없었으며 인상이 없었으며 중생상이 없었으며 수자상도 없었더니라.

 왜냐하면 내가 옛적에 마디마디 사지가 찢기고 끊길 그 때에 만약 나에게 아상과 인상과 중생상과 수자상이 있었던들 응당 성내고 원망하는 마음을 내었으리라.

 수보리야, 또 여래가 과거 오백세 동안 인욕선인이 되었을 때를 생각하니 저 세상에서도 아상이 없었고 인상도 없었고 중생상도 없었고 수자상도 없었느니라.

 이 까닭에 수보리야, 보살은 응당 일체상을 여의어 아뇩다라삼먁삼보리심을 발할지니 마땅히 형상에 머물러 마음을 내지 말며, 성·향·미·촉·법에 머물러 마음을 내지 말고 응당 머문 바 없는 마음을 낼지니라.

 만약 마음이 머묾이 있으면 곧 머묾 아님이 되느니라.

 이 까닭에 여래가 말하기를 '보살은 마땅히 마음을 형상에 머물지 아니하고 보시한다' 하느니라.

 수보리야, 보살은 일체 중생을 이익하기 위하여 응당 이와 같이 보시하느니라.

　여래가 말한 일체 모든 상은 곧 이것이 상이 아니며 또 말한 일체 중생도 곧 중생이 아니니라.

　수보리야, 여래는 진리의 말을 하는 자며, 진실을 말하는 자며, 여여(如如)한 말을 하는 자며, 거짓말을 하지 않는 자며, 다른 말을 하지 않는 자니라.

　수보리야, 여래가 얻은 바 법인 이 법은 실다움도 없고 헛됨도 없느니라.

　수보리야, 만약 보살이 마음을 법에 머물러서 보시하면 마치 사람이 어둠에 들어감에 곧 보이는 바가 없는 것과 같고, 만약 보살이 마음을 법에 머물지 아니하고 보시하면 사람이 눈이 있고 햇빛이 밝게 비침에 가지가지 색을 보는 것과 같느니라.

　수보리야, 장차 오는 세상에서 만약 어떤 선남자 선여인이 있어서 능히 이 경을 받아지니고 읽고 외우면 곧 여래가 불지혜로써 이 사람을 다 알며 이 사람을 다 보나니 모두가 헤아릴 수 없고 가없는 공덕을 성취하게 되리라.

제15분 경을 가지는 공덕(持經功德分)

　수보리야, 만약 어떤 선남자 선여인이 있어 아침에 항하의 모래 수와 같은 몸으로써 보시하고, 낮에 다시 항하의 모래 수와 같은 몸으로 보시하며, 다시 저녁 때에도 또한 항하의 모래 수와 같은 몸으로 보시하여 이와 같이 무량백천만억겁 동안을 몸으로써 보시하더라도 만약 다시 어떤 사람이 있어 이 경전을 듣고 믿는 마음으로 거슬리지 아니하면 그 복이 저보다 수승하리니, 어찌 하물며 이 경을 베끼고 받아지니며 읽고 외우며 남을 위하여 해설해줌이랴.

　수보리야, 간추려 말할진대 이 경은 생각할 수도 없고 칭량할 수 없고 가없는 공덕이 있느니라.

　여래는 대승(大乘)에 발심한 자를 위하여 이 경을 설하며 최상승(最上乘)에 발심한 자를 위하여 이 경을 설하느니라.

　만약 어떤 사람이 능히 이 경을 받아지니고 읽고 외우며 널리 사람들을 위하여 설명한다면 여래는 이 사람을 모두 알며 이 사람을 모두 보나니, 이 사람은 헤아릴 수 없고 일컬을 수 없고 끝할 수 없고 생각할 수 없는 공덕을 성취하게 되리라.

　이와 같은 사람들은 곧 여래의 아뇩다라삼먁삼보리를 짊

어짐이 되나니 어쩌한 까닭이랴.

수보리야, 만약 작은 법을 즐기는 자라면 아견과 인견과 중생견과 수자견에 착하게 되므로 능히 이 경을 받아 듣고 읽고 외우며 사람들을 위하여 해설하지 못하느니라.

수보리야, 어떠한 곳이든 이 경이 있는 곳이면 일체 세간의 천상과 인간과 아수라 등이 마땅히 공양하는 바가 되리니 마땅히 알라. 그 곳은 곧 탑이 됨이라. 모두가 응당 공경하고 절하며 에워싸고 가지가지 꽃과 향을 그 곳에 흩뜨리게 되리라.

제16분 능히 업장을 깨끗이 함(能淨業障分)

다시 또 수보리야, 선남자 선여인이 있어 이 경을 받아지니며 읽고 외우더라도 만일 사람들에게 업신여김이 되면 이 사람은 선세죄업으로 마땅히 악도에 떨어질 것이로되 금세 사람들이 업신여김으로써 곧 선세죄업이 소멸되고 마땅히 아뇩다라삼먁삼보리를 얻게 되느니라.

수보리야, 내가 과거 무량아승지겁을 생각하니 연등불을 뵈옵기 그 이전에도 팔백사천만억나유타의 여러 부처님을 만나 모두 다 공양하고 받들어 섬기어 헛되이 지냄이 없었더니라.

만약 다시 또 어떤 사람이 있어 앞으로 오는 말세에 능히 이 경을 받아지니고 읽고 외워서 얻을 바 공덕은 내가 저 곳에서 모든 부처님께 공양한 공덕으로는 백분의 일도 되지 못하며, 천만억분의 일도 되지 못하며 내지 숫자가 있는 대로 비교하고 비유할지라도 능히 미칠 바가 못 되리라.

수보리야, 만약 어떤 선남자 선여인이 앞으로 오는 말세에 이 경을 받아지니고 읽고 외워서 얻을 바 공덕을 내가 다 갖추어 말한다면 혹 어떤 사람은 듣고 곧 마음이 산란하여 의심하며 믿지 아니하리라.

수보리야, 마땅히 알아라. 이 경은 뜻도 가히 생각할 수 없고 과보도 또한 생각할 수 없느니라."

제17분 마침내는 아가 없음(究竟無我分)

저 때에 수보리가 부처님께 사루어 말씀드렸다.

"세존이시여, 선남자 선여인이 아뇩다라삼먁삼보리심을 발하였사오니 어떻게 응당 머물며 어떻게 그 마음을 항복받으오리까?"

부처님께서 수보리에게 이르셨다.

"만약 선남자 선여인이 아뇩다라삼먁삼보리심을 발하였을진대 응당 이와 같은 마음을 내어야 하느니라. '내가 마땅히 일체 중생을 멸도하리라. 일체 중생을 멸도하여 마쳐서는 실로는 다시 한 중생도 멸도된 중생이 없다' 하라.

수보리야, 왜냐하면 만약 보살이 아상과 인상과 중생상과 수자상이 있으면 곧 보살이 아니니 그 까닭이 무엇이랴.

수보리야, 실로 법이 있지 않음이 아뇩다라삼먁삼보리를 발함이 되느니라.

수보리야, 어떻게 생각하느냐? 여래가 연등불 회상에서 법이 있어 아뇩다라삼먁삼보리를 얻었겠느냐?"

"아니옵니다. 세존이시여, 제가 부처님께서 설하신 바 뜻을 이해하옴 같아서는 부처님이 연등불 회상에서 법이 있어 아뇩다라삼먁삼보리를 얻으심이 아니옵니다."

부처님께서 말씀하셨다.

"옳다 그렇다.

수보리야, 실로 법이 있지 아니하여서 여래가 아뇩다라삼먁삼보리를 얻었느니라.

수보리야, 만약 법이 있어 여래가 아뇩다라삼먁삼보리를 얻었을진대 연등불이 나에게 수기(授記)를 주시면서 '네가

내세에 마땅히 부처를 이루리니 호를 석가모니라 하리라' 하시지 않았으련만 실로 법이 있지 아니함으로써 아뇩다라삼먁삼보리를 얻었으므로 이런 고로 연등불께서 나에게 수기를 주시며 말씀하시기를, '네가 내세에 마땅히 부처를 이루리니 호를 석가모니라 하리라' 하셨느니라.

왜냐하면 여래라 함은 곧 모든 법이 여여(如如)하다는 뜻이니라.

만약 어떤 사람이 말하기를 '여래가 아뇩다라삼먁삼보리를 얻었다' 한다면 수보리야, 실로 법이 있지 아니하므로 여래가 아뇩다라삼먁삼보리를 얻었느니라.

수보리야, 여래가 얻은 바 아뇩다라삼먁삼보리 이 가운데는 실다움도 없고 헛됨도 없느니라.

이 까닭에 여래가 말하기를 '일체법이 다 이것이 불법이라' 말하느니라.

수보리야, 말한 바 일체법이라는 것도 곧 일체법이 아니니 그러므로 일체법이라 이름하느니라.

수보리야, 비유컨대 사람의 몸이 장대(長大)함과 같으니라."

수보리가 말씀드렸다.

"세존이시여, 여래께서 말씀하신 사람 몸의 장대도 곧 이 것이 큰 몸이 아니옵고 그 이름이 큰 몸이옵니다."

"수보리야, 보살도 또한 이와 같나니 만약 말하기를 '내가 마땅히 무량 중생을 멸도하리라' 한다면 이는 곧 보살이라 이름할 수 없느니라.

어찌한 까닭이랴. 수보리야, 실로 법을 두지 않음을 보살이라 이름하느니라.

이런 고로 여래가 말하기를 '일체 법이 아도 없고 인도 없고 중생도 없고 수자도 없다' 하느니라.

수보리야, 만약 보살이 말하기를 '내가 마땅히 불국토를 장엄하리라' 한다면 이는 보살이라 할 수 없나니 왜냐하면 여래가 말하는 바 불국토 장엄은 이것이 장엄이 아니요, 그 이름이 장엄이니라.

수보리야, 만약 보살이 아(我)와 법이 없음을 통달한 자면 여래는 이 사람을 참된 보살마하살이라 말하느니라.

제18분 하나의 몸은 한 가지로 봄(一體同觀分)

수보리야, 어떻게 생각하느냐? 여래가 육안(肉眼)이 있느냐?"

"그렇습니다. 세존이시여, 여래께서는 육안이 있습니다."

"수보리야, 어떻게 생각하느냐? 여래가 천안(天眼)이 있느냐?"

"그렇습니다. 세존이시여, 여래는 천안이 있습니다."

"수보리야, 어떻게 생각하느냐? 여래가 혜안(慧眼)이 있느냐?"

"그렇습니다. 세존이시여, 여래는 혜안이 있습니다."

"수보리야, 어떻게 생각하느냐? 여래가 법안(法眼)이 있느냐?"

"그렇습니다. 세존이시여, 여래는 법안이 있습니다."

"수보리야, 어떻게 생각하느냐? 여래가 불안(佛眼)이 있느냐?"

"그렇습니다. 세존이시여, 여래는 불안이 있습니다."

"수보리야, 어떻게 생각하느냐? 저 항하 가운데 있는 모래를 여래가 말한 적이 있느냐?"

"그렇습니다. 세존이시여, 여래께서는 그 모래를 말씀하셨습니다."

"수보리야, 어떻게 생각하느냐? 저 한 항하 가운데 있는 모래 수와 같은 항하가 또 있어 이 모든 항하에 있는 바 모래 수만큼의 불세계가 다시 있다면 얼마나 많다 하겠느냐?"

"심히 많습니다. 세존이시여."

부처님께서 수보리에게 이르셨다.

"저 국토 가운데 있는 바 중생의 가지가지 마음을 여래가 다 아느니라.

어찌한 까닭이냐? 여래가 말한 바 모든 마음이 다 이것이 마음이 아니요, 그 이름이 마음인 까닭이니라.

이유가 무엇이냐? 수보리야, 지나간 마음도 얻을 수 없으며 현재의 마음도 얻을 수 없으며 미래의 마음도 얻을 수 없느니라.

제19분 법계에 통하여 교화하다(法界通化分)

수보리야, 어떻게 생각하느냐? 만약 사람이 있어 삼천대천세계에 가득 찬 칠보를 가지고 보시에 쓴다면 그 사람이 이 인연으로 얻는 복이 많다 하겠느냐?"

"그러하옵니다, 세존이시여, 그 사람은 이 인연으로 심히 많은 복을 얻겠습니다."

"수보리야, 만약 복덕이 실다움이 있을진대 여래가 복덕 얻음이 많다고 말하지 않으련만 복덕이 없는 고로 여래가 많은 복덕을 얻는다고 말하느니라.

제20분 색과 상을 여의다(離色離相分)

"수보리야, 어떻게 생각하느냐? 여래를 가히 색신(色身)이 구족한 것으로써 볼 수 있겠느냐?"

"아니옵니다. 세존이시여, 여래를 마땅히 색신이 구족한 것으로써 볼 수 없사옵니다. 왜냐하오면 여래께서 말씀하시는 색신이 구족하다 하심이 곧 구족한 색신이 아니옵고 그 이름이 구족한 색신이옵니다."

"수보리야, 어떻게 생각하느냐? 여래를 가히 모든 상이 구족한 것으로써 보겠느냐?"

"아니옵니다. 세존이시여, 여래는 모든 상이 구족한 것으로써 볼 수 없사옵니다. 어찌한 까닭인가 하오면 여래께서 말씀하신 모든 상의 구족함이 곧 구족이 아니옵고 그 이름이 모든 상의 구족이옵니다."

제21분 말이 아님을 설함(非說所說分)

"수보리야, 너는 여래가 생각하기를 '내가 마땅히 설한 바 법이 있다' 한다고 이르지 말라.

이런 말 하지 말지니 어찌한 까닭이냐? 만약 어떤 사람이 말하기를 '여래가 설한 바 법이 있다'고 한다면 이는 곧 여래를 비방함이 되나니 내가 설한 바를 알지 못한 연고니라.

수보리야, 법을 설한다는 것은 법이 없음을 가히 말하는 것이니 그 이름이 법을 설함이니라."

그 때에 혜명(慧命) 수보리가 부처님께 말씀드렸다.

"세존이시여, 자못 어떤 중생이 미래세에 이 법 설하심을 듣고 믿는 마음을 내오리까?"

부처님께서 말씀하셨다.

"수보리야, 저가 중생이 아니며 중생 아님도 아니니, 어찌한 까닭이랴? 수보리야, 중생 중생이라 하는 것은 여래가 중생 아님을 말하는 것이니 그 이름이 중생이니라."

제22분 법은 가히 얻을 것이 없음(無法可得分)

수보리가 부처님께 말씀드렸다.

"세존이시여, 부처님께서 아뇩다라삼먁삼보리를 얻으심은 얻은 바가 없음이 되옵니까?"

부처님께서 말씀하셨다.

"옳다, 그러니라. 수보리야, 내가 아뇩다라삼먁삼보리에 있어 내지 조그마한 법도 얻음이 없으니 이를 아뇩다라삼먁삼보리라 이름하느니라.

제23분 깨끗한 마음으로 선을 행함(淨心行善分)

다시 또 수보리야, 이 법이 평등하여 높고 낮음이 없으니 이 이름이 아뇩다라삼먁삼보리니라.

아도 없고 인도 없고 중생도 없고 수자도 없이 일체 선법(善法)을 닦으면 곧 아뇩다라삼먁삼보리를 얻느니라.

수보리야, 말한 바 선법이라고 하는 것은 여래가 곧 선법 아님을 말하는 것이니 그 이름이 선법이니라.

제24분 복과 지혜는 비교하지 못함(福智無比分)

수보리야, 만약 삼천대천세계 가운데 있는 바 모든 수미산왕만한 칠보 무더기를 가지고 어떤 사람이 보시에 쓰더라도 만약 또 사람이 있어 이 반야바라밀경이나 내지 사구게 등을 받아 지니고 읽고 외우며 다른 사람을 위하여 말해 주면 앞의 복덕으로는 백분의 일도 미치지 못하며 백천만억분의 일도 되지 못하며 내지 숫자가 있는 대로 비교하고 비유할지라도 능히 미치지 못하느니라.

제25분 교화하여도 교화함이 없음(化無所化分)

수보리야, 어떻게 생각하느냐? 너희들은 여래가 이런 생각을 하되 '내가 마땅히 중생을 제도한다' 한다고 이르지 말라.

수보리야, 이런 생각 하지 말지니라.

어쩌한 까닭이랴? 실로는 여래가 제도할 중생이 없나니 만약 중생이 있어 여래가 제도할진댄 여래는 곧 아와 인과 중생과 수자가 있음이니라.

수보리야, 여래가 아(我)가 있다고 말하는 것은 곧 아가 있음이 아니거늘 범부인 사람들이 이를 아가 있다고 하느니라. 수보리야, 범부라는 것도 여래는 곧 범부가 아님을 말하는 것이니 그 이름이 범부니라."

제26분 법신은 상이 아님(法身非相分)

수보리야, 어떻게 생각하느냐? 가히 32상으로써 여래를 볼 수 있겠느냐?"

수보리가 말씀드렸다.

"그러하오이다. 32상으로써 여래를 보겠사옵니다."

부처님께서 말씀하셨다.

"수보리야, 만약 32상으로써 여래를 볼진대 전륜성왕(轉輪聖王)도 곧 여래이리라."

수보리가 부처님께 말씀드렸다.

"세존이시여, 제가 부처님께서 말씀하신 바 뜻을 이해하옴 같아서는 응당 32상으로써 여래를 볼 수 없사옵니다."

저 때에 세존께서 게송으로 말씀하셨다.

"만약 형상으로 나를 보려거나

음성으로 나를 찾는다면

이 사람은 사도(邪道)를 행함이라.

여래를 능히 보지 못하리라."

제27분 단멸이 아님(無斷無滅分)

"수보리야, 네가 만약 생각하기를 '여래는 구족한 상을 쓰지 아니하는 연고로 아뇩다라삼먁삼보리를 얻었다' 한다면 수보리야, 이런 생각 하지 말지니라. '여래는 구족한 상을 쓰지 않는 연고로 아뇩다라삼먁삼보리를 얻었다' 고.

수보리야, 네가 만약 생각하기를 '아뇩다라삼먁삼보리심을 발한 자는 모든 법의 단멸을 말함이라' 한다면 이런 생각 하지 말지니 어찌한 까닭이냐? 아뇩다라삼먁삼보리심을 발한 자는 법에 있어 단멸상을 말하지 않느니라.

제28분 받지도 않고 탐내지도 아니함(不受不貪分)

수보리야, 만약 보살이 항하의 모래 수와 같은 세계에 가득 찬 칠보를 가지고 보시에 썼더라도 만약 다시 사람이 있어 일체 법이 아(我)가 없음을 알아 인(忍)을 얻어 이루면 이 보살이 앞의 보살이 얻는 공덕보다 나으리라.

어찌한 까닭이냐? 수보리야, 모든 보살들이 복덕을 받지 않는 연고니라."

수보리가 부처님께 말씀드렸다.

"세존이시여, 어찌하여 보살이 복덕을 받지 않사옵니까?"

"수보리야, 보살은 지은 바 복덕을 응당 탐착하지 아니하나니 이 까닭에 복덕을 받지 않는다 말하느니라.

제29분 위의가 적정함(威儀寂靜分)

수보리야, 만약 어떤 사람이 말하기를 '여래가 혹 온다거나 혹 간다거나 혹 앉는다거나 혹 눕는다'고 한다면 이 사람은 내가 설한 바 뜻을 알지 못함이니라.

어찌한 까닭이냐? 여래는 어디로조차 오는 바도 없으며 또한 가는 바도 없으므로 여래라 이름하느니라.

제30분 하나에 합한 이치의 모양(一合理相分)

수보리야, 만약 선남자 선여인이 있어 삼천대천세계를 부수어 가는 먼지를 만들었다 하면 네 생각은 어떠하냐. 이 가는 먼지가 얼마나 많다 하겠느냐?"

"심히 많사옵니다. 세존이시여, 어찌한 까닭인가 하오면, 만약 이 가는 먼지가 실로 있는 것일진대 부처님께서 곧 저 가는 먼지라 말씀하시지 않았으리이다. 까닭이 무엇인가 하오면, 부처님께서 말씀하시는 가는 먼지가, 곧 가는 먼지가 아니오며 그 이름이 가는 먼지이옵니다.

세존이시여, 여래께서 말씀하신 바 삼천대천세계도 곧 세계가 아니옵고 그 이름이 세계이옵니다.

왜냐하오면 만약 세계가 실로 있는 것일진대 곧 이것은 하나로 뭉친 모양이오니 여래께서 말씀하시는 하나로 뭉친 모양도 곧 하나로 뭉친 모양이 아니옵고 그 이름이 하나로 뭉친 모양이옵니다."

"수보리야, 하나로 뭉친 모양이라 하는 것은 이것이 말할 수 없는 것이어늘 다만 범부인 사람들이 그것에 탐착하느니라.

제31분 지견을 내지 아니함(知見不生分)

수보리야, 만약 어떤 사람이 말하기를 '여래가 아견(我見)과 인견(人見)과 중생견(衆生見)과 수자견(壽者見)을 말하였다' 하면 수보리야, 어떻게 생각하느냐. 이 사람이 내가 말한 바 뜻을 아는 것이냐?"

"아니옵니다. 세존이시여, 이 사람은 여래의 설하신 바 뜻을 알지 못함이옵니다.

어찌한 까닭인가 하오면 세존께서 말씀하신 아견과 인견과 중생견과 수자견은 곧 아견·인견·중생견·수자견이 아니옵고 그 이름이 아견 인견·중생견·수자견이옵니다."

"수보리야, 아뇩다라삼먁삼보리심을 발한 자는 일체 법에 응당 이와 같이 알며 이와 같이 보며 이와 같이 믿고 이해하여, 법상(法相)을 내지 말지니라.

수보리야, 말한 바 법상이라는 것도 여래가 곧 법상이 아니요, 그 이름이 법상임을 말하느니라.

제32분 응화는 참이 아님(應化非眞分)

수보리야, 만약 어떤 사람이 무량아승지 세계에 가득 찬 칠보를 가지고 보시에 썼더라도 만약 보살심을 발한 선남자 선여인이 있어 이 경을 지니며, 내지 사구게 등이라도 받아 지니고 읽고 외우며 다른 사람을 위하여 풀어 말하면 그 복이 저보다 나으리라.

어떻게 사람을 위하여 풀어 말할까? 상(相)을 취하지 아니하여 여여(如如)하여 동하지 않느니라.

어찌한 까닭이랴? 일체 함이 있는 모든 법은 꿈이며 환(幻)이며 물거품이며 그림자 같으며, 이슬과 같고 또한 번개와도 같으니 응당 이와 같이 관(觀)할지니라."

부처님께서 이 경을 설하여 마치시니 장로 수보리와 모든 비구 비구니와 우바새 우바이와 일체 세간의 천상과 인간과 아수라 등이 부처님의 말씀하심을 듣고 모두 크게 환희하여 믿고 받아 받들어 행하니라.

9. 의상 조사 법성게
義湘 祖師 法性偈

법의성품	원융하여	두 모양이	본래없고
모든법이	동함없어	본래부터	고요해라
이름없고	형상없고	온갖것이	끊였으니
참지혜로	알 일일뿐	다른경계	아니로다
참된성품	심히깊어	지극히	미묘하니
자기성품	지키잖고	인연따라	이루더라
하나중에	일체있고	일체중에	하나있어
하나가	곧 일체요	일체가	곧 하나라
한 티끌	그 가운데	시방세계	머금었고
일체의	티끌속도	또한다시	그러해라
한이 없이	머나먼	무량겁이	일념이요
일념이	한이 없는	머나먼	겁이어라
구세도	십세도	서로서로	즉했으니
그므로	잡란없이	따로따로	이루어라

法性圓融無二相
諸法不動本來寂
無名無相絶一切
證智所知非餘境
眞性甚深極微妙
不守自性隨緣成
一中一切多中一
一卽一切多卽一
一微塵中含十方
一切塵中亦如是
無量遠劫卽一念
一念卽是無量劫
九世十世互相卽
仍不雜亂隔別成

처음발심 하온 때가 정각을 이룬 때요
생과 사와 큰 열반이 항상 서로 함께했고
이와 사가 아득하여 분별할길 없는것이
열 부처님 보현보살 큰 사람의 경계러라
해인삼매 그 속에 온갖것을 갈무리고
불가사의 무진법문 마음대로 드러내며
온갖보배 비내리어 일체중생 이익하니
중생들이 그릇따라 온갖이익 얻음이라
이 까닭에 불자들은 본제에 돌아가서
망상을 쉬지않곤 얻을것이 바이없네
인연없는 방편지어 마음대로 잡아쓰니
본집에 돌아가서 분수따라 양식얻네
이다라니 무진법문 끝이없는 보배로서
온 법계를 장엄하여 보배궁전 이루고서
영원토록 참된 법의 중도 상에 편히앉아
억만겁에 부동함을 불이라 이르니라.

初發心時便正覺
生死涅槃常共和
理事冥然無分別
十佛普賢大人境
能仁海印三昧中
繁出如意不思議
雨寶益生滿虛空
衆生隨器得利益
是故行者還本際
叵息妄想必不得
無緣善巧捉如意
歸家隨分得資糧
以陀羅尼無盡寶
莊嚴法界實寶殿
窮坐實際中道床
舊來不動名爲佛

10. 무상계
無常戒

○○○영가

내 이제	영가와	인연이깊어
무상계	묘법문을	다시주리니
일심으로	마음비워	받을지로다

무상계는	열반얻는	긴한 문이며
고통바다	건네는	든든한배라
부처님도	이 계로써	열반드셨고
중생들도	고통바다	건네느니라
그대 이제	몸과마음	놓아버리고
신령한	심식이	말끔히밝아
위 없는	청정계를	이제받으니
이런 다행	또다시	어디있으랴
금일영가	지성으로	살필지어다

夫 無常戒者 入涅槃之要門 越苦海之慈航 是故 一切諸佛 因此戒故 而入涅槃 一切衆生 因此戒故 而度苦海 某靈汝今日 迥脫根塵 靈識獨露 受佛無上淨戒 何幸如也 某靈

겁의 불길　활활활　불타오르고
대천세계　모두가　무너진다면
수미산도　쓰러지고　바다도말라
자취조차　없거늘　어찌하물며
그대 몸이　나고늙고　죽는일이며
근심하고　슬퍼하고　아파하거나
그대 뜻에　맞거나　어기는일들
이 같은　온갖것이　어찌있으랴
영가여　다시깊이　살필지어다
뼈와살과　빛깔은　흙으로가고
피와침과　물기는　물로다가고
따뜻한　몸기운은　불로다가며
움직이는　힘이란　바람으로가
사대가　제각기　흩어졌으니
영가몸이　어디메에　있다할손가
사대로　이루어진　그대의몸은
실로는　거짓이요　허망함이니
애석하게　여길 바　못되느니라
그대는　옛적부터　오늘날까지

劫火洞燃　大千俱壞
須彌巨海　磨滅無餘
何況此身　生老病死
憂悲苦惱　能與遠違
某靈　髮毛爪齒　皮
肉筋骨　髓腦垢色
皆歸於地　唾涕膿血
津液涎沫　痰淚精氣
大小便利　皆歸於水
煖氣歸火　動轉歸風
四大各離　今日亡身
當在何處　某靈　四
大虛假　非可愛惜
汝從無始已來　至于
今日

무명으로	인하여	행이있었고 行	無明緣行
행을	인연하여	식이있었고 識	行緣識 識緣名色
식을	인연하여	명색이있고 名色	名色緣六入 六入緣觸
명색을	인연하여	육입있으며 六入	觸緣受 受緣愛
육입을	인연하여	촉이있었고 觸	愛緣取 取緣有
촉을	인연하여	수가있으며 受	有緣生 生緣老死憂悲苦惱
수를	인연하여	애가있었고 愛	無明 滅則 行滅 行滅則 識滅
애를	인연하여	취가있으며 取	
취를	인연하여	유가있었고 有	
유를	인연하여	생이있으며 生	
생을	인연하여	늙고병들고	
근심슬픔	죽음이	있게되니라	
그렇다면	이 도리를	돌이켜볼때	
무명이	멸한즉	행이멸하고	

행이	멸한즉	식이멸하며	行滅則 識滅
식이	멸한즉	명색멸하고	識滅則 名色滅
명색	멸한즉	육입멸하며	名色滅則 六入滅
육입이	멸한즉	촉이멸하고	六入滅則 觸滅
촉이	멸한즉	수가멸하며	觸滅則 受滅
수가	멸한즉	애가멸하고	受滅則 愛滅
애가	멸한즉	취가멸하며	愛滅則 取滅
취가	멸한즉	유가멸하고	取滅則 有滅
유가	멸한즉	생이멸하며	有滅則 生滅
생이	멸한즉	근심슬픔과	生滅則 老死憂悲苦
늙음이나	죽음이	없게되니라	惱滅

모든법은	본래로	좇아오면서	諸法從本來
어느때나	스스로	적멸상이니	常自寂滅相
불자가	진실한길	모두행하면	佛子行道已
오는세상	기어이	성불하리라	來世得作佛

이 세상	모든것은	무상하나니	諸行無常
그 모두는	생멸하는	현상이로다	是生滅法
생하고	멸함이	다해마치면	生滅滅已
적멸의	즐거움이	드러나느니	寂滅爲樂

위 없는	부처님께	귀의하오리	歸依佛陀戒
위 없는	가르침에	귀의하오리	歸依達磨戒
거룩한	스님들께	귀의하오리	歸依僧伽戒

나무 과거보승여래 응공 정변지 명행족
선서 세간해 무상사 조어장부
천인사 불 세존
○○○영가

南無過去寶勝如來
應供 正遍知
明行足善逝
世間解 無上士
調御丈夫 天人師
佛世尊
某靈

오온의	빈주머니	시원히벗고	脫却五陰殼漏子
신령한	심식이	홀로드러나	靈識獨露 受佛無上淨戒
위 없는	청정계를	받아지니니	豈不快哉 豈不快哉
이 어찌	유쾌하지	아니하리오	天堂佛刹 隨念往生
천당이나	불국토를	뜻대로가니	快活快活
이 어찌	쾌활하고	기쁘잖으리	

달마조사	전하신법	분명도해라	西來祖意最堂堂
이 마음	밝혀보니	성품빛나라	自淨其心性本鄉
묘체가	맑고맑아	처소없으니	妙體湛然無處所
산과물과	온천지	진리나퉈라.	山河大地現眞光

제4편

축원편(祝願篇)

1. 평상 축원문

 넓고 넓은 깨달음의 바다의 위 없는 부처님이시여, 광명이 고요히 비추어 온 허공을 삼키고, 인연따라 곳곳마다 한량없는 몸을 나투시어 중생들의 근기따라 생각 생각 무진 법문을 연설하시며, 문수·보현 모든 보살들은 자비와 희사 한량없고 크옵신 원력으로 모든 중생제도 하심을 우러러 찬탄하옵니다. 저희들은 만나기 어려운 법을 천행으로 만났습니다.
 이제 발심하여 부처님 전에 귀의하고 가르침 배워 중생제도 하기를 맹세하오니 삼보님께서 증명하옵소서.
 저희들이 삼보님의 가피하여 주시는 위신력에 힘입어 근본 무명과 모든 장애를 영영 끊고, 몸과 말과 뜻으로 지은 모든 허물을 소멸하여 삼계의 고뇌를 다시는 받지 않아지이다.
 저희들의 몸은 금강과 같이 견고하여 사백 사병 나지 않고, 육근이 구족하고 정신이 청정하여 팔만번뇌가 모두 다 사라지고 세상 인간 모든 재난에서 해탈하오며 부사의 무변 색상을 원만히 성취하여 법계 중생을 남김없이 제도하고 모두 다 무상정각을 성취코자 하오니 대자대비 세존이시여, 호념하여 주옵소서.
 나무 석가모니불 나무 석가모니불 나무 시아본사 석가모니불.

2. 반야보살 행원기도문

위 없는 진리로서 영원하시고 법성광명으로 자재하옵신 본사세존이시여, 저희들의 지성 섭수하시고, 자비 거울로 간곡히 살펴 주옵소서.

대자대비 세존께서는 온 중생 하나 하나 잠시도 버리지 않으시고 영원한 진리광명으로 성숙시키시건만, 미혹한 범부들이 크신 광명 등지고 스스로 미혹의 구름을 지어 끝없는 방황을 계속하여 왔사옵니다. 장애와 고난과 죽음이 따랐고, 불행과 눈물과 죄악의 업도를 이루었사옵니다. 그러하오나 부처님의 지극하신 자비 위신력은 저희들을 살피시고 감싸시어 저희들에게 믿음의 눈을 열게 하셨사옵니다.

저희들의 본성이 어둠과 죄악이 아니고 광명과 지혜이오며, 불안과 장애가 아니고 행복과 자재이오며, 무능과 부덕이 아니라 일체 성취의 원만공덕이 충만함을 깨닫게 하셨사옵니다. 저희 생명에서 부처님의 자비로운 위신력이 샘물처럼 솟아나고, 부처님의 크신 자비와 큰 서원은 생명의 소망으로 빛나고 있음을 깨달았습니다.

저희들의 용기는 무장애 신력으로 장엄하였고, 부처님의

자비하신 가호력이 영원히 함께 함을 깨달았습니다.

부처님의 크나큰 원력이 저희들과 저희 국토를 성숙시키시니 저희 국토는 영원히 진리를 실현하고 영광으로 가득 채울 축복될 땅임을 깨달았습니다. 이처럼 커다란 은혜와 찬란한 광명으로 장엄한 저희들에게 어찌 실로 불행과 고난이 있사오리까.

영원히 행복하고 뜻하는 바는 모두 이루며, 행운과 성공이 끝없이 너울치는 은혜의 평원이 열리고 있사옵니다. 마하반야바라밀의 크신 위덕이 이와 같이 일체 중생, 일체 국토를 광명으로 성숙시키고, 일체 생명 위에 무애 위덕을 갖추어 주셨사옵니다. 이와 같은 부처님의 대자비 은덕으로, 저희들의 생각은 항상 맑고 뜻은 바르며, 마음은 끝없이 밝은 슬기로 가득 차 있사옵니다. 그러므로 저희들이 부처님의 반야법문을 깨닫고 이 믿음에 머무르니 끝없는 행복의 나날이 열려옵니다. 불행은 이름을 감추고, 희망의 햇살은 나날이 밝음을 더하고, 성공의 나무에는 은혜의 과실이 풍성하고, 저희들의 생애는 끝없는 성취를 충만케 하십니다.

대자비 세존이시여, 이제 저희들은 부처님의 끝없는 은혜 광명 속에서 지성으로 감사드리고 환희 용약하오면서 서원을 드리옵니다. 저희들은 반야 법문에서 결코 물러서지 않겠습니다. 생명의 바닥에 영원히 빛나는 부처님의 끝없는 은혜를 잠시도 잊지 않겠습니다. 온 누리 온 중생 위에 끊임없이 넘치는 부처님의 자비 은덕을 끝없이 존경하고 찬탄하겠습니다. 부처님을 위시한 일체 삼보님과 일체 중생에게 온갖 정성 바쳐 공양하고, 섬기고 받들겠습니다. 그리하여 영원토록 모든 국토 모든 중생에게 평화, 행복이 결실되도록 힘쓰겠습니다.

자비하신 세존이시여, 저희들의 이 서원이 이루어지도록 가호하여 주옵소서. 모든 번뇌에서 해탈하고 고난에서 벗어나며, 대립과 장애와 온갖 한계의 벽을 무너뜨리고, 걸림없는 반야광명이 드러나게 하여 주옵소서. 미혹의 구름이 덮여 올 때 믿음의 큰 바람이 일게 하시며, 고난과 장애를 보게 될 때 바라밀 무장애의 위덕이 빛나게 하여 주옵소서. 그리하여 저희들의 생애가 보살의 생애로서, 일체 중생과 역사와 국토를 빛냄으로써 마침내 부처님의 크신 은덕을 갚아지이다.

나무 석가모니불 나무 석가모니불
나무 시아본사 석가모니불.

3. 이산 혜연 선사 발원문

시방삼세　부처님과　팔만사천　큰법보와
보살성문　스님네께　지성귀의　하옵나니
자비하신　원력으로　굽어살펴　주옵소서

저희들이
참된성품　등지옵고　무명속에　뛰어들어
나고죽는　물결따라　빛과소리　물이들고
심술궂고　욕심내어　온갖번뇌　쌓았으며
보고듣고　맛봄으로　한량없는　죄를지어
잘못된길　갈팡질팡　생사고해　헤매면서
나와남을　집착하고　그른길만　찾아다녀
여러생에　지은업장　크고작은　많은허물
삼보전에　원력빌어　일심참회　하옵나니
바라옵건대
부처님이　이끄시고　보살님네　살피옵서
고통바다　헤어나서　열반언덕　가사이다
이세상에　명과복은　길이길이　창성하고

오는세상 불법지혜 무럭무럭 자라나서
날적마다 좋은국토 밝은스승 만나오며
바른신심 굳게세워 아이로서 출가하여
귀와눈이 총명하고 말과뜻이 진실하며
세상일에 물안들고 청정범행 닦고닦아
서리같이 엄한계율 털끝인들 범하리까
점잖은 거동으로 모든생명 사랑하여
이내목숨 버리어도 지성으로 보호하리
삼재팔난 만나잖고 불법인연 구족하며
반야지혜 드러나고 보살마음 견고하여
제불정법 잘배워서 대승진리 깨달은뒤
육바라밀 행을닦아 아승지겁 뛰어넘고
곳곳마다 설법으로 천겁만겁 의심끊고
마군중을 항복받고 삼보를 뵙사올제
시방제불 섬기는일 잠깐인들 쉬오리까
온갖법문 다배워서 모두통달 하옵거든
복과지혜 함께늘어 무량중생 제도하며
여섯가지 신통얻고 무생법인 이룬뒤에
관음보살 대자비로 시방법계 다니면서

보현보살　행원으로　많은중생　건지올제
여러가지　몸을나눠　미묘법문　연설하고
지옥아귀　나쁜곳엔　광명놓고　신통보여
내모양을　보는이나　내이름을　듣는이는
보리마음　모두내어　윤회고를　벗어나되
화탕지옥　끓는물은　감로수로　변해지고
검수도산　날쌘칼날　연꽃으로　화하여서
고통받던　저중생들　극락세계　왕생하며
나는새와　기는짐승　원수맺고　빚진이들
갖은고통　벗어나서　좋은복락　누려지다
모진질병　돌적에는　약풀되어　치료하고
흉년드는　세상에는　쌀이되어　구제하되
여러중생　이익한일　한가진들　빼오리까
천겁만겁　내려오던　원수거나　친한이나
이 세상　권속들도　누구누구　할것없이
얽히었던　애정끊고　삼계고해　뛰어나서
시방세계　중생들이　모두성불　하사이다
허공끝이　있사온들　이내소원　다하리까
유정들도　무정들도　일체종지　이뤄지이다

나무 석가모니불 나무 석가모니불 나무 시아본사 석가모니불.

4. 법등가족 모임 발원문

대자대비 부처님의 무애위신력이 찬란한 광명으로 저희들 한 사람 한 사람과 온 누리를 감싸고 있는 이 순간에 저희들 바라밀 형제들은 일심 정성 기울여 삼보님전에 계수례하옵니다.

저희들은 오늘날 불보살님의 자비하신 위신력을 입사와 가내가 화목하고 아손들이 충실하오며 직장과 사업이 번창하고 온 겨레가 조국의 평화 번영을 위하여 충성을 다하고 있사옵니다.

그리고 오늘 ◯◯구 법회 ◯◯법등 가족들이 함께 모여 전법수행과 불자 행지를 연마하기 위하여 법등가족 특별모임을 갖게 되옵니다.

대자대비 부처님이시여, 거듭 무애 대자대비 광명으로 저희들을 가호하여 주시옵소서.

저희들의 오늘의 모임이 부처님의 크신 뜻을 더욱 바르게, 참되게 받들게 되오며 저희들을 이끌어 주시는 스님들의 분부를 더욱 착실히 받들게 되어지이다.

전법오서의 신념은 나날이 견고하고 빛나는 지혜와 따사

로운 자비심은 더욱 자라나지오며 바라밀의 청정한 복덕의 위력이 넘쳐나 저희들의 가정과 사업과 나라의 안녕과 번영이 나날이 성숙되어지이다.

자비하신 부처님이시여, 오늘의 이 가족모임 진행 중에 일일이 대자비의 가피를 더해 주시사 저희 가족과 이웃에게 법을 전하고 행복을 심어주고 법의 광명을 밝히는 저희들의 발원에 더욱 큰 지혜와 힘이 열려지이다.

대자대비 부처님이시여, 오늘 저희들의 이 발원이 지극히 너그러우신 부처님의 대비원력에 섭수하시는 바 되어 이미 그 안에 있음을 믿사오며 감사 드리옵니다.

아울러 바라옴은 오늘 이 성스러운 모임을 갖도록 주선하여 주신 ○○○님 댁에 부처님의 특별하신 자비 위신력이 부어지시사 가내 길상하고 가업이 흥성하며 일체 장애 소멸하여 청정원이 원만히 성취하여지이다.

나무 석가모니불

나무 석가모니불

나무 시아본사 석가모니불.

5. 전법 발원문

 일체 진리의 근원이신 부처님, 지극한 지혜이시며 자비이시며 한량없는 은혜이신 부처님, 일체 국토, 일체 중생의 근원에 머무시사 일체 중생을 진리의 성숙으로 인도하옵시는 부처님, 저희들에게 각별하신 위덕 내려주시사 마하반야바라밀의 크신 법문을 일깨워 주심을 감사하옵니다.

 저희들은 크옵신 법문에서 스스로의 생명을 새로이 하였사옵니다. 저희 생명이 뿌리하고 있는 터전과 생명이 나아가는 목표에 대하여 믿음의 눈을 열게 되었음을 거듭 감사드리옵니다.

 저희들은 부처님 크신 법문 아래에서 저희들과 가족과 겨레와 나라를 가꾸고 받들고 발전시키는 큰 사명에 눈떴사오며 부처님의 크신 부촉이 저희들 모두에게 지극하신 은혜로 내리고 있음을 깨달았습니다.

 대자대비 본사 세존이시여! 저희들은 지난 동안 전법보은의 서원을 세워 큰 정진을 일으켜 개인수행과 법회활동을 통하여 적지 않은 성과를 거두었습니다. 저희들은 이 은혜가 저희들로 하여금 이 땅, 이 겨레 모든 중생에게 부처님의 크신 은혜를 깨닫게 하고, 진리에 의한 평화 번영과 창조를 이룩하게 하시는 거룩한 의지의 표현임을 깊이 믿사옵니다.

그리하여 저희들이 정성 바쳐 전법의 원을 세워 행하는 곳에는 언제나 부처님의 무애 위신력이 함께 하심을 굳게 믿사옵니다. 저희들은 이제 서원을 새로이 하여 부처님 광명을 받들어 봉사 전법에 더욱 헌신할 것을 맹세하옵니다.

부처님께서는 저희들에게 성장하는 조국에 있어 진리의 바탕을 담당케 하시고, 발전하는 역사를 진리에 의한 참된 성장을 확보케 하시는 거룩한 사명을 주셨사옵니다.

저희 조국의 참된 번영을 이루고 세계와 인류의 참인간을 위한 평화의 길을 닦는 것이 저희에게 주어진 거룩한 사명임을 자각하옵니다.

대자대비 본사 세존이시여, 저희들에게 법성의 지혜를 더욱 밝혀 주시옵고 진여의 위덕이 넘치게 하여 주옵소서.

거룩한 진리에 의하여 저희 겨레와 조국을 빛내고 인류역사를 밝혀가는 보살의 업을 담당케 하여 주옵소서.

저희들은 보현행원을 받들어 온 이웃을 수순하고 저들이 고난과 어둠을 당하였을 때 몸 바쳐 돕겠습니다. 온 가족과 온 이웃과 온 겨레의 가슴에 바라밀의 등불이 빛나도록 힘쓰겠사오며, 저희들이 목표한 바 전법과업을 기어이 달성하겠습니다. 법등 형제가 상호 심방하여 형제의 우의와 협동의 힘을 드높이겠습니다. 그리하여 온 형제와 겨레를 부처님 광명으로 빛나게 하고 영광된 조국의 역사를 이루게 하겠습니다.

대자대비 부처님이시여, 거듭 바라옵건대 저희들의 이 발원을 섭수하여 주시옵고 저희들 한 사람 한 사람에게 크옵신 은덕 부어주옵소서. 저희들이 뜻하는 바는 부처님의 대비원력과 함께 하게 하시고 저희들이 행하는 곳에 부처님의 지혜와 위덕이 함께 하시며, 저희들이 대하는 모든 사람, 모든 일에 부처님의 자비로운 위신력이 넘쳐지이다.

그리하여 저희들의 봉사, 헌신, 전법의 정진이 원만 성취되어, 부처님의 크옵신 은덕을 갚아지이다. 저희들의 이 발원이 대자대비 부처님의 크신 원력속에 원만 섭수되옴을 믿사오며, 거듭 계수하오며, 서원을 굳게 하옵니다.

나무 석가모니불

나무 석가모니불

나무 시아본사 석가모니불.

6. 호법발원문

　위 없는 진리로서 영원하시고 법성광명으로 자재하옵신 부처님 정법 호지를 발원한 ○○○불자는(은) 부처님의 지극하신 가호력에 힘입어 일심으로 발원하옵니다.
　바라옵건대 자비광명 비추시어 살펴주옵소서.
　저희들을 대자대비 무애위신력으로 가호하시사, 마하반야바라밀의 큰 법을 배우게 하시며, 저희 가족 모두를 대성취의 길로 이끌어 주심을 감사드리옵니다.
　이제 저희들은 가족과 함께 정법호지와 불토성취의 기초가 되고자 정법호지를 발원하오니 대자비로 섭수하여 주옵시고 크신 위신력으로 가호하여 주소서.
　저희들의 서원력은 문수·보현과 같게 하시고, 정진력은 지장과 같게 하사, 만나는 사람마다 무상법을 전하옵고 겨레와 인류역사 위에 정법광명이 빛나게 하여 주옵소서. 그리하여 저희 조국은 평화통일 이루옵고, 겨레와 인류가 지닌 뜻 조화있게 피워내어 일체 중생이 빠짐없이 보리심을 내어지이다.
　아울러 바라옴은 저희들과 가족과 일체 중생의 가슴속에

부처님의 청정위덕이 햇살처럼 솟아나 지혜와 복덕을 두루 갖추며 나날이 상서 일어나고, 모든 재난 소멸하여 진실불자의 대원을 원만히 이루게 하여 주옵소서.

저희들 이제 이 땅에 감로법을 널리 펴 부처님 정법이 영원히 머물며 겨레와 국토를 법성광명으로 빛낼 것을 굳게 서원하오며 거듭 자비하신 삼보전에 계수하옵니다.

나무 석가모니불

나무 석가모니불

나무 시아본사 석가모니불.

7. 가내길상 발원문

　우러러 살피옵건대, 부처님께서는 무량 대자비 광명으로 온 누리 중생들을 감싸시고 성숙시켜 주시며, 오늘 ○○○ 불자와 그 가족에게 특별하신 위덕을 부어 주심을 감사드립니다.

　금일 불자가 지난 동안에 지은 바, 온갖 허물을 지심 참회하옵고, 보리심을 발하여 온 누리 온 중생 모두 다 안락하고, 무상보리 이루기를 간절히 발원하옵니다.

　바라옵건대, 불자가 보살도를 닦는 가운데 어느 곳, 어느 때에나 부처님의 자비 위신력이 함께 하여 주옵소서.

　심신은 강건하고, 가내가 화평하며, 자손은 창성하고, 학업은 증장하며, 사업이 순창하고, 나라와 겨레 위해 뜻하는 일 크게 이루어지이다.

　가슴 속에 마하반야바라밀 대광명이 항상 빛나서 향하는 길마다 막힘이 없고, 행하는 일마다 순조로우며, 만나는 사람마다 착한 뜻 함께하여, 머물고 행하는 곳에 상서의 구름 이어지며, 무장애 일체 성취 항상 따라지이다. 널리 모든 사람의 참빛이 되고 정법으로 인도하고 광명국토 이룩하여 부처님의 크신 은혜 갚아지이다.

　불자의 선망부모 크신 광명 입고서 모두 다 극락세계에 왕생하옵고, 다시 이 땅 중생 제도하는 거룩한 빛이 되어지이다. 불자가 행하는 일마다 천룡팔부 옹호성중이 함께 하시며, 일문 권속 또한 일체 장애 소멸하여 보살의 큰 서원을 하루 속히 원만 성취하고 위 없는 크신 은혜 갚아지이다.

　나무 석가모니불
　나무 석가모니불
　나무 시아본사 석가모니불.

8. 개업 · 사업 번창 발원문

시방삼세에 영원하사 온 국토 온 중생을 보리도로 성숙시키시는 대자비 세존이시여, 오늘 저희들의 일심 기원을 자비로써 섭수하여 주옵소서.

○○○불자는 금차에 새로 사업을 확장 개설하였사옵니다. 오늘에 이르는 동안 불보살님의 지극하신 은덕에 감사드리옵니다.

바라옵건대, 불자가 나날이 봉사와 정진을 다하여, 사회의 수요를 보다 참되게 충족시켜 문화 향상에 기여하며, 보다 우수한 수요 기여를 개발하고, 온 겨레와 인류에게 향상된 기쁨과 편의를 공여할 수 있도록 인도하여 주옵소서.

사회와 세계에의 질 높은 봉사 헌신과 문화창조에의 기여는 나라와 인류에 보다 높은 기여로 축적되고, 그 성과는 보살도를 이루고 불국토를 가꾸는 거룩한 공덕으로 회향케 하여 주옵소서.

다시 간절히 기원하옵건대, 금일 이후 불자의 믿음은 더욱 청정하고 심신은 강건하며 가내화평하고 복해왕양하여 뜻하는 일마다 부처님의 가호가 항상 함께 하여지이다.

온 이웃 온 형제 함께 찬탄하고, 나아가 겨레와 인류 위한 큰 뜻을 이루며, 향하는 길마다 상서가 일고 만나는 사람마다 보리심 내어 모든 중생 모두 함께 무상도 이루어지이다.

나무 석가모니불

나무 석가모니불

나무 시아본사 석가모니불.

9. 문병 · 쾌차 발원문

대자대비 부처님,

지혜의 태양으로 온 누리 빛내시고 자비의 은혜로 온 이웃과 저희들을 감싸주심을 감사드리옵니다.

저희 불자들은 부처님의 자비하신 위신력을 입사옵고 일심정성 정진하오며 간절한 기원을 드리옵니다.

금일 ○○○ 불자가 병고로 신음하고 있사옵니다.

저희들은 불자가 지난 동안에 반야바라밀의 진리광명을 등지고, 미혹에 휘말려 어둠을 지은 결과 임을 깨달았사옵고 이제 깊이 참회하옵니다. 부처님 가르침 배우지 못하고 어둠의 길 방황했던 지난 날을 참회하오며, 부처님법 만난 후에도 바른 믿음 갖지 못하옵고 삼독에 휘둘린 생활을 지심 참회하옵니다.

대자대비 광명이시여, 저희들의 참회를 섭수하여 주시옵고 불자가 지은 바 일체 어둠을 밝게 비추어 깨뜨려 주옵소서.

부처님은 원래로 법성광명이시옵기에 지혜와 자비와 위덕의 근원이시옵니다. 부처님의 자비하신 광명은 크나큰 위력으로 저희들 모두를 감싸시고, 일체 중생 본성속에 법성위덕을 충만케 해주셨사옵니다.

오늘의 불자에게는 각별하신 자비의 은덕으로 무애위신력을 베풀어 주셨음을 깊이 믿사옵니다. 살피옵건대, 오늘의 불자의 병고는 지난 날 지은 바 어둠의 그림자이므로 그것은 실이 아니며 나타남으로써 사라져 가는 과정임을 믿사옵니다.

실로 불자에게는 오직 여래광명만이 충만하옵니다.

건강과 활기가 바다처럼 넉넉하고 은혜의 물줄기는 파도처럼 너울치고 있음을 믿사옵니다.

대자대비 부처님,

오늘 불자로 하여금 이 반야실상의 믿음을 회복케 하여 주옵소서. 그리하여 영원히 건강하고, 생명이 왕성하며, 은혜로 충만함을 깨닫게 하시오며, 나아가 법성실상 청정공덕이 불자의 생활에 현전케 하여 주옵소서.

다시 엎드려 바라옵건대, 오늘 불자의 선망부모에게 대자비 위신력을 베풀어 주옵소서.

반야광명 드러나 지난 동안의 죄업을 소멸케 하여 주시오며, 본성광명이 명랑하게 드러나 미묘법문 깨달아서 무상도를 이루게 하여 주옵소서.

자비하신 부처님, 저희들의 이 발원이 부처님의 대자비 서원력 속에 원만히 성숙되며, 이 인연공덕으로 법계유정이 다함께 금강신을 이루어 무위국을 자재하여지이다.

  나무 석가모니불

  나무 석가모니불

  나무 시아본사 석가모니불.

10. 취임 · 승진 축원문

　우러러 생각하옵건대, 부처님께서는 정불국토에 머무시면서 온 중생 하나하나를 고루 거두시사 진여자성을 깨닫게 하시며, 저들의 온갖 차별세계에 무량공덕을 충만케 하시옵니다.

　미혹한 범부들이 지은 바를 따라 온갖 국토를 출몰하면서도, 어느 곳에서나 부처님의 원만하신 자비 공덕을 수용케 하시며, 깨닫게 하시니 저희들의 감사를 무엇으로 다 말하오리이까? 국토에는 무량복덕을 부여하시고, 중생 개개인에게는 창조의 권능을 부어주시사, 저희들로 하여금 이 땅에서 풍요하고 서로 돕고 발전하는 길을 열어 주셨사옵니다.

　그리하여 중생 누구나 바른 뜻을 내어 움직일 때 스스로는 진성의 활용이 되고 국토에는 번영을 가져오며 서로는 유대와 협동을 깊이 하게 하셨습니다.

　오늘 ○○○불자는 부처님의 크신 자비 섭수에 힘입어 새로운 직책에 취임하게 되었습니다. 이것이 어찌 불자를 성장시키고, 사회를 발전시키며 역사를 빛내고, 중생과 국토를 성장케 하시는 부처님의 크신 은덕이 아니오리까.

거듭 삼보전에 계수하오며 지극한 감사를 드리옵니다.

자비하신 세존이시여, 엎드려 바라옵나니 오늘의 불자에게 부처님의 무한자비와 직무의 공공성을 깨닫게 하시며, 불자가 높은 서원을 발하여 오늘의 직분을 원만히 수행하고, 나아가 직장과 사회와 국토 성장에 이바지하는 큰 공을 이루도록 인도하여 주옵소서.

만나는 사람마다 보살의 원과 행을 함께하고, 대하는 과업마다 걸림없는 창조의 공능을 드러내어, 저희들과 사회가 함께 성공을 경하하고 삼보님 공덕을 찬양토록 가호하여 주옵소서. 심신은 나날이 강건하고, 지혜와 위덕은 시시로 빛나며, 복덕과 행운이 길이 함께 하여지이다.

이로조차 불자의 직장이 크게 번창하고, 겨레와 시대에 큰 빛을 보태도록 성장하여 지이다.

이 인연공덕으로 법계 유정 모두가 보리심 내고 위 없는 깨달음을 원만히 이루어지이다.

나무 석가모니불

나무 석가모니불

나무 시아본사 석가모니불.

11. 구국 · 구세발원문

상래에	닦은바	모든공덕을
중생과	보리도에	회향하옵고
금일제자	일심정성	계수하오며
자비하신	부처님전	기원합니다.
바랍노니	대자대비	세존이시여
걸림없는	위신력을	베풀으시사
저희들의	간절한뜻	거둬주소서
저희들이	보리도를	닦는가운데
반야지혜	어느때나	빛나지이다.
다생동안	지은죄업	소멸하옵고
금생에	지은장난	맑혀지오며
심신은	청정하고	강건하오며
보살지혜	모든방편	갖춰지이다.
선지식들	함께모여	동지를삼고
무진장	복의물결	순환하오며
본지풍광	어느때나	현전하여서
법의수레	미묘법문	굴려지이다.

이미가신	부모님	보리이루고
살아계신	사친님	만복하오며
애혼들은	광명의길	얻어지이다.
중생과	세계구할	보배뗏목은
평등공심	자비를	빌어서가며
진리의	바른길을	열고저하면
보리공덕	살리는	법문뿐이라
바랍노니	세가지의	공만(公慢)을알아
온세상	살해업을	건네지이다.
영원토록	세계평화	이루려하면
무엇보다	조국부터	구해야하고
길이길이	세계인류	안락하려면
피를나눈	겨레부터	구해야하매
이와같이	나라와	겨레구하고
마침내	대천세계	한몸이루어
모든중생	혈구처럼	살아지이다.
거룩하온	구세대비	삼보이시여
문수보현	관음지장	대성이시여
저희들의	작은서원	어여삐보사

살피시고	도우시고	가피하시며
큰지혜로	한몸처럼	살펴주시사
위없는	살바야지	원만히이뤄
법계중생	모두함께	마하반야바라밀

나무석가모니불.

12. 생일 축원문

대자대비 세존이시여,

우러러 살피오니, 부처님께서는 정법계신으로서 온 누리를 감싸시고, 이 도량 모든 불자에게 크신 가호 주시옴을 저희들은 계수하옵고 지성으로 감사 드리오며, 오늘 ○○○ 불자의 탄일을 맞이하여 일심 기울여 기원을 드리옵니다.

대자비 부처님이시여, ○○○ 불자는 부처님의 크신 가호에 힘입어 지혜와 위덕 갖추고, 서원을 발하온 진실 불자이옵니다. 덕성과 복덕은 한이 없고 자비 또한 끝이 없사오며, 이 땅, 이 시대에 수승한 보살업을 이룰 숙명을 지녔사옵니다.

대자대비 세존이시여, 바라옵건대, 크신 위신력 베푸시어 불자가 지닌 바 큰 서원 이루도록 간곡하게 살피시어 은혜 내려 주옵소서.

심신은 금강과 더불어 강건하고 수명은 천지와 더불어 무궁하며, 지혜는 일월과 더불어 빛나옵고, 복덕은 바다와 더불어 넓어지이다.

불자가 보살 대도를 닦는 가운데 나날이 경사 일고 시시로 행운 맞아 뜻하는 일마다 모두 다 성취하여 겨레와 중생에게 큰 빛이 되어지이다.

일문 권속의 심신은 강건하고 길이길이 화락하며 복연이 무진하고 덕화 널리 떨치며, 부처님 법문에서 큰 서원 발하고 보살대도 성취하여 부처님의 크신 은덕 갚아지이다.

아울러 불자의 선망조상 영가들이 부처님의 광명받아 극락국에 왕생하여 미묘법문 깨달아서 모두 성불하여지이다.

나무 석가모니불

나무 석가모니불

나무 시아본사 석가모니불.

13. 부처님 오신 날 봉축 발원문

　상서광명은 햇살로 부어지고 자비의 구름은 온 국토를 감싸아 하늘과 땅이 환희와 상서로 충만한 이 아침, 여기 대한민국 ○○법회에 온 불자와 그 가족들이 경건히 합장하고 부처님 앞에 모였습니다. 그리고 일심 기울여 부처님 오신 날의 감격과 환희를 삼보 전에 드리오며 저희들의 지극한 서원을 담아 기원을 드립니다.

　부처님께서는 어두운 밤중에 태양의 횃불을 드시고 끝모를 어둠 덮인 중생의 황야에 오셨습니다.

　무량겁 전에 오시고 ○○○○년 전에도 오시고 다시 오늘 오시어 영원히 중생 곁에 머무시옵니다.

　미혹과 고난과 좌절에서 몸부림치는 고통받는 중생 곁에 오셨으며, 길 잃고 방황하며 다시 야망과 오만과 탐욕으로 대립 갈등 투쟁하는 혼란의 복판에 오셨습니다.

　중생생명의 신성과 청정자성의 무한공덕과 온 중생의 진실한 행복과 이 국토에 평화번영을 영원히 키우시고자 크나큰 광명으로 오늘 오셨습니다.

　오늘 이 아침에 저희들 ○○○불자와 이 국토 온 불자들은 부처님의 찬란하신 자비광명 앞에 뜨거운 감동으로 지극한 감사를 드립니다.

대자대비 석가모니 세존이시여!

부처님께서 친히 말씀하신 바와 같이 부처님은 성인 중에 다시 성인이시며, 하늘 가운데 다시 하늘이십니다.

일체 세간의 아버지이시며 이 삼계는 부처님의 국토입니다. 그리고 그 가운데 중생 모두가 부처님이 사랑하시는 자식이옵니다. 그리고 이들 중생은 부처님만이 능히 구호하십니다.

대자대비 세존이시여!

찬란한 은혜의 햇살이 폭포처럼 부어지는 이 아침 거듭 이 땅, 이 겨레 위에 가호를 드리우소서. 정법의 지혜와 위덕과 편안함을 주소서.

국토의 통일을 평화로 이루게 하시며 흔들리는 세계 속에 부동한 평화번영을 이룩하고 세계의 평화번영을 키워가는 영예로운 대한민국을 이루게 하옵소서.

외롭고 가난한 사람, 병들고 고난에 지친 저희 형제들과, 풍요와 평화를 가꾸기 위하여 온 생애 온 시간을 바쳐 땀흘려 일하는 우리 겨레 모든 일꾼들에게 지혜와 용기와 행복을 주옵소서.

　조국 생명을 자신의 생명으로 삼고 국토의 안녕과 평화를 담보하고 세계평화를 지키는 무적의 보살군인 저희 국군 장병 모든 용사들에게 지혜와 안녕과 용맹력을 주시옵고, 조국생명의 자각과 위력이 날로 자라나게 하여 주옵소서.

　또한 조국과 세계의 미래를 짊어질 젊은 학도들에게 세계와 인류와 평화와 숭고한 인간가치와 조국의식이 사무치게 하시며, 이들에게 부처님의 빛나는 지혜와 용기가 끊임없이 용솟음치게 하옵소서.

　그리고 조국의 산업 경제의 수레바퀴를 온 몸으로 지탱하고 굴려가는 모든 기업인과 근로자들에게 희망과 용기와 굳은 창조의지가 넘쳐나고 협동단결과 행복이 언제나 함께 하여지이다.

　또한 조국의 영광을 함께 누리지 못하고 자유의 태양을 가리운 채 고난의 시간을 살아가는 이역 만리 여러 지역의 교민들과 조국의 영광을 우러르며 열사의 돌풍을 뚫고 피와 땀을 바쳐 일하는 해외건설에 종사하는 형제들에게 특별하신 지혜와 용기와 행운을 주시옵소서.

　저들에게 조국의 빛나는 영광을 눈앞에 약속해 주시옵고

자유와 우애와 풍요가 너울치는 조국의 모습을 보이게 하옵소서.

다시 엎드려 바라옴은 오늘 부처님 오신 날을 맞이하여 환희찬탄하고 감사공양하고, 자그마한 등으로 봉축의 등공양을 올리며, 내지 일심동참한 여러 불자들과 그 가족들에게 부처님의 크옵신 은혜 충만하옵기를 거듭 기원하옵니다.

저들 모두가 어느 때나 부처님 우러러 크신 은덕 받사오며 지난 동안 지은 바 모든 죄장 소멸되오며, 지혜는 자라나고 깨달음은 밝아지고 복은 충만하고 원과 행이 두루 원만하여지이다.

병든 자는 즉시 쾌차하고 가난한 자는 재물이 풍족하며 길 잃은 자는 바른 길 찾사옵고 뜻 못 이룬 자는 깊은 뜻 큰 역량 남김없이 드러내어 가족과 겨레와 중생을 위하여 큰 공훈을 이루게 되어지이다.

그리고 출입하는 곳곳마다 대하는 일일마다 일체에 걸림 없이 품은 뜻 낱낱이 원만히 이루어지이다.

오늘날 저희들 대한민국의 불자들은 부처님께서 부어주시는 지혜와 자비의 가르침을 오늘 아침 다시 깊은 믿음으로 받사오며 온 몸을 기울여 깊은 뜻을 헤아립니다.

오늘 이 아침에는 부처님의 지극한 법문 중에서도 동일법성의 법문이 유난히도 가슴 깊이 울려옵니다.

그리하여 온 겨레가 한 몸이고 조국과 더불어 하나이며, 그 사이 계층 노소차별없이 한 운명의 배를 탄 공동체의 의미를 깊이 되새기옵니다.

조국은 세계와 더불어 하나이고 법계와 더불어 하나이며 그 속에 저희들 불자는 거룩한 법문을 펴 높은 뜻을 구현할 선택된 자임을 깊이 믿사옵니다.

대자대비 부처님이시여, 저희들 불자에게 거룩한 사명의 자각을 더욱 굳게 하시옵고 사명의 완수를 위하여 헌신케 하시며 그를 위하여 저희들에게 보다 뜨거운 지혜와 자비 용기와 인내와 정진력을 주시옵소서.

그리고 국토의 영광을 정법으로 호지할 불법교단을 확립케 하시오며 신성한 불법교단의 공덕과 은혜가 원만히 성숙되어 영원히 이땅의 평화안전의 담보자가 되게 하옵소서.

대자대비 석가모니 세존이시여, 여기 모인 불자들은 거듭 간절한 기원을 드리옵니다.

조국의 영광을 지키다 이 땅을 하직한 순국선열 중의 용사들과 지금 이 자리에 봉축법요를 함께 하는 모든 불자들의 선망부모와 원근 친척과 내지 이 도량 내외의 유주무주 애혼 불자들이 백련화 나부끼는 극락불국의 편안을 누리게 하옵소서.

  대한민국 국기는 더욱 반석같고 국력은 날로 충실하며 위덕은 만방에 떨쳐 세계평화를 가꾸어 가는 영예로운 조국으로 성숙하여 지이다.

  나무 석가모니불

  나무 석가모니불

  나무 시아본사 석가모니불.

14. 부처님 오신 날 연등공양 발원문

상서광명은 우주에 가득하고 자비의 구름은 온 국토를 감싸아 하늘과 땅이 환희와 감사로 충만한 오늘, 여기 ○○○ 형제들이 온 겨레와 더불어 한 송이 청아한 연등을 받들고, 부처님 오신날에 감사와 환희를 삼보전에 드리오며 저희들의 서원을 담아 발원하옵니다.

대자대비 석가모니 부처님이시여!

부처님께서는 이 땅을 구하고 중생으로 하여금 불지견을 열어 청정을 얻게 하기 위하여 오셨습니다. 그리고 부처님은 일체 세간의 아버지이시며 중생 모두는 부처님의 사랑하는 자식이옵니다.

대자대비 부처님,

저희들은 이제 한량없는 옛적부터 지금에 이르도록 무명과 미혹으로 오만과 독선, 탐욕과 진심(瞋心)에서 혹은 몸으로, 혹은 입으로, 혹은 뜻으로 지은 바 모든 죄업을 낱낱이 참회하옵니다. 자비로운 위신력으로 거두어 주옵시고, 중생의 진실한 행복을 영원히 지키시고자 등불로서 오신 부처님의 가피로 분단 조국에는 통일을, 대립의 마당에는 화합을,

침체의 구렁에는 용기와 활력을, 증오와 갈등에는 사랑을, 두려움과 속박에는 자유 평화를, 아집과 독선에는 제법실상을, 안일과 해태심에는 정진을, 두려움과 무지에는 지혜의 광명을 밝히게 하옵소서.

자비하신 중생의 아버지 석가모니 부처님이시여!

저희들 불자에게 이러한 사명의 자각과 그 완수를 위하여 헌신케 하시며 그를 위하여 보다 뜨거운 자비와 용기와 정진력을 주옵소서.

엎드려 바라옵건대 오늘의 법요에 동참한 모든 불자와 그 일문권속에게 각별하신 위신력을 베풀어 주시사 육근은 청정하고 몸에는 병고 액난이 없으며 마음에는 번뇌가 다하고 일상에 복덕이 구족하여 뜻하는 바 소망이 다 이루어지게 하여 주옵소서.

아울러 바라옴은 유주무주의 외로운 영가들과 금일 법요에 동참한 모든 불자 일문권속의 선망부모와 일가친척 내지 인연있는 여러 영가들이 불국토의 무량공덕을 누리게 하옵소서.

저희들 모두가 오늘 진리의 등불을 높이 들고 거리 구석구석으로 나아가 반야바라밀의 법문을 전하옵고 보현행원을 실천하여 불국토 가꾸기에 헌신할 것을 서원하옵니다.
이 지극한 연등공양을 받으시옵소서.

   나무 석가모니불

   나무 석가모니불

   나무 시아본사 석가모니불.

15. 출가절 축원문

 우러러 살피옵건대 진여의 태양은 찬란히 빛나옵고 법성의 바다는 끝없이 넓고 깊어 온 중생 온 국토를 윤택케 하시고 위 없는 보리공덕을 충만케 하시니 가없는 은덕을 어찌다 헤아리오리까!

 여기 ○○법회 불자들이 경건히 합장하고 부처님 앞에 모였습니다. 그리고 부처님 출가하신 날에 감사와 감격과 환희를 삼보전에 드리오며 저희들의 서원력을 담아 발원하옵나니 바라옵건대 자비광명 비추시어 살펴주옵소서.

 부처님께서는 미혹과 고난과 좌절에서 몸부림치는 중생심에서 출가하셨으며, 오만과 탐욕과 진심(瞋心)으로 대립 갈등하는 혼란으로부터 출가하셨으며, 외롭고 그늘진 삶의 의지를 잃은 중생에게 용기와 힘을 주기 위해 출가하셨습니다.

 대자대비 세존이시여!

 저희들 이제 정성 기울여 합장 계수하오며 부처님의 그 위대하신 출가법문에 예경하옵니다. 지극하신 생명의 은혜에 감사드리옵니다.

 엎드려 바라옵건대 저희들의 간절한 정성을 부처님의 크

신 뜻 받드는 지극한 서원의 표징으로 거두어 주옵시고, 이 인연공덕으로 미혹의 구름은 모두 다 소멸되고 삼독의 거친 물결은 잔잔하고 맑아지며 다생 동안 지은 업습 일시에 멸해지이다.

저희들의 생각은 항상 맑고 뜻은 바르며 마음은 끝없이 밝은 슬기로 가득 차서 어느 때나 정법광명 지성으로 받들고 몸과 마음 모두 바쳐 중생세간 빛내오며 무상보리 이루는 길 고루 닦아지이다.

몸과 마음 어느 때나 금강삼매 나투며 가내가 화평하고 모든 권속 화락하며 가업은 번창하며 널리 세간 빛내옵고 고난과 장애를 보게 될 때 바라밀 무장애의 위덕이 빛나게 하여 주옵소서.

그리하여 저희들의 생애가 보살의 생애로서 일체 중생과 역사와 국토를 빛냄으로써 마침내 부처님의 크신 은덕을 갚아지이다.

나무 석가모니불

나무 석가모니불

나무 시아본사 석가모니불.

16. 성도광명일 축원문

　대자대비 본사세존 석가모니 부처님이시여!
　진여의 태양은 찬란히 빛나옵고 법성의 바다는 끝없이 넓고 깊어 온 중생 온 국토를 윤택케 하시며 위 없는 보리공덕을 충만케 하시니 가없는 은덕을 어찌 다 헤아리오리까!
　저희들 ○○○불자와 일문 권속은 부처님의 거룩하신 자비광명 속에서 부처님께서 성도하신 ○○○○주년 성도광명일을 맞이하여 경건히 합장하고 부처님 앞에 모였습니다.
　그리고 부처님 성도하신 날에 감사와 감격과 환희를 삼보전에 드리오며 저희들의 서원을 담아 발원하옵나니 바라옵건대 자비광명 비추시어 살펴주옵소서.
　대자대비 세존이시여!
　부처님께서는 진리이시고 원래 불(佛)이시건만, 자비로서 중생을 위하여 세상에 나시고 수행하시어 도를 이루셨습니다.
　저희들 중생이 성불함을 증거하시고 해탈의 길을 열어주셨습니다.
　저희들 이제 정성 기울여 합장 계수하오며 부처님의 위대하신 성도법문에 예경하옵니다.

지극하신 자비의 은혜에 감사드리옵니다.

엎드려 바라옵건대 저희들의 간절한 정성을 부처님의 크신 뜻 받드는 지극한 서원의 표징으로 거두어 주옵시고 이 인연공덕으로 미혹의 구름은 모두 다 소멸되고 삼독의 거친 물결은 잔잔하고 맑아지며 다생 동안 지은 업습 일시에 멸해지이다.

저희들의 생각은 항상 맑고 뜻은 바르며 마음은 끝없이 밝은 슬기로 가득 차서 어느 때나 정법광명 지성으로 받들고 몸과 마음 모두 바쳐 중생세간 빛내오며 무상보리 이루는 길 고루 닦아지이다.

몸과 마음 어느 때나 금강삼매 나투우며 가내가 화평하고, 모든 권속 화락하여 가업은 번창하며 널리 세간 빛내옵고 고난과 장애를 보게 될 때 바라밀 무장애의 위덕이 빛나게 하여 주옵소서.

그리하여 저희들의 생애가 보살의 생애로서 일체 중생과 역사와 국토를 빛냄으로써 마침내 부처님의 크신 은덕을 갚아지이다.

나무 석가모니불 나무 석가모니불 나무 시아본사 석가모니불

17. 열반절 축원문

　대자대비 본사세존 석가모니 부처님이시여!
　진여의 태양은 찬란히 빛나옵고 법성의 바다는 끝없이 넓고 깊어 온 중생 온 국토를 윤택케 하시며 위 없는 보리공덕을 충만케 하시니 가없는 은덕을 어찌 다 헤아리오리까!
　저희들 ○○법회 사부대중과 금일 법회 동참 일문권속들은 부처님의 거룩하신 자비광명 속에서 부처님께서 열반에 드신 ○○○○주년 열반일을 맞이하여 기원을 드리옵니다.
　부처님께서는 한량없는 겁 전에 성불하시어 그 때 이래 교화한 중생의 수효는 알 수 없는 무수억이며, 이제 다시 저희들을 제도하기 위하여 방편으로 짐짓 열반을 나타내셨지만 실로는 열반에 듦이 아니옵니다. 부처님께서는 영원토록 여기 계시어 설법하시옵니다.
　저희들은 부처님의 자비섭수 은덕을 힘입어 정법을 만났사오며, 부처님의 한량없는 은덕은 잠시도 쉼 없이 저희들 위에 부어지고 있음을 깨달았사옵니다.
　대자대비 세존이시여!
　저희들은 이제 부처님 열반법문을 맞이하여 일심으로 공

양을 올리옵나니 오늘의 이 자그마한 공양이 저희들의 간절한 정성과 부처님의 크신 뜻 받드는 지극한 서원의 표징으로 거두어 주옵소서.

엎드려 바라옵건대, 이 인연공덕으로 미혹의 구름은 모두 다 소멸되고 삼독의 거친 물결은 잔잔하고 맑아지며 다생 동안 지은 업습은 일시에 멸해지이다.

저희들의 생각은 항상 맑고 뜻은 바르며 마음은 끝없는 슬기로 가득 차서 어느 때나 정법광명을 지성으로 받들고, 몸과 마음 모두 바쳐 중생세간 빛내오며 무상보리 이루는 길 고루 닦아지이다.

그리하여 바라밀 무장애의 위덕이 빛난 속에서 저희들의 생애가 보살의 생애로서 일체 중생과 역사와 국토를 빛냄으로써 마침내 부처님의 크신 은덕을 갚아지이다.

나무 석가모니불

나무 석가모니불

나무 시아본사 석가모니불.

18. 우란분절 축원문

시방삼세 영원토록 항상하신 삼보전에
저희들이 일심정진 우러러 아뢰오니
대자대비 베푸시어 거두어 주옵소서
위로조차 닦아온 한이없는 큰 공덕을
위 없는 보리도와 제불보살 큰 성현과
삼계일체 중생에게 모두회향 하옵나니
일체에 두루하여 원만하여 지이다
우란분절 발원자가 일심으로 청하옵는
선망부모 누세종친 일체유연 영가들이
거룩하온 이 인연에 크신은혜 가득입고
불보살님 크신광명 그의앞길 밝게비춰
과거생과 생전중에 지은업장 소멸되고
극락세계 구품연대 상상품에 가서나고
아미타불 친견하여 법문듣고 마음열어
생사없는 큰 지혜를 남김없이 요달하여
시방국토 드나들며 광명놓고 설법하여
불보살님 크신서원 함께이룩 하여이다

아울러	바라옴은	금일지성	제자들과
남녀노소	가족들과	형제들과	친족들과
이 도량에	함께모인	스님들과	신도들이
부처님의	자비광명	어느때나	감싸아서
마음속의	원하는바	착한소망	다이루고
나날이	상서일고	모든재난	소멸하여
수명의산	견고하고	복의바다	더욱넓어
밝은지혜	큰 원으로	보살대도	이뤄지이다
온 법계	불자들이	크신은혜	항상입어
보리도량	다이루고	불보살님	친견하여
제불광명	항상받고	모든죄장	소멸하며
한량없는	지혜얻고	무상정각	이루어서
법계중생	모두함께	마하반야바라밀	

 나무 석가모니불

 나무 석가모니불

 나무 시아본사 석가모니불.

19. 신년법회 축원문

　우러러 살피옵건대 진여의 태양은 찬란히 빛나옵고 법성의 바다는 끝없이 넓고 깊어 온 중생 온 국토를 윤택케 하시니, 일체 중생 근기따라 모두를 얻고 구하는 바를 따라 깨달음으로 나아가니 가없는 은덕을 어찌 다 헤아리오리까?
　대자대비 세존이시여
　오늘 불기 ○○○○년 신년법회에 인연을 같이한 ○○ 가족과 그 일문권속들이 부처님의 지극하신 가호력에 힘입어 일심정진하오며 발원하옵니다.
　바라옵건대 자비광명 비추시어 굽어 살펴 주옵소서.
　이제 저희 ○○○가족들은 밝고 상서로운 새해를 맞이하여 스스로의 생명이 반야바라밀 태양이라는 믿음 아래 기쁜 마음으로 법성공덕을 간직하고 밝은 얼굴 밝은 말로 바라밀의 창조력을 실현하여 세계의 어둠과 불안과 고난을 물리쳐 조국의 영광을 키워나갈 꿋꿋한 보살이 되고자 서원하옵니다.
　대자대비 세존이시여!
　저희들 신년(○○○)의 새로운 서원을 가슴에 새기면서

정성 기울여 합장 계수하오며 부처님 자비광명에 예경하옵니다.

엎드려 바라옵건대 오늘 신년법회 도량에 모인 일체 대중에게 각별하신 은혜를 베풀어 주시옵고 이 수승한 인연을 함께 한 공덕으로 어느 때나 불보살님의 크신 위신력과 함께 하고 있음을 알게 하여 주옵소서.

그리하여 지혜와 용기는 샘물처럼 솟아나고 자비와 위덕은 햇살처럼 걸림없고 구국구세의 서원은 바다처럼 물결쳐 지이다.

온갖 지은 바 지난 동안의 미혹의 자취는 일시에 사라지며 뜻하는 바는 모두 부처님 정법에 근거하옵고 행하는 바는 폭풍처럼 막힘없이 자재하여 지이다.

선망 부모님과 선망 일문 권속들은 모두 구품연대에 태어나옵고 가족과 권속들은 안과 길상하오며 일체 재난 즉시 소멸되어 사업이 번창하고 지혜와 수복은 수미산을 더하며, 병고 중에 있는 자는 즉시 쾌차하고 학업을 닦는 자는 빛나는 지혜 드러나며, 염불한즉 삼매되고, 참선한즉 의정이 독로하며, 바라밀을 관한즉 무량청정 현전하고, 뜻하는 바 거룩한 소망들이 낱낱 모두 성취되어 마침내 무상보리를 이루어 부처님의 크신 은혜를 갚아지이다.
　나무 석가모니불
　나무 석가모니불
　나무 시아본사 석가모니불.

20. 송년법회 축원문

 우러러 살피옵건대 진여의 태양은 찬란히 빛나옵고 법성의 바다는 끝없이 넓고 깊어 온 중생 온 국토를 윤택케 하시니 일체 중생 근기따라 모두를 얻고 구하는 바를 따라 깨달음으로 나아가니 가없는 은덕을 어찌 다 헤아리오리까!
 대자대비 세존이시여!
 오늘 불기 ○○○○년 송년법회에 인연을 같이한 ○○○가족과 그 일문권속들이 부처님의 지극하신 가호력에 힘입어 일심정진하오며 발원하옵니다.
 바라옵건대 자비광명 비추시어 굽어 살펴 주옵소서.
 저희들 ○○○가족들은 지나간 한 해를 스스로의 생명이 반야바라밀 태양이라는 믿음 아래 밝은 마음으로 법성공덕을 간직하고 밝은 얼굴, 밝은 말로 바라밀의 창조력을 실현하겠다는 명념은 세계의 어둠과 불안과 고난을 헤치고 조국의 영광을 키워갈 꿋꿋한 보살군이 되고자 서원하였습니다.
 대자대비 세존이시여!
 저희들 이제 명념을 가슴에 새기면서 정성 기울여 합장 계수하오며 부처님의 자비광명에 예경하옵니다.

엎드려 바라옵건대 오늘 이 송년법회 도량에 모인 일체 대중에게 각별하신 은혜를 베풀어 주시옵고, 이 수승한 인연을 함께 한 공덕으로 어느 때나 불보살님의 크신 위신력과 함께 하고 있음을 알게 하여 주옵소서.

그리하여 지혜와 용기는 샘물처럼 솟아나고, 자비와 위덕은 햇살처럼 걸림없고 구국구세의 서원은 바다처럼 물결쳐 지이다.

온갖 지은 바 지난 동안 미혹의 자취는 일시에 사라지며 뜻하는 바는 모두 부처님 정법에 근거하옵고 행하는 바는 막힘없이 자재하여 지이다.

선망 부모님과 선망 일문 권속들은 모두 구품연대에 태어나옵고 가족과 권속들은 안과 길상하오며 일체 재난 즉시 소멸되어 사업이 번창하고 지혜와 수복은 수미산을 더하며 병고 중에 있는 자는 즉시 쾌차하고 학업을 닦는 자는 빛나는 지혜 드러나며, 염불한즉 삼매되고, 참선한즉 의정이 독로하며, 바라밀을 관한즉 무량청정 현전하고 뜻하는 바 거룩한 소망들이 낱낱 모두 성취되어 마침내 무상보리를 이루어 부처님의 크신 은혜를 갚아지이다.

나무 석가모니불 나무 석가모니불 나무 시아본사 석가모니불

21. 조문, 극락왕생 발원문

　대자대비 부처님,

　지혜와 자비 끝이 없으시고, 막힘없는 위신력 한이 없으시며, 일체 중생을 감싸 깨달음의 언덕으로 인도하심에 저희들 지성 기울여 계수하옵니다.

　본사 세존이시여, 이제 이 땅 인연 다한 ○○○불자가 극락세계 왕생하기를 기원드리옵니다. 바라옵건대 대자비 원력으로 섭수하여 주옵소서.

　영가가 생전에 지은 바 모든 허물 일심으로 참회합니다.

　모든 대립, 모든 원결, 모든 집착 풀어 버리고, 보살도 닦아 모든 중생을 제도하는 큰 원을 발하여지이다.

　아미타부처님, 크신 원력으로 영가를 섭수하여 주시오며, 극락국 연화도량에서 불보살님 항상 뵈어 미묘법문 깨달아지이다. 크신 위덕 갖추고 찬란한 대위덕 성취하여 큰 광명으로 온 국토 비치어, 이 땅 모든 중생을 널리 제도하여지이다.

　대자대비 세존이시여, 다시 바라옵건대 불자의 가정과 그 가족에게 각별하신 은혜 부어 주시옵소서.

　어느 때나 부처님의 크신 법문 받들게 되옵고 안과태평하여지이다. 부모님과 자손과 형제들과 권속들이 모두 다 건강하고 화목하며, 수명은 수미산으로 높아지고, 복과 지혜는 바다처럼 넓어지오며, 재난은 봄눈처럼 스러지며, 뜻하는 일 모두 원만하게 성취하여지이다.

오늘 이후 불자 가정에 밝고 따뜻한 은혜의 훈기 더욱 크게 넘쳐서 널리 모든 이웃에게 빛이 되고, 힘이 되며, 겨레와 나라 위해 큰 공 이루며, 부처님 법을 전하고 국토를 성취하여 일체 유정과 더불어 다함께 무상정각 이루어지이다.

나무 석가모니불

나무 석가모니불

나무 시아본사 석가모니불.

22. 영가 축원문

　우러러 삼보전에 아뢰옵니다.
　○○시 ○○구 ○○동 거주 ○○○불자는 ○○○영가를 위하여 부처님 전에 지성으로 축원하오니 시방법계 삼보님의 자비하신 가피력을 입사와 그의 부모님 ○○○영가등이 삼계를 윤회하는 온갖 고뇌를 해탈하고 극락세계에 왕생하여 자비하신 아미타불을 친견하고 위 없는 정각을 이루어 법계 중생을 제도하여지이다.
　아울러 원하오니 광겁 동안의 부모님과 친족들과 무시겁래 친우들과 시방법계 고혼들도 아미타성존의 원력을 입사와 모두 함께 극락세계에 왕생하고 무생법인을 증득한 후에 다시 사바세계에 돌아와 중생을 제도하고 대각을 성취하여지이다.
　나무 석가모니불
　나무 석가모니불
　나무 시아본사 석가모니불.

23. 천재지변, 화재, 재난 위로문

 구름을 벗어난 만월처럼 일체 장애에서 훤출히 벗어 나시고 자비하신 햇빛으로 온 중생을 보살피시는 대자대비 부처님이시여, 부처님께서는 오늘 뜻하지 않은 고난을 당하여 괴로워하는 ○○○불자의 심중을 밝게 살펴 주시옵소서.
 자비하신 부처님이시여, 불자의 아픔과 가족의 슬픔을 살피시어, 걸림없는 위신력으로 그의 괴로움을 맑게 씻어주옵소서. 세간사 모두가 인이 있어 과를 받는 것이오나, 불자는 어느 때나 맑고 바른 수행으로 저희들의 존경과 신뢰를 모으고 있었사온대, 오늘의 이 재난은 어찌된 연유이옵니까? 저희들 모두가 이 불의의 재난을 가히 헤아릴 길이 없사옵니다.
 대자대비 세존이시여, 오늘의 불자를 자비의 손으로 거두어 주시고 지혜의 위덕으로 감싸시사, 불자로 하여금 슬픔을 거두고 새로운 희망과 용기를 일깨우도록 가피하여 주시옵소서.
 생각하옵건대, 오늘의 이 재난은 필시 다생 동안에 지은 업연이 금생에 나타난 것이라 생각되옵니다. 그것은 이와같이 나타남으로써 사라지면서, 불자에게 새로운 지혜와 용기를 얻게하는 것이 아니오니까? 그러하시다면 이제 불자는 묵은 죄업, 이로써 모두 소멸되었사오니 앞으로는 기필코 밝은 희망과 따뜻한 공덕의 언덕이 열려 오리라 믿사옵니다. 대자대비 세존이시여, ○○○불자가 희망과 용기와 새로운 지혜를 얻어서 밝은 행복의 언덕에 올라서도록 각별하신 은혜를 드리워 주옵소서.

고인이 이르기를 '뼈에 사무친 찬바람이 아닌들 새봄에 코를 치는 매화 향기가 어찌 있으랴!' 하였습니다.

바라옵건대, 오늘, 불자의 이 고난이 매화의 찬바람처럼 불자의 가슴 깊이 간직한 큰 뜻을 펼쳐내는 결정적 계기가 되어지이다. 온갖 고난 물리치고, 온갖 장애 걸림없이 겨레와 중생 위한 큰 뜻을 펼쳐내어 온 겨레 형제가 함께 기뻐하고 찬탄하는 위업을 성취하여지이다.

이번 재난을 마지막으로 앞으로 불자 집안에는 경사가 이어지고 가내 화평하며, 신체 강건하여 나날이 상서 일고 훈풍이 넘쳐지이다.

저희들 불자 형제들은 함께 뜻을 모아 ○○○불자와 더불어 다시 굳은 서원을 세워 보살의 대업을 닦으오리니 대자비 세존이시여, 불자의 서원을 증명하시고 무애 위신력이 길이 함께 하여지이다.

  나무 석가모니불

  나무 석가모니불

  나무 시아본사 석가모니불.

24. 연지대사 왕생극락 발원문

 극락세계에 계시옵사 중생을 이끌어 주시는 아미타불께 귀의하고 그 세계에 가서 나기를 발원합니다.
 자비하신 원력으로 굽어살펴 주시옵소서.
 저희들이 네 가지 은혜 끼친 이와 삼계중생들을 위해 부처님의 위 없는 도를 이룩하려는 정성으로 아미타불의 거룩하신 명호를 일컬어 극락세계에 가서 나기를 원하나이다.
 업장은 두텁고, 복과 지혜 엷어서, 더러운 마음 물들기 쉽고, 깨끗한 공덕 이루기 어려워 이제 부처님 앞에서 지극한 정성으로 예배하고 참회하나이다.
 저희들이 끝없는 옛적부터 오늘에 이르도록 몸으로 입으로, 또 마음으로 한량없이 지은 죄와 한량없이 맺은 원수 모두 녹여버리고, 오늘부터 서원 세워 나쁜 짓 멀리하여 다시 짓지 아니하고, 보살도를 항상 닦아 물러나지 아니하며, 정각을 이루어서 중생을 제도하려 하오니 아미타 부처님이시여, 대자대비하신 원력으로 저를 증명하시며 어여삐 여기고 가피하사 삼매에서나 꿈속에서나 아미타불의 거룩한 상호를 뵈옵고, 장엄하신 국토에 다니면서 감로도 뿌려 주시고 광명으로 비춰주심 입사와 업장은 소멸되고, 선근은 자라나고, 번뇌는 없어지고, 무명은 깨어져서 원각의 묘한 마음 뚜렷하게 열리고 상적광토가 항상 앞에 나타나 지이다.

또 이 목숨 마칠 때 갈 시간 미리 알아 여러 가지 병고액난이 몸에서 없어지고 탐진치 온갖 번뇌 마음에 씻은 듯이 사라지며, 육근이 화락하고 한 생각 분명하여 이 몸을 버리기 전에 들듯 하옵거든 그 때에 아미타불께서 관음·세지 두 보살과 모든 성중 데리시고 광명 놓아 맞으시며, 대자대비로 이끄시사 높고 넓은 누각들과, 아름다운 깃발들과, 맑은 향기, 고운 음악, 거룩한 극락세계 눈 앞에 나타나면 보는 이, 듣는 이들 기쁘고 감격하여 위 없는 보리마음 다같이 발하올제 이내 몸 연화보좌 금강대에 올라 앉아 부처님 뒤를 따라 극락정토 나아가서 칠보로 된 연못 속에 상품상생 한 뒤에 불보살 뵈옵거든 미묘한 법문 듣고, 무생법인 깨치며, 부처님 섬기옵고, 수기 친히 받아 삼신 사지와 오안 육통과 백천 다라니와 온갖 공덕을 원만하게 이루어지이다.

그러한 후 극락세계를 떠나지 아니하고 사바세계에 다시 돌아와 한량없는 분신으로 시방국토 다니면서 여러 가지 신통력과 가지가지 방편으로 무량중생 제도하여 탐진치 삼독

멀리 떠나서 깨끗한 참 마음으로 극락세계 함께 가서 물러나지 않는 자리에 오르게 하려 하옵니다.

세계가 끝이 없고, 중생이 끝이 없고, 번뇌 업장이 모두 끝이 없기에 이내 서원도 끝이 없나이다.

저희들이 지금 예배하고 발원하여 닦아 지닌 공덕을 온갖 중생에게 베풀어 주어 네 가지 은혜 골고루 갚고, 삼계 유정들 모두 제도하여 다함께 일체 종지를 이루어 지이다.

나무 마하반야바라밀.

25. 어린이법회 발원문

　온 누리를 자비하신 은덕으로 감싸주시는 부처님,
　저희들은 부처님의 크신 은덕을 입은 착한 어린이입니다. 앞으로 큰 지혜와 큰 덕을 닦아 훌륭한 사람이 되고, 나라와 세계에 큰 일을 성취할 저희들입니다.
　저희를 항상 보살펴 주시는 부처님께 감사드리오며, 앞으로도 언제나 자비의 은혜를 열어 주시기를 기원합니다.
　이제부터는 부처님의 가르침을 따라 바른 말, 바른 행동, 바른 생각을 꼭 갖겠습니다. 그래서 우리나라를 빛낼 사람이 되겠습니다.
　자비하신 부처님께서는 저의 소원을 받아 주시고, 지혜롭고 용기있는 진실한 불자가 되도록 인도하여 주십시오.
　자비하신 부처님, 저는 제가 부처님의 큰 은덕을 받아 앞으로 큰 사람이 된다는 생각을 잠시라도 잊지 않겠습니다.
　저는 모든 사람을 공경하며, 모든 사람의 착하고 훌륭한 덕을 믿고 존경하겠습니다.
　저는 친구와 그 밖에 모든 사람을 항상 돕고 위해 주도록 힘쓰겠습니다. 저는 착하고, 부지런하고, 공부에 힘쓰며, 부모님께 효도하고, 조상님 잘 받드는 아름다운 어린이가 되겠습니다.

자비하신 부처님께서는 저를 어여삐 보시고 더욱 큰 은혜를 베풀어 주십시오.

우리나라가 부처님 나라가 되고, 제가 부처님 나라의 믿음직스러운 일꾼이 되도록 키워 주시기를 원하옵니다.

나무 석가모니불

나무 석가모니불

나무 시아본사 석가모니불.

26. 학생법회 발원문

　태양보다 밝은 지혜와 따뜻한 은혜로 온 누리 중생을 보살펴 주시는 자비하신 부처님께 저희 ○○학생 불자들은 일심으로 정례하옵니다.

　저희들은 부처님의 가르침을 만나서 부처님의 한량없는 은덕이 일찍부터 저희에게 부어지고 있음을 알았습니다.

　거룩한 가문에 태어나 지극히 자애로우신 부모님과 우애 깊은 형제를 만난 것을 감사 드립니다.

　빛나는 역사를 지닌 아름다운 강산에 큰 이상을 펼쳐 이웃과 세계에 이바지할 수 있는 훌륭한 때에 태어난 것을 또한 감사 드립니다. 그리고 저희 조상님들께서 지극히 슬기로우신 것처럼, 저희들 또한 큰 지혜와 밝은 덕성과 끝없는 용기를 이어 받았음을 다시 감사 드립니다.

　자비하신 부처님! 저희들이 나라의 큰 일꾼이 되어 빛나는 조국을 가꿀 수 있도록 보살펴 주시오며, 장차 부처님의 법으로 온 세계를 평화롭게 하고, 모두가 성공할 수 있도록 돕는 일을 잘하게 하여 주옵소서.

　저희들 몸과 마음이 항상 건강하고, 지혜와 자비심은 넓고

깊으며, 용기는 더욱 막힘이 없어 부모님과 스승님과 삼보님의 크신 뜻을 받들어 행하여 마침내 불국토를 이룩하는 거룩한 보살이 되도록 인도하여 주옵소서.

  나무 석가모니불

  나무 석가모니불

  나무 시아본사 석가모니불.

27. 수계 발원문

 태양의 지혜로 빛내주시고 달빛의 자비로 감싸주시며 원만성숙으로 인도하시는 대자비 본사 세존이시여!
 세존께서는 더없이 크신 은덕으로 온 중생을 깨달음의 길로 이끄시는 가운데 오늘 다시 저희들에게 대자비의 계 법문을 열어 주셨습니다.
 이제 저희들 ○○불자들은 새로운 감동으로 계수하오며 감사드립니다.
 돌이켜 생각하옵건대 세존께서는 저희들에게 미욱하고 고통받는 중생살이에서 본래 밝은 본성의 땅에 언하에 들게 하시며 범부 고쳐 성위에 들게 하는 가지가지 수행문을 열어 주시옵고, 오늘 다시 저희들에게 계법에 들게 하시어 중생 미혹을 벗어나 무량공덕 무애위신력을 수용케 하고 마음의 어둠을 밝혀주시어 끝없는 청정에 눈뜨게 하셨사옵니다.
 계법을 통하여 저희들은 기나긴 어둠에서 벗어나고 고통의 사슬에서 풀려나며 원만자재 무량성취의 대위덕에 눈뜨게 하셨습니다. 거듭 계수하오며 위 없는 대자비 계법문에 귀의합니다.

저희들은 오늘 크신 은혜 받들어 오계를 받았사오며 또한 이미 받은 오계법문을 새롭게 수지하겠습니다.

자비하신 본사 세존이시여,

저희들은 지성 바쳐 오늘 받은 계법을 받들어 행하겠습니다. 결코 청정계법에서 물러서지 않겠습니다.

깊은 생명에서 울려오는 부처님의 자비하신 목소리를 가슴으로 들으면서 온갖 장애, 온갖 고난, 온갖 혼미를 이겨내어 진실을 밝히는 바라밀 불자가 되겠습니다.

저희들이 받드는 오계법문이 진실생명에서 솟아나는 부처님의 대자대비광명임을 가슴 깊이 받드오며 일심 기울여 정진하겠습니다.

저희들은 오늘 받은 계법으로 저희들의 마음에 청정심이 끊임없이 넘쳐나게 되었사옵니다. 저희들은 다시 새로운 결의로 이 땅 위에 생명존중 인간신성의 법문이 줄기차게 넘치도록 힘쓰겠사오며 자비 보시의 가르침이 사회 구석구석에 넘쳐 거룩한 생명조건의 보장과 건전한 경제환경 여건 속에서 풍요와 평화, 정의와 우애가 성장하게 하겠사오며 청정과 진실과 본성공덕의 절대긍정에서 조화로운 창조의 물결이 끊임없이 이어지고 나아가 반야바라밀을 굳건히 염하여 이 땅 위 온 중생에게 정념 선정을 넓고 깊게 확립하겠습니다. 계법으로 행동하는 저희들의 서원은 온 겨레 온 인류 일체 중생에 퍼져서 필경 청정 · 원만 · 평화 · 창조의 물결이 온 누리, 온 세계에 영겁토록 너울치게 하겠습니다.

대자대비 본사 세존이시여, 엎드려 기원하옵나니 저희들의 오늘의 서원을 자비로서 거두시며 증명하여 주시옵고 기필코 저의 조국과 세계 구석구석에 계법 확립 · 중생 성취 · 정토 실현의 대원을 이루도록 무애위신력으로 가호하여 주시옵소서.

이 자리 저희들의 오늘의 발원을 눈부신 광명위덕으로 증명하시고 가호하옵시는 자비은덕에 다시 없는 감사를 올리오며 이 자리를 함께 한 온 불자들은 일심 기울여 거룩하신 삼보님과 계 법문 앞에 이 서원을 올립니다.

대자비로 섭수하여 주옵소서.

　나무 석가모니불

　나무 석가모니불

　나무 시아본사 석가모니불.

28. 교육 발원문

 일체의 근원이옵신 부처님, 지극한 지혜이시며 한량없는 은혜이신 부처님, 일체 국토 일체 중생의 근원에 머무시사 일체 중생을 진리의 성숙으로 인도하옵시는 부처님, 저희들에게 각별하신 위덕 내려 주시사 마하반야바라밀의 크신 법문을 일깨워 주시고 ○○법회의 밝은 등불과 전법 대열에 앞장서서 부처님의 광명을 온 누리에 밝히는 거룩한 사명을 실천하여 부처님 은혜에 보답케 하여 주심을 감사하옵니다.
 대자대비 본사 세존이시여, 저희들은 이 땅에 부처님의 감로법을 널리 전하여 형제와 겨레가 부처님의 진리 광명으로 행복하게 삶을 누리고 끝내는 일심 정진하여 무상의 법을 이루도록 하는 거룩한 사업에 헌신하는 보살로서 신명을 바쳐 성심 성의껏 봉사할 것을 발원하옵고 부처님의 은덕으로 베풀어지는 ○○○교육에 임하옵니다.
 대자대비 부처님이시여, 바라옵건대 저희들의 이 발원을 섭수하여 주시옵고 저희들에게 크옵신 은덕 베푸사 본 교육과정을 원만히 이수하고 저희들의 발원이 성취되도록 가호하여 주시옵소서.
 나무 석가모니불 나무 석가모니불 나무 시아본사 석가모니불.

29. 학업성취 발원문

　위 없는 진리로써 영원하시고 법성광명으로 자재하옵신 대자비 세존이시여, 오늘 ○○○(어머니 이름) 불자들은 부처님의 지극하신 가호력에 힘입어 일심정진하오며 발원하옵나니, 자비광명 비추시어 간곡하게 살펴 주옵소서.
　○○생　○○○불자는 이번 ○○○○학년도 대입학력고사수험에 임하게 되었습니다. 오늘에 이르는 동안 ○○○를 향한 불보살님의 지극하신 은덕에 감사드리옵니다.
　바라옵건대, ○○○불자가 부처님의 지극하신 위신력으로 이 땅에 생을 받은 것처럼, 부처님의 지혜광명에 힘입어 이번의 수험에 우수한 성적이 되고, 사회와 세계를 법성광명으로 빛낼 수 있는 대학에 합격하여 겨레와 인류에 헌신할 수 있는 거룩한 공덕으로 회향케 하여 주옵소서.
　자비하신 세존이시여, 저는 저희들의 이 발원이 부처님의 크신 가호력 속에서 성취되어져 있음을 믿으며 다시 원하옵니다.
　○○○불자의 사대는 강건하고 육근은 청정하며, 고난과 장애를 보게될 때 바라밀 무장애의 위덕이 빛나게 하옵고,

온갖 대립과 한계의 벽이 가로 놓일 때 문수보살의 대지혜가 빛나게 하여 주옵시며, 불자가 행하는 일마다 천룡팔부 옹호성중이 함께 하여 부처님의 크신 은혜 갚아지이다.

  나무 석가모니불

  나무 석가모니불

  나무 시아본사 석가모니불.

제5편

참회편(懺悔篇)

제1장 예불대참회문(禮佛大懺悔文)

대자비로	중생들을	어여삐보사	大慈大悲愍衆生
대희대사	베푸시어	제도하시고	大喜大捨濟含識
수승하온	지혜덕상	장엄하시니	相好光明以自嚴
저희들이	정성다해	예배합니다	衆等至心歸命禮

지심귀명례 금강상사　　　　　　至心歸命禮 金剛上師

귀의불 귀의법 귀의승　　　　　　歸依佛 歸依法 歸依僧

제가이제	발심하여	예배하옴은	我今發心 不爲自求
제 스스로	복얻거나	천상나거나	人天福報 聖聞緣覺
성문연각	보살지위	구함아니요	乃至權乘 諸位菩薩
오직오직	최상승을	의지하옵고	唯依最上乘 發菩提心
아뇩다라	삼보리심	냄이오이다	
원합노니	시방세계	모든중생이	願與法界衆生一時同得 阿耨多羅三藐三菩提
모두함께	무상보리	얻어지이다	

지심귀명례　시방　진허공계　일체제불
至心歸命禮　十方　盡虛空界　一切諸佛

지심귀명례　시방　진허공계　일체존법
至心歸命禮　十方　盡虛空界　一切尊法

지심귀명례　시방　진허공계　일체현성승
至心歸命禮　十方　盡虛空界　一切賢聖僧

지심귀명례　여래　응공　정변지　명행족　선서 세간해
至心歸命禮　如來　應供　正徧知　明行足　善逝 世間解
　　　　　　무상사　조어장부　천인사　불 세존
　　　　　　無上士　調御丈夫　天人師　佛 世尊

지심귀명례　보광불
至心歸命禮　普光佛

지심귀명례　보명불
至心歸命禮　普明佛

지심귀명례　보정불
至心歸命禮　普淨佛

지심귀명례　다마라발전단향불
至心歸命禮　多摩羅跋栴檀香佛

지심귀명례　전단광불
至心歸命禮　栴檀光佛

지심귀명례　마니당불
至心歸命禮　摩尼幢佛

지심귀명례　환희장마니보적불
至心歸命禮　歡喜藏摩尼寶積佛

지심귀명례　일체세간락견상대정진불
至心歸命禮　一切世間樂見上大精進佛

지심귀명례 마니당등광불
至心歸命禮 摩尼幢燈光佛

지심귀명례 혜거조불
至心歸命禮 慧炬照佛

지심귀명례 해덕광명불
至心歸命禮 海德光明佛

지심귀명례 금강뢰강보산금광불
至心歸命禮 金剛牢强普散金光佛

지심귀명례 대강정진용맹불
至心歸命禮 大强精進勇猛佛

지심귀명례 대비광불
至心歸命禮 大悲光佛

지심귀명례 자력왕불
至心歸命禮 慈力王佛

지심귀명례 자장불
至心歸命禮 慈藏佛

지심귀명례 전단굴장엄승불
至心歸命禮 栴檀窟莊嚴勝佛

지심귀명례 현선수불
至心歸命禮 賢善首佛

지심귀명례 선의불
至心歸命禮 善意佛

지심귀명례 광장엄왕불
至心歸命禮 廣莊嚴王佛

지심귀명례 금화광불
至心歸命禮 金華光佛

지심귀명례 　보개조공자재력왕불
至心歸命禮 　寶蓋照空自在力王佛

지심귀명례 　허공보화광불
至心歸命禮 　虛空寶華光佛

지심귀명례 　유리장엄왕불
至心歸命禮 　琉璃莊嚴王佛

지심귀명례 　보현색신광불
至心歸命禮 　普賢色身光佛

지심귀명례 　부동지광불
至心歸命禮 　不動智光佛

지심귀명례 　항복중마왕불
至心歸命禮 　降伏衆魔王佛

지심귀명례 　재광명불
至心歸命禮 　才光明佛

지심귀명례 　지혜승불
至心歸命禮 　智慧勝佛

지심귀명례 　미륵선광불
至心歸命禮 　彌勒仙光佛

지심귀명례 　선적월음묘존지왕불
至心歸命禮 　善寂月音妙尊智王佛

지심귀명례 　세정광불
至心歸命禮 　世淨光佛

지심귀명례 　용종상존왕불
至心歸命禮 　龍種上尊王佛

지심귀명례 　일월광불
至心歸命禮 　日月光佛

지심귀명례 일월주광불
至心歸命禮 日月珠光佛

지심귀명례 혜당승왕불
至心歸命禮 慧幢勝王佛

지심귀명례 사자후자재력왕불
至心歸命禮 獅子吼自在力王佛

지심귀명례 묘음승불
至心歸命禮 妙音勝佛

지심귀명례 상광당불
至心歸命禮 常光幢佛

지심귀명례 관세등불
至心歸命禮 觀世燈佛

지심귀명례 혜위등왕불
至心歸命禮 慧威燈王佛

지심귀명례 법승왕불
至心歸命禮 法勝王佛

지심귀명례 수미광불
至心歸命禮 須彌光佛

지심귀명례 수만나화광불
至心歸命禮 須曼那華光佛

지심귀명례 우담발라화수승왕불
至心歸命禮 優曇鉢羅華殊勝王佛

지심귀명례 대혜력왕불
至心歸命禮 大慧力王佛

지심귀명례 아축비환희광불
至心歸命禮 阿閦毘歡喜光佛

지심귀명례　무량음성왕불
至心歸命禮　無量音聲王佛

지심귀명례　재광불
至心歸命禮　才光佛

지심귀명례　금해광불
至心歸命禮　金海光佛

지심귀명례　산해혜자재통왕불
至心歸命禮　山海慧自在通王佛

지심귀명례　대통광불
至心歸命禮　大通光佛

지심귀명례　일체법상만왕불
至心歸命禮　一切法常滿王佛

지심귀명례　석가모니불
至心歸命禮　釋迦牟尼佛

지심귀명례　금강불괴불
至心歸命禮　金剛不壞佛

지심귀명례　보광불
至心歸命禮　寶光佛

지심귀명례　용존왕불
至心歸命禮　龍尊王佛

지심귀명례　정진군불
至心歸命禮　精進軍佛

지심귀명례　정진희불
至心歸命禮　精進喜佛

지심귀명례　보화불
至心歸命禮　寶火佛

지심귀명례　보월광불
至心歸命禮　寶月光佛

지심귀명례　현무우불
至心歸命禮　現無愚佛

지심귀명례　보월불
至心歸命禮　寶月佛

지심귀명례　무구불
至心歸命禮　無垢佛

지심귀명례　이구불
至心歸命禮　離垢佛

지심귀명례　용시불
至心歸命禮　勇施佛

지심귀명례　청정불
至心歸命禮　淸淨佛

지심귀명례　청정시불
至心歸命禮　淸淨施佛

지심귀명례　사류나불
至心歸命禮　娑留那佛

지심귀명례　수천불
至心歸命禮　水天佛

지심귀명례　견덕불
至心歸命禮　堅德佛

지심귀명례　전단공덕불
至心歸命禮　栴檀功德佛

지심귀명례　무량국광불
至心歸命禮　無量掬光佛

지심귀명례 광덕불
至心歸命禮 光德佛

지심귀명례 무우덕불
至心歸命禮 無憂德佛

지심귀명례 나라연불
至心歸命禮 那羅延佛

지심귀명례 공덕화불
至心歸命禮 功德華佛

지심귀명례 연화광유희신통불
至心歸命禮 蓮華光遊戲神通佛

지심귀명례 재공덕불
至心歸命禮 才功德佛

지심귀명례 덕념불
至心歸命禮 德念佛

지심귀명례 선명칭공덕불
至心歸命禮 善名稱功德佛

지심귀명례 홍염제당왕불
至心歸命禮 紅燄帝幢王佛

지심귀명례 선유보공덕불
至心歸命禮 善遊步功德佛

지심귀명례 투전승불
至心歸命禮 鬪戰勝佛

지심귀명례 선유보불
至心歸命禮 善遊步佛

지심귀명례 주잡장엄공덕불
至心歸命禮 周帀莊嚴功德佛

지심귀명례 보화유보불
至心歸命禮 寶華遊步佛

지심귀명례 보련화선주사라수왕불
至心歸命禮 寶蓮華善住娑羅樹王佛

지심귀명례 법계장신아미타불
至心歸命禮 法界藏身阿彌陀佛

이와 같은	모든세계	제불세존은
어느때나	중생들과	함께하시니
저희들을	이제다시	살펴주소서
저희들의	지난날을	생각하오면
이생으로	저생으로	그 먼 생으로
시작없는	옛적부터	내려오면서
가지가지	지은죄가	한이없으니
제 스스로	혼자서	짓기도하고
다른 이를	시켜서	짓게도하며
남이 하는	나쁜짓	좋아하였고
탑전이나	삼보도량	갖춘물건도
승물이나	사방승물	가림이없이
제것인양	함부로	갖기도하고
다른 이를	시켜서	훔치었으며

如是等 一切世界
諸佛世尊 常住在世
是諸世尊 當慈念我
若我此生 若我前生
從無始生死以來 所
作衆罪 若自作 若
敎他作 見作隨喜
若塔若僧 若四方僧
物 若自取 若敎他
取 見取隨喜 五無
間罪 若自作 若敎
他作 見作隨喜 十
不善道 若自作 若
敎他作 見作隨喜
所作罪障 或有覆藏
或不覆藏
應墮地獄 餓鬼畜生
諸餘惡趣 邊地下賤
及蔑戾車 如是等處
所作罪障 今皆懺悔
(拜)

상주물건 훔치기를 좋아하였고
무간지옥 떨어질   오역중죄도
제 스스로 혼자서   짓기도하고
다른 이를 시켜서   짓게도하며
남이 짓는 오역죄   좋아하였고
삼악도에 떨어질   십악죄행도
제 스스로 혼자서   짓기도하고
다른 이를 시켜서   짓게도하며
남이 짓는 십불선   좋아했으니
이와 같은 모든죄가 태산같으되
어떤 것은 지금에도 생각에남고
어떤 것은 아득하여 알수없으나
알든말든 지은죄에 오는과보는
지옥아귀 축생도나 다른악취나
변지하천 멸려차로 떨어지리니
제가 이제 지성다해 부처님전에
이와 같은 모든죄장 참회합니다

이 자리를 함께하신 제불세존은
저희들의 온갖일을 다 아시오니

今諸佛世尊 當證知
我 當憶念我 我復
於諸佛世尊前 作如

대자비심 베푸시어 살펴주소서
제가 다시 제불전에 아뢰옵니다
저희들의 지나온 모든 생 중에
보시공덕 지었거나 정계를갖되
축생에게 먹이한입 준일로부터
청정범행 닦고익힌 정행공덕과
중생들을 성취시킨 선근공덕도
무상보리 수행하온 수행공덕도
위 없는 큰지혜의 모든공덕도
일체를 함께모아 요량하여서
남김없이 보리도에 회향하옵되
과거미래 현재의 부처님께서
지으신 바 온갖공덕 회향하듯이
저도 또한 그와 같이 회향합니다
제가 이제 모든죄장 참회하옵고
모든복덕 남김없이 수희하오며
부처님을 청하온 공덕으로써
무상지혜 이뤄지길 원하옵니다
과거미래 현재의 부처님들은

是言 若我此生 若我餘生 曾行布施 或守淨戒 乃至施與畜生 一搏之食 或修淨行 所有善根 成就衆生 所有善根 修行菩提 所有善根 及無上智 所有善根 一切合集 校計籌量 皆悉廻向 阿耨多羅三藐三菩提 如過去未來 現在諸佛 所作廻向 我亦如是廻向 衆罪皆懺悔 諸福盡隨喜 及請佛功德 願成無上智 去來現在佛 於衆生最勝 無量功德海 我今歸命禮 (拜)

시방세계	다함없는	중생들에게	
가이없고	한량없는	공덕해시니	
제가 이제	목숨바쳐	절하옵니다	
가이없는	시방세계	그 가운데에	所有十方世界中 三世一切人師子 我以淸淨身語意 一切遍禮盡無餘 普賢行願威神力 普賢一切如來前 一身復現剎塵身 一一遍禮剎塵佛 (拜)
과거현재	미래의	부처님들께	
맑고맑은	몸과말과	뜻을기울여	
빠짐없이	두루두루	예경하옵되	
보현보살	행과 원의	위신력으로	
널리일체	여래전에	몸을나투고	
한 몸 다시	찰진수효	몸을나투어	
찰진수불	빠짐없이	예경합니다	
일미진중	미진수효	부처님계서	於一塵中塵數佛 各處菩薩衆會中 無盡法界塵亦然 深信諸佛皆充滿 各以一切音聲海 普出無盡妙言詞 盡於未來一切劫 讚佛甚深功德海 (拜)
곳곳마다	많은보살	모이시었고	
무진법계	미진에도	또한 그같이	
부처님이	충만하심	깊이믿으며	
몸몸마다	한량없는	음성으로써	
다함없는	묘한말씀	모두내어서	
오는세상	일체겁이	다할때까지	

부처님의   깊은공덕   찬탄합니다

아름답기   으뜸가는   여러꽃타래   以諸最勝妙華鬘 妓
좋은풍류   좋은향수   좋은일산들   樂塗香及傘蓋 如是
이와 같은   가장좋은   장엄구로써   最勝莊嚴具 我以供
시방삼세   부처님께   공양하오며   養諸如來 最勝衣服
으뜸가는   좋은의복   좋은향들과   最勝香 末香燒香與
가루향과   꽂는향과   등과 촛불의   燈燭 一一皆如妙高
낱낱것을   수미산의   높이로모아   聚 我悉供養諸如來
일체여래   빠짐없이   공양하오며   我以廣大勝解心 深
넓고크고   수승하온   이내슬기로   信一切三世佛 悉以
시방삼세   부처님을   깊이믿삽고   普賢行願力 普遍供
보현보살   행원력을   모두기울여   養諸如來 (拜)
일체제불   빠짐없이   공양합니다

지난세상   제가 지은   모든악업은   我昔所造諸惡業 皆
무시이래   탐심진심   어리석음이   由無始貪瞋癡 從身
몸과말과   뜻으로   지었음이라   語意之所生 一切我
제가 이제   남김없이   참회합니다   今皆懺悔 (拜)

시방세계	여러종류	모든중생과	十方一切諸衆生 二乘有學及無學 一切如來與菩薩 所有功德皆隨喜 (拜)
성문연각	유학무학	여러이승과	
일체의	부처님과	모든보살의	
지니옵신	온갖공덕	기뻐합니다	

시방세계	계시옵는	세간등불과	十方所有世間燈 最初成就菩提者 我今一切皆勸請 轉於無上妙法輪 (拜)
가장처음	보리도를	이루신님께	
위 없는	묘한법문	설하시기를	
제가 이제	지성다해	권청합니다	

부처님이	반열반에	들려하시면	諸佛若欲示涅槃 我悉至誠而勸請 惟願久住刹塵劫 利樂一切諸衆生 (拜)
찰진겁을	이 세상에	계시오면서	
일체중생	이락하게	살펴주시길	
있는지성	기울여서	권청합니다	

부처님을	예찬하고	공양한복덕	所有禮讚供養佛 請佛住世轉法輪 隨喜懺悔諸善根 廻向衆生及佛道 (拜)
오래계셔	법문하심	청하온공덕	
기뻐하고	참회하온	온갖선근을	
중생들과	보리도에	회향합니다	

원합노니	수승하온	이 공덕이여	願將以此勝功德 廻向無上眞法界 性相佛法及僧伽 二諦融通三昧印 如是無量功德海 我今皆悉盡廻向 所有衆生身口意 見惑彈謗我法等 如是一切諸業障 悉皆消滅盡無餘 念念智周於法界 廣度衆生皆不退 乃至虛空世界盡 衆生及業煩惱盡 如是四法廣無邊 願今廻向亦如是 (拜)
위 없는	진법계에	회향하소서	
이치에도	일에도	막힘이없고	
불법이고	세간이고	걸림이없는	
삼보님과	삼매인의	공덕바다를	
제가 이제	남김없이	회향하오니	
모든중생	신어의로	지은업장들	
잘못보고	트집잡고	비방도하고	
아와 법을	집착하여	망견을내던	
모든업장	남김없이	소멸되어서	
생각생각	큰지혜가	법계에퍼져	
모든중생	빠짐없이	건져지이다	
허공계가	다하고	중생다하고	
중생업이	다하고	번뇌다함은	
넓고크고	가없어	한량없으니	
저희들의	회향도	이러지이다	

나무 대행 보현보살 (3번)

南無大行普賢菩薩 (3번)

제2장 정근송(精勤誦)

1. 〔마하반야바라밀(摩訶般若波羅蜜)〕

나무 삼세불모 성취만법 무애위덕 「마하반야바라밀…」
南無 三世佛母 成就萬法 無碍威德　摩訶般若波羅蜜

〔탄백(歎白)〕

저희들이	지은 바	이 공덕이	願以此功德
일체의	중생들의	공덕이되어	普及於一切 我等與衆生
모든중생	빠짐없이	성불하옵고	皆共成佛道
위 없는	불국토를	이뤄지이다	

2. 〔석가모니불(釋迦牟尼佛)〕

나무 삼계대사 사생자부 시아본사 「석가모니불…」
南無 三界大師 四生慈父 是我本師　釋迦牟尼佛

〔탄백(歎白)〕

빛나올사	거룩하신	석가모니불	天上天下無如佛
시방세계	무엇으로	견주어보리	十方世界亦無比

| 이 세간 | 모든것을 | 다보았지만 | 世間所有我盡見 |
| 부처님만 | 하온어른 | 다시없어라 | 一切無有如佛者 |

3. 〔관세음보살(觀世音菩薩)〕

나무 보문시현 원력홍심 대자대비「관세음보살…」
南無 普門示現 願力弘深 大慈大悲 觀世音菩薩

멸업장진언(滅業障眞言)

옴 아로늑계 사바하 (3번)

〔탄백(歎白)〕

가지가지	신통의힘	구족하시며	具足神通力
지혜의	온갖방편	널리닦으사	廣修智方便
시방세계	넓고넓은	모든국토에	十方諸國土
거룩하신	그 몸을	두루나투네	無刹不現身

4. 〔지장보살(地藏菩薩)〕

나무 남방화주 대원본존 서구중생「지장보살…」
南無 南方化主 大願本尊 誓救衆生 地藏菩薩

멸업장진언(滅業障眞言)

옴 바라 마니다니 사바하 (3번)

〔탄백(歎白)〕

지장보살	마하살	크신위신력	地藏大聖威神力
항하사	겁인들	어찌말하리	恒河沙劫說難盡
일념동안	우러르고	예배한대도	見聞瞻禮一念間
그 공덕	하늘땅에	짝이없어라	利益人天無量事

제3장 육도참회문(六道懺悔文)

원합노니	사생육도	모든중생이	願滅四生六道法界
다생동안	지은죄	참회하오니	有情多劫生來罪業障
온갖장애	남김없이	소멸되옵고	我今懺悔稽首禮
세세생생	보살도를	닦아지이다	願諸罪障悉消除
			世世常行菩薩道

〔탄백(歎白)〕

저희들이	지은바	이공덕이	願以此功德
일체의	중생들의	공덕이되어	普及於一切
모든중생	빠짐없이	성불하옵고	我等與衆生
위없는	불국토를	이뤄지이다.	皆共成佛道

제4장 식당작법(食堂作法)

−많은 대중이 모여서 공양할 때−

1. 불은상기게(佛恩想起偈)

배식 준비를 갖추어 놓고 발우를 풀기 전에 합장하고

부처님은	가비라에	탄생하시고	佛生迦毘羅
마갈타	나라에서	성불하시어	成道摩竭陀
바라나	녹원에서	설법하시고	說法波羅奈
구시라	쌍림에서	열반드셨네	入滅拘尸那

2. 오관게(五觀偈)

배식이 끝나고 공양 직전에

온갖정성	두루쌓인	이 공양을	計功多少	量彼來處
부족한	덕행으로	감히받누나	忖己德行	全缺應供
탐심을	여의어서	허물을막고	防心離過	貪等爲宗
육신을	지탱하는	약을삼으며	正思良藥	爲療形枯
도업을	이루고자	이제먹노라	爲成道業	應受此食

3. 수발게(收鉢偈)

공양이 모두 끝나고

크신은혜	넘치는	공양받으니	飯食已訖色力充
몸과마음	안강하고	청정하여라	威振十方三世雄
바라건대	모든중생	고해를벗고	回因轉果不在念
위 없는	보리도를	이뤄지이다	一切衆生獲神通

◉ 식당염송(약식)

개인이나 가족 공양시에

대자대비 부처님

크신은혜 이 공양

일체중생 발보리

마하반야바라밀

제5장 재가제례의식(在家祭禮儀式)

―명절 차례 · 기제사―

1. 재가 제례의식

위패, 제물 등 모든 준비가 갖추어진 다음 향을 사르어 올리고 참석자들이 꿇어 앉아서

〔입정(入定)〕

(인례) "먼저 입정하시겠습니다."

〔십념(十念)〕

(인례) "다같이 합장하시고 십념하시겠습니다."

청정법신	비로자나불	清淨法身毘盧遮那佛
원만보신	노사나불	圓滿報身盧舍那佛
천백억화신	석가모니불	千百億化身釋迦牟尼佛
구품도사	아미타불	九品導師阿彌陀佛
당래하생	미륵존불	當來下生彌勒尊佛

시방삼세	일체제불	十方三世一切諸佛
시방삼세	일체존법	十方三世一切尊法
대성 문수사리보살		大聖文殊師利菩薩
대행 보현보살		大行普賢菩薩
대비 관세음보살		大悲觀世音菩薩
대원본존 지장보살		大願本尊地藏菩薩
제존보살 마하살		諸尊菩薩摩訶薩
마하반야바라밀		摩訶般若波羅蜜

〔봉향찬(奉香讚)〕

　인례가 낭송함(대중은 합장함)

일심지성	기울여	향을사르니
향구름	걸림없이	널리퍼지매
거룩하온	덕성은	밝게빛나고
부처님의	크신은덕	넘치시나니
이르는	곳곳마다	상서일어라
저희이제	지성바쳐	공양하오며
거룩하온	미묘경전	굴리옵나니
자비하신	부처님의	위신력입어

금일영가　　대보리를　　이뤄지이다　(여기까지 꿇어 앉음)

〔정례(頂禮)〕

　　(인례) "다같이 일어나서 삼배 올리겠습니다."
　　　　　(다같이 일어섬)

나무 향운개 보살 마하살(南無 香雲蓋 菩薩 摩訶薩)

　　인례의 창에 따라 대중은 3배함. 3배후 (인례) "다시 꿇어 앉으시겠습니다."

일심정례 성덕묘고 대원적주(一心頂禮 聖德妙高 大圓寂主)
망(부, 모) ○○ 후인(유인) ○공(씨) ○○○ 영가 (3번)

　　(인례) "다같이 일어서서 재배하시고 꿇어앉아서 함께 염불하시겠습니다."

정구업진언(淨口業眞言)

수리수리 마하수리 수수리 사바하 (3번)

정신업진언(淨身業眞言)

옴 수다리 수다리 수마리 수마리 사바하 (3번)

오방내외안위제신진언(五方內外安慰諸神眞言)

나무 사만다 못다남 옴 도로도로 지미 사바하 (3번)

개경게(開經偈)

위 없이	심히깊은	미묘법이여	無上甚深微妙法
백천	만겁인들	어찌만나리	百千萬劫難遭遇
내 이제	보고듣고	받아지니니	我今聞見得受持
부처님의	진실한뜻	알아지이다	願解如來眞實意

개법장진언(開法藏眞言)

옴 아라남 아라다 (3번)

〔반야심경(般若心經)-본문 p.18〕

반야심경 독경 후 경전을 더 읽고자 하면 이어서 계속함

〔헌다게(獻茶偈)〕

인례가 게송 낭독 형식으로 창하고 대중은 합장함

향기로운	백초림	신선한맛을	百草林中一味新
조주스님	몇천번을	권하였던가	趙州常勸幾千人
돌솥에	강심수	고이달여서	烹將石鼎江心水

영가님	앞앞마다	드리옵나니	願使亡靈歇苦輪
작은정성	거두시어	받아드시고	願使孤魂歇苦輪
밝은마음	가득하여	안락하소서	願使諸靈歇苦輪

영반의 뚜껑을 열고 숟가락을 꽂고 저를 진수에 걸고 난 뒤 제주가 먼저 잔 올리고 재배하면 선후(先後)의 차례대로 잔올리고 재배함.
※ 영가님 전에 절할 때도 합장하여 부처님께 절하는 형식으로 함.

[권공소(勸供疏)]

인례가 혼자 권공소와 가지소까지 독경식으로 염불함.

제가이제	비밀한말	베푸옵나니	宣蜜加持
부처님의	미묘법문	위신력받아	身田潤澤
몸과마음	윤택하고	모든업쉬어	業火淸凉
모든고통	벗어나서	해탈하소서	各求解脫

변식진언(變食眞言)

나막 살바다타아다 바로기제 옴 삼바라 삼바라 훔 (3번)

시감로수진언(施甘露水眞言)

나무 소로바야 다타아다야 다냐타 옴 소로소로 바라소로 바라소로 사바하 (3번)

보공양진언(普供養眞言)

옴 아아나 삼바바 바아라 훔 (3번)

시귀식진언(施鬼食眞言)

옴 미기미기 야야미기 사바하 (3번)

〔가지소(加持疏)〕

바라건대	법다운	이 공양이여	願此加持食
시방국토	두루두루	넘칠지어라	普遍滿十方
영가님들	고루고루	반겨드시고	食者除飢渴
아미타	극락세계	태어나소서 (반배)	得生安養國

국을 물리고 숭늉을 올린 다음 숭늉에 밥을 세 번 떠서 부드럽게 말아 정성껏 권하여 올리고 진수에 놓여 있던 저의 끝을 가지런히 맞추어 다른 진수에 옮겨 걸고 난 뒤 제주 혼자 다시 분향하고 잔올리면 제주와 함께 모두 큰절 2번씩 함.

〔축원문(祝願文)〕

인례가 낭송하고 대중은 꿇어 앉아서 합장함.

저희들	우러러	일심기울여
대원적	○○○님	생각하올때
천품이	어지시고	밝으시옵고

성인의	크신뜻을	받드셨어라
덕성은	온 이웃에	널리떨쳤고
정행은	불보살을	본받으시니
온 천지가	받드는	덕본이시라
세간의	인연이	다하시오매
무상이	소리없이	찾아들으니
번뇌 몸	집착없이	시원히벗고
극락국	구품연대	이르셨어라
저희들	○○들은	눈물삼키고
크신은덕	새기며	감격하여서
자용을	우러러	망극합니다
저희들이	불보살님	크신성호를
일심지성	기울여서	봉송하오며
지성다한	진수다과	올리옵나니
해탈식	법식으로	거둬주시사
대보리	연화좌에	자재하소서.

〔염불(念佛)〕

나무 삼세불모 성취만법 무애위덕　　　南無　三世佛母　成
「마하반야바라밀…」(21번)　　　　　　　就萬法　無碍威德
　　　　　　　　　　　　　　　　　　摩訶般若波羅蜜

저희들이　　지은 바　　이 공덕이　　　願以此功德
일체의　　　중생들의　　공덕이되어　　普及於一切
모든중생　　빠짐없이　　성불하옵고　　我等與衆生
위 없는　　　불국토를　　이뤄지이다　　皆共成佛道

(인례) "모두 자리에서 일어나 봉송인사로 다함께 큰절 2번 하시겠습니다."

〔봉송(奉送)〕

인례가 낭송하고 대중은 일어서서 합장함.

상래에　　　초청하온　　영가이시여
부처님의　　법력빌어　　내림하여서
법다운　　　공양받고　　법문들으니
이제부터　　극락국에　　이르옵소서 (반배)
고혼이여　　망령이여　　영가이시여　　奉送孤魂泊有情

삼도의	유정이여	잘들가시라	地獄餓鬼及傍生
다른날에	다시또한	청하오리니	我於他日建道場
본래서원	잊지말고	다시오시라	不違本誓還來赴

상품상생진언(上品上生眞言)

인례가 혼자 밖에서 위패를 사르며

옴 마리다리 훔훔바탁 사바하 (3번)

제6편

찬불가(讚佛歌)

찬불가 447

삼귀의

최영철 작곡

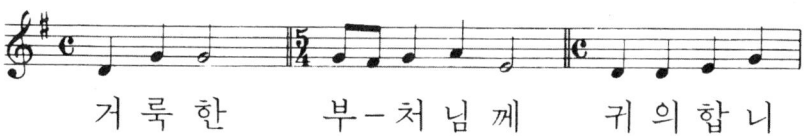
거룩한 부-처님께 귀의합니

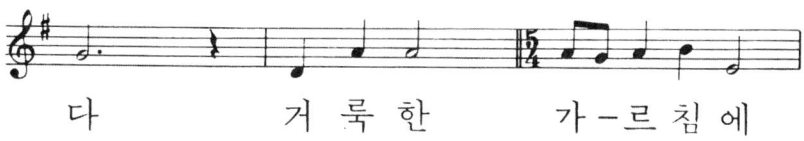
다 거룩한 가-르침에

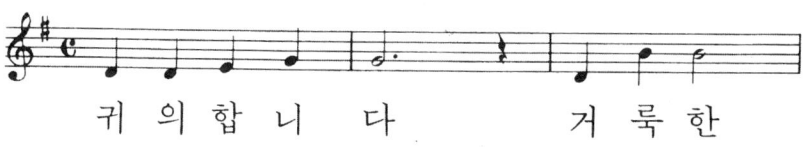
귀의합니다 거룩한

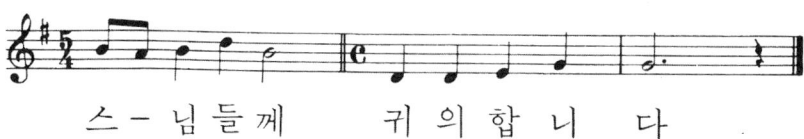
스-님들께 귀의합니다

마하반야의 노래

장엄 · 웅대하게

광 덕 작사
서창업 작곡

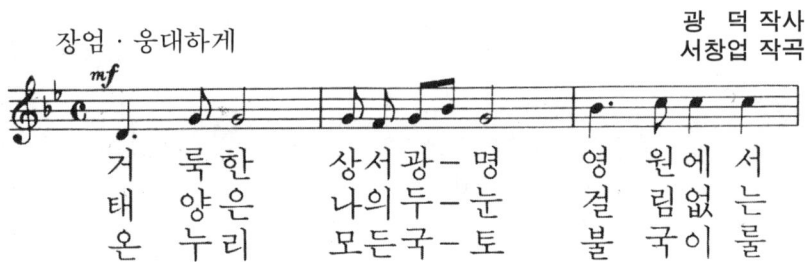

거 룩한 상서광-명 영 원에서
태 양은 나의두-눈 걸 림없는
온 누리 모든국-토 불 국이룰

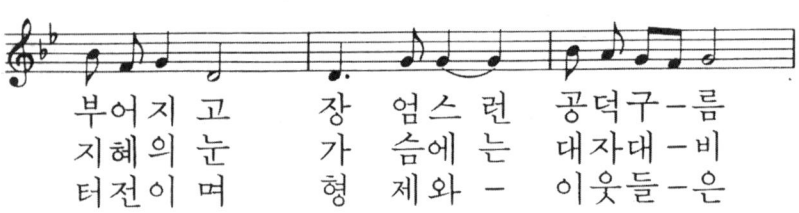

부어지고 장 엄스런 공덕구-름
지혜의눈 가 슴에는 대자대-비
터전이며 형 제와- 이웃들-은

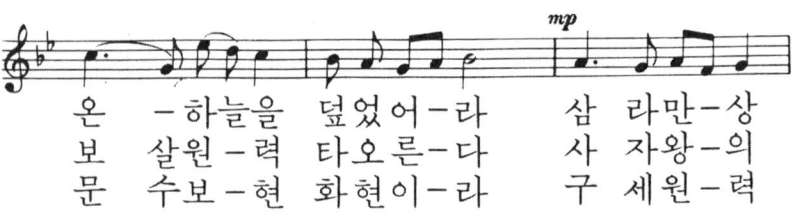

온 -하늘을 덮었어-라 삼 라만-상
보 살원-력 타오른-다 사 자왕-의
문 수보-현 화현이-라 구 세원-력

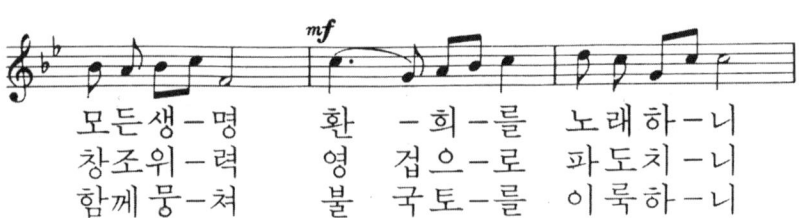

모든생-명 환 -희-를 노래하-니
창조위-력 영 겁으-로 파도치-니
함께뭉-쳐 불 국토-를 이룩하-니

찬불가 449

아 - 아 - 아 이 - 땅 - 은 은혜의 불 -
아 - 아 - 아 우 - 리 - 는 영광의 불 -
아 - 아 - 아 우 - 리 - 는 영원한 불 -

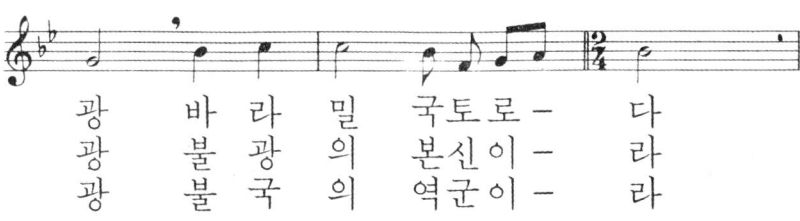

광 바 라 밀 국토로 - 다
광 불 광 의 본신이 - 라
광 불 국 의 역군이 - 라

마하 반야 마하 반야 마하 반야바라 밀

마하 반야 마하 반야 마하 반야바라 밀

둥글고 밝은 빛
(찬불가)

서창업 작곡

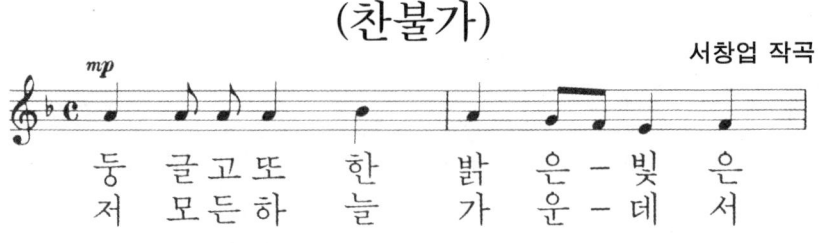

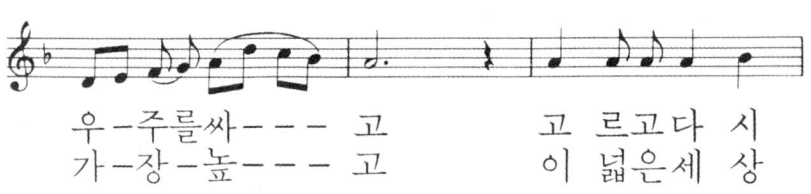

찬불가 451

청법가

이광수 작사
이찬우 작곡

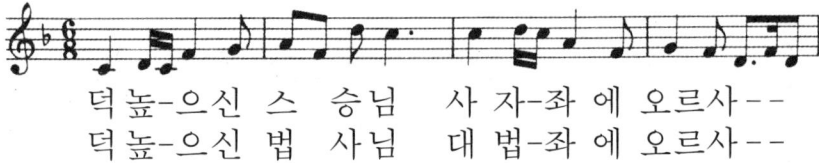

덕 높-으신 스 승님 사 자-좌에 오르사--
덕 높-으신 법 사 님 대 법-좌에 오르사--
법 높-으신 스 승님 큰 법-좌에 오르사--

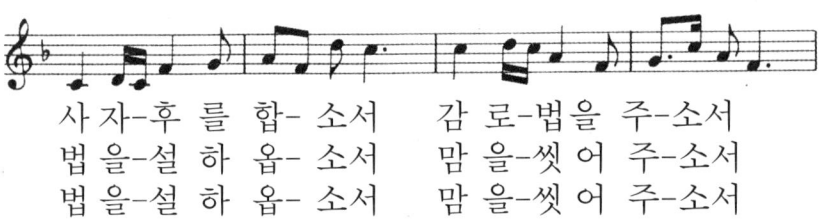

사 자-후를 합-소서 감 로-법을 주-소서
법 을-설하 옵-소서 맘 을-씻어 주-소서
법 을-설하 옵-소서 맘 을-씻어 주-소서

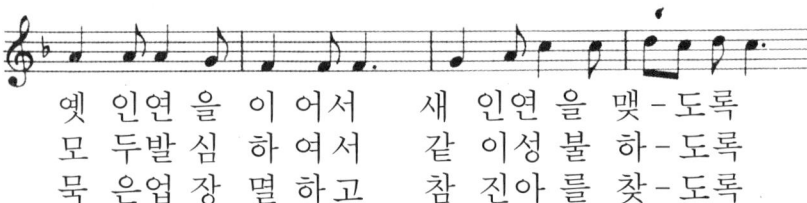

옛 인연을 이 어서 새 인연을 맺-도록
모 두발심 하 여서 같 이성불 하-도록
묵 은업장 멸 하고 참 진아를 찾-도록

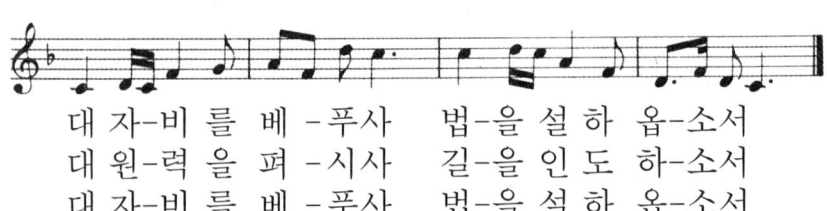

대 자-비를 베-푸사 법-을 설하 옵-소서
대 원-력을 펴-시사 길-을 인도 하-소서
대 자-비를 베-푸사 법-을 설하 옵-소서

찬불가 453

보현행원(1)

정민섭 곡

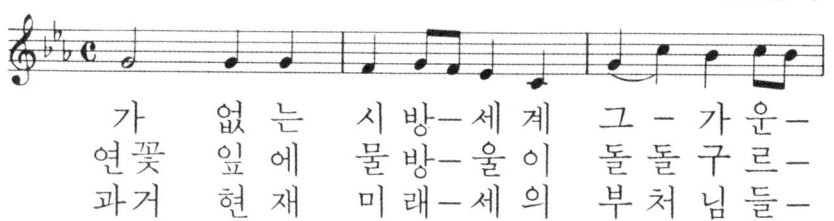

가 없는 시방 세계 그 가운-
연꽃 잎에 물방울이 돌돌 구르-
과거 현재 미래세의 부처님들-

데 과거 현재 미래의-
듯 해와 달이 허공에-
의 위 없는 보리도-

부처님들께 맑고 맑은
머물지 않듯 어두운 밤
보현행원을 남김없이

몸과 말 뜻을 기울여
미한 업 마경계라도
공양하고 원만히 닦아

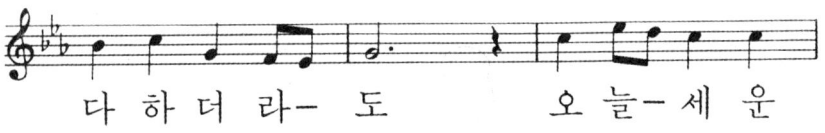
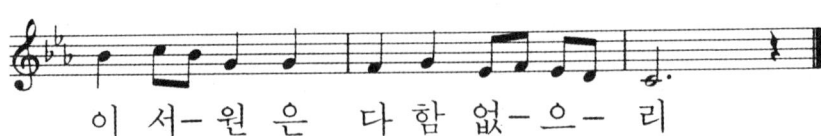

찬불가 455

빛으로 돌아오소서

광 덕 작사
서창업 작곡

영 원한광 명 아 미타부 처 –님
끝 없는수 명 아 미타부 처 –님
광 명의나 라 아 미타극 락 세계

그 품에 안–기–려 님 은가셨 네
크–신 은–혜–에 고 이잠드소서
연–꽃 봉우리–에 태 어나소 서

지 난시 절 의 정 다운모 습
대 자대 – 비 관 세음보 살
부 처님 뵙 고 큰 법깨치 어

살 아계신– 듯 가 까이있 네
연 꽃수레– 로 맞 아주시 네
찬 란한빛으 로 돌 아오소 서

사홍서원

최영철 작곡

중생을 다 건지오리다

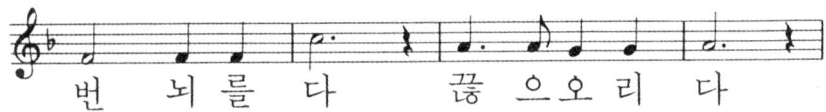
번뇌를 다 끊으오리다

법문을 다 배우오리다

불도를 다 이루오리다

찬불가 457

산회가

정운문 작사
정민섭 작곡

부처님 오신 날

천천히 장엄하게
김어수 작사
김용호 작곡

꽃보라 흩날리는 룸비니 동 - 산
사뿐히 자국마다 비치는 연 - 잎

한줄기 - 밝 란한 빛이 - - 우주를덮고
태양보다 맑은등 높이 - - 드 - 옵시고

거룩한 싯달태자 탄생하-실- 때 - -
사생의 모든고난 녹여주-시- 고 - -

유 아 독 존 큰 소리 누리퍼지네
이 세 상 에 오 신 날 사월초파일

제등 행진곡

등불을 켜—라 마음을 밝히—자
등불을 켜—라 대지를 밝히—자

등불을 들—어라 어둠을 밝히 자
등불을 들—어라 우주를 밝히 자

마음이 밝으면 기쁨이 있고 마음이 밝으면 행복이 온다
세상이 밝으면 평화가 있고 세상이 밝으면 화합이 온다

불자야 모여라 등불을 밝히자
불자야 모여라 등불을 밝히자

찬불가 461

연등

김용호 작곡

너무 느리지 않게

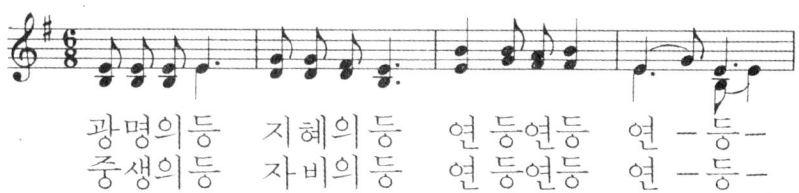

광명의등 지혜의등 연등연등 연 - 등 -
중생의등 자비의등 연등연등 연 - 등 -

불 을 밝 - 히자 기 - 원 드 - 리며
불 을 밝 - 히자 서 - 원 세 - 우며

둥 근등 네모 등 마 음을 밝 - 히자
연 꽃등 팔모 등 누 리를 밝 - 히자

봉 축 봉 - 축 연등연등 연 - 등
봉 축 봉 - 축 연등연등 연 - 등

파랑새 울고
(초파일 송)

광 덕 작사
정부기 작곡

1. 꽃 피고 파랑새 울고 무 - 지 개 피어오르고
2. 연 꽃 - 가득핀 천지 평 화 환 희 너울치 - 니
3. 하 늘 중 하늘오셨네 성 - 인 중 성인오셨네

1. 나무 - 석가모니 불   나무 - 석가모니 불
2. u ------   u -- --

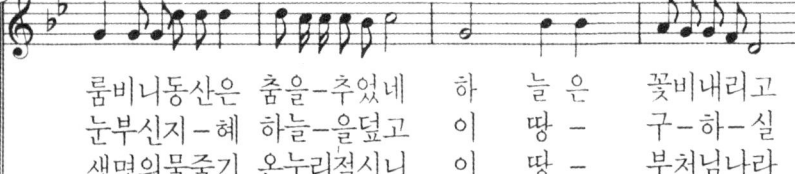

룸비니동산은 춤을 - 추었네 하 늘 은 꽃비내리고
눈부신지 - 혜 하늘 - 을덮고 이 땅 - 구 - 하 - 실
생명의물줄기 온누리적시니 이 땅 - 부처님나라

나무 - 석가모니불   나무 - 석가모니 불
Hum -----   Hum ---- -

462-1

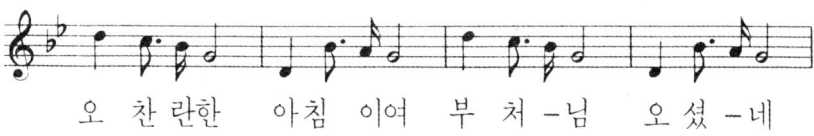

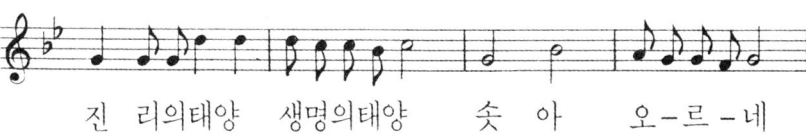

출가일의 노래

반영규 작사
정부기 작곡

찬불가 466

열반의 노래

이봉수 작사
김명표 작곡

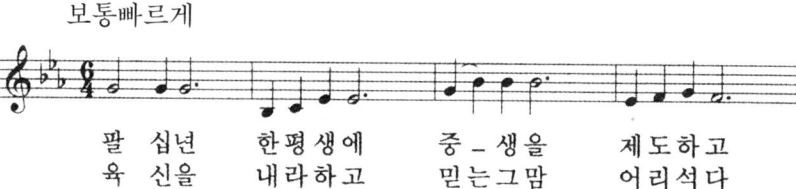

팔 십년 한평생에 중 _ 생을 제도하고
육 신을 내라하고 믿는그맘 어리석다

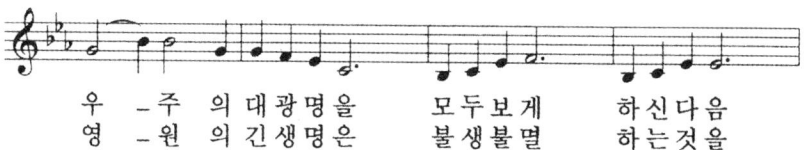

우 _ 주 의 대광명을 모두보게 하신다음
영 _ 원 의 긴생명은 불생불멸 하는것을

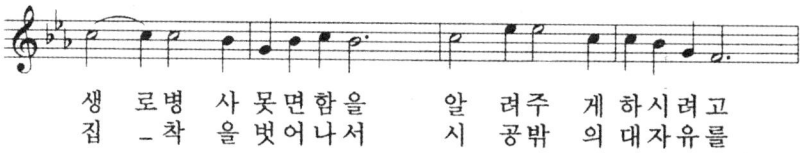

생 로병 사 못면함을 알 려주 게 하시려고
집 _ 착 을 벗어나서 시 공밖 의 대자유를

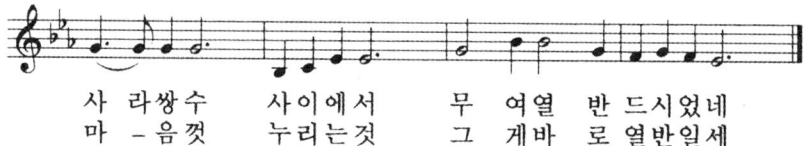

사 라쌍수 사이에서 무 여열 반 드시었네
마 _ 음껏 누리는것 그 게바 로 열반일세

감로법을 전하자

김영덕 작사
서창업 작곡

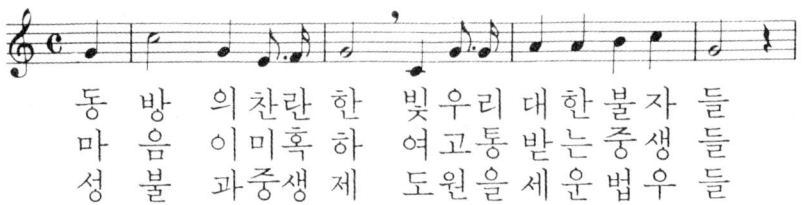

동방의 찬란한 빛 우리 대한 불자들
마음이 미혹하여 고통받는 중생들
성불과 중생제도 원을 세운 법우들

정법을 바로 믿고 바로 배워 바르게 사니
복혜로 영화롭고 마음 밝혀 부처되-니
자비와 유화인욕 무아로써 나아가-니

어둠은 사라지고 자-비 지혜충만하다
어둠은 사라지고 생-사 지옥자유롭다
어둠은 사라지고 불-국 깃발펄럭인다

기쁘다 생명의 말씀 감로법을 전하자

찬불가 468

관세음의 노래

법 정 작사
김동진 작곡

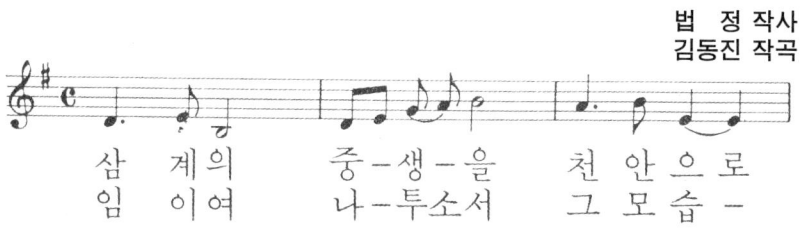

삼 계의 중-생-을 천 안으로
임 이여 나-투소서 그 모습-

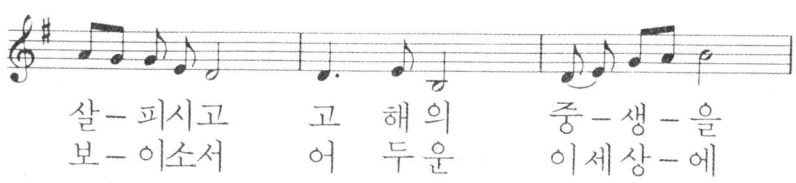

살-피시고 고 해의 중-생-을
보-이소서 어 두운 이세상-에

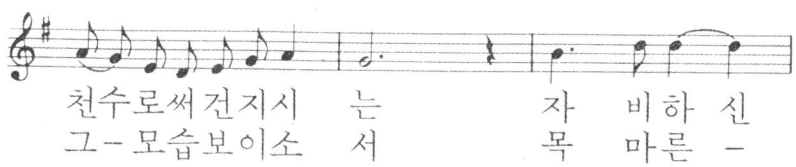

천수로써건지시 는   자 비하신
그-모습보이소 서   목 마른-

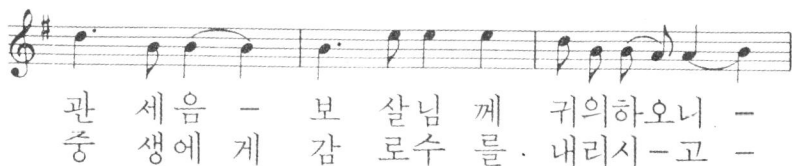

관 세음-보 살님께 귀의하오니-
중 생에게 감 로수를 내리시-고-

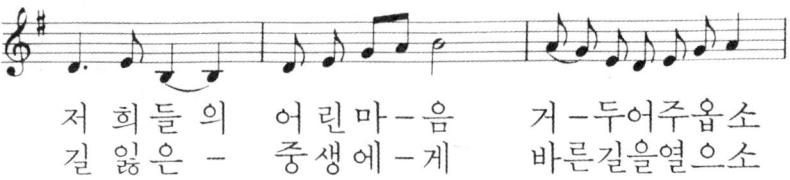

찬불가 470

보디스바하

광 덕 작사
김용호 작곡

뱃노래 풍으로

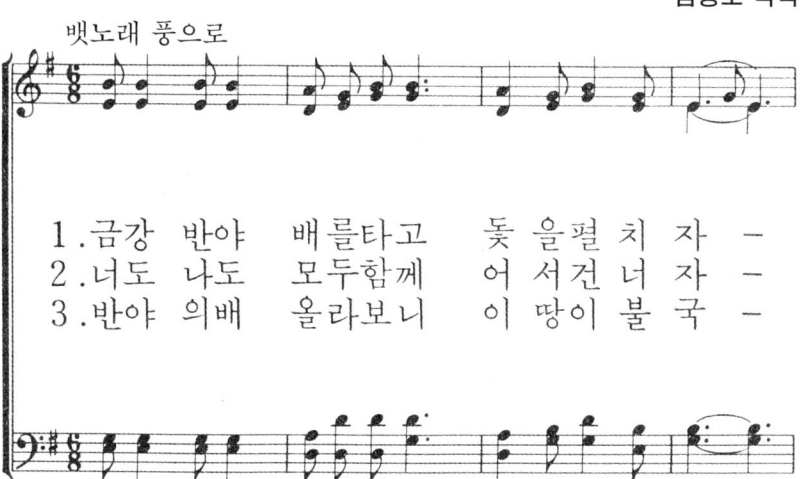

1. 금강 반야 배를타고 돛을펼치자 -
2. 너도 나도 모두함께 어서건너자 -
3. 반야 의배 올라보니 이 땅이불국 -

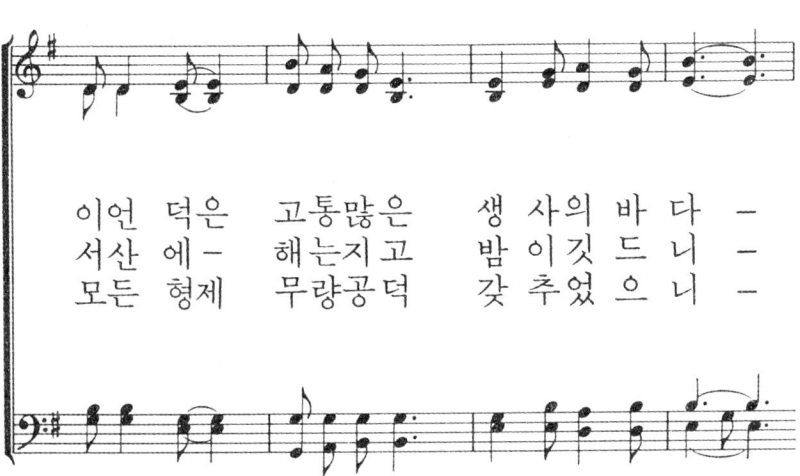

이언 덕은 고통많은 생사의 바다 -
서산 에 - 해는지고 밤 이깃드니 -
모든 형제 무량공덕 갖 추었으니 -

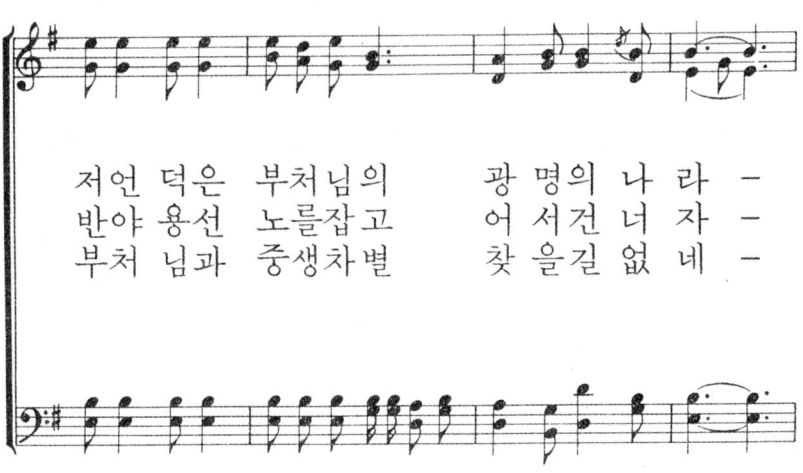

찬불가 472

보현행원(2)

정운문 작사
정민섭 작곡

장엄하고 간절하게

내 이제 두 손 모아 청하옵나니
내 이제 엎드려서 원하옵나니

시방세계 부처님 우주 대광명
영겁토록 열반에 들지 마시고

두 눈 어둔 이내 몸 굽어살피사
이 세상의 중생을 굽어살피사

위 없는 대법문을 널리 여소서
삼계화택 심한 고난 구원하소서

허공계와 중생계가 다할 때까지
허공계와 중생계가 다할 때까지

오늘 세운 이 서원은 끝없사오리
오늘 세운 이 서원은 끝없사오리

부처님께 기원합니다

김재영 작사
서창업 작곡

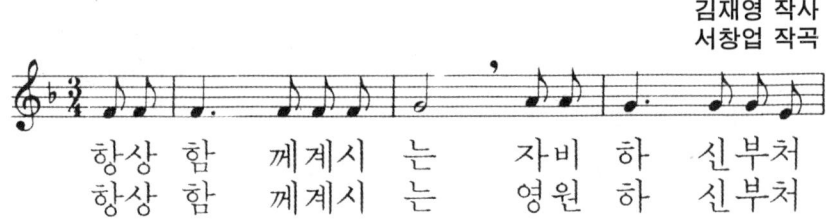

항상 함 께계시 는 자비하 신 부처
항상 함 께계시 는 영원하 신 부처

님 지극한 정성으로 귀의
님 간절한 마음으로 귀의

하 옵 고 － 부처 님 높으신
하 옵 고 － 이 땅 에 부처 님

덕 지키기 위하여서 온 갖
나라 이룩할 그날까지 희망

찬불가 473-1

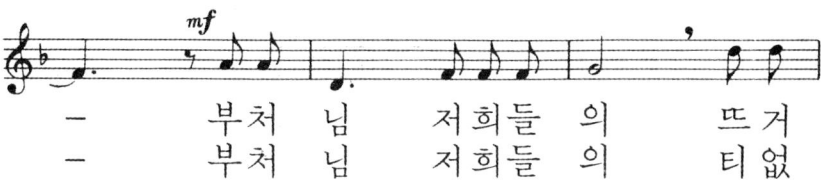

부처님 마음일세

서창업 작곡

성 - 안-내-는 그 얼 굴-이 참
자 - 비-로-운 그 손 길-이 참

- 다-운 공 양 이-요 - 부
- 다-운 불 심 이-요 - 너

드 러-운 말 한 마-디 미
그 러-운 말 한 마-디 그

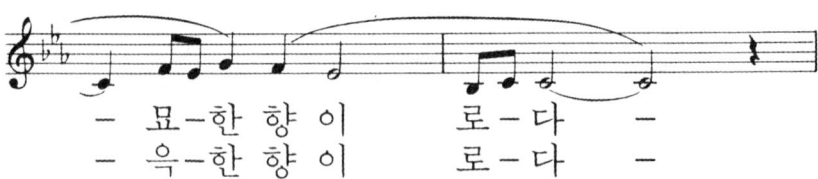

- 묘-한 향 이 로-다 -
- 욱-한 향 이 로-다 -

찬불가 475

깨끗이 티가없-는   진실한 그-마음이
속들이 곱고고-운   성실한 그-마음이

언 제-나 한결 같-은 부
영 원-히 변함 없-는 부

-처-님 마음 일-세
-처-님 마음 일-세

불교도의 노래

서정주 작사
김동진 작곡

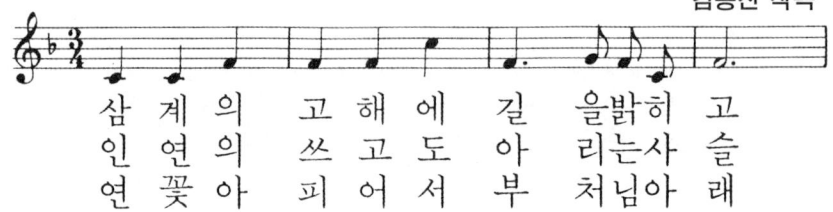

삼 계 의 고 해 에 길 을밝히 고
인 연 의 쓰 고 도 아 리는사 슬
연 꽃 아 피 어 서 부 처님아 래

사 생 의 세 계 에 새 빛을더 할
윤 회 의 고 달 픈 머 나먼길 을
사 자 야 모 여 서 불 법지켜 라

용 맹 이 여 오 라 - 뜨 는해처 럼
풀 -어 서 진 여 의 꽃 동산이 라
무 -량 한 우 리 들 힘 을다하 여

겨 레 와 중 생 을 두 루비치 라
향 기 여 천 지 에 넘 쳐나가 라
영 겁 을 빛 내 고 또 빛내리 라

찬불가 477

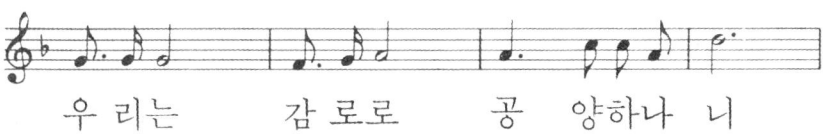
우 리는   감 로로   공 양하나 니

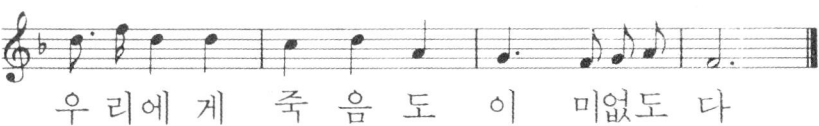
우 리에게 죽 음도 이 미없도 다

붓다의 메아리

반영규 작사
서창업 작곡

우 리 는 메아리 붓다 의 메아리
우 리 는 메아리 붓다 의 메아리

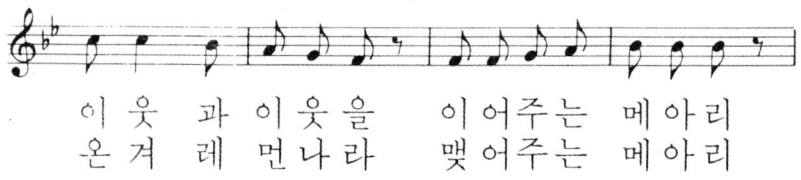
이 웃 과 이웃을 이어주는 메아리
온 겨 레 먼나라 맺어주는 메아리

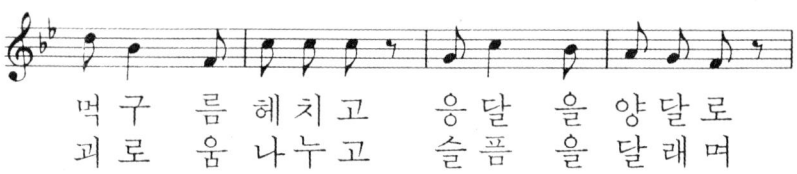
먹 구 름 헤치고 응달 을 양달로
괴 로 움 나누고 슬픔 을 달래며

온 겨 레 가슴에 퍼져가는 메아리
저 하 늘 끝까지 퍼져가는 메아리

찬불가 479

새봄이 오네

우 성 작사
서창업 작곡

삼천리 강산에 봄 이오네 삼천리불 토에
삼천리 강산에 봄 이오네 삼천리낙 토에

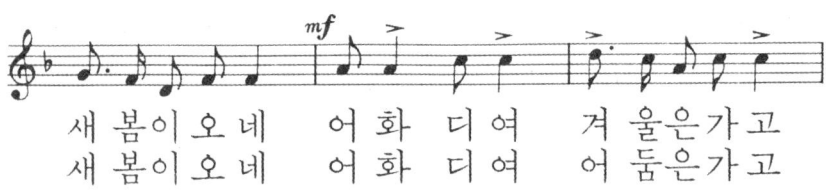
새 봄이오네 어화 디여 겨 울은가고
새 봄이오네 어화 디여 어 둠은가고

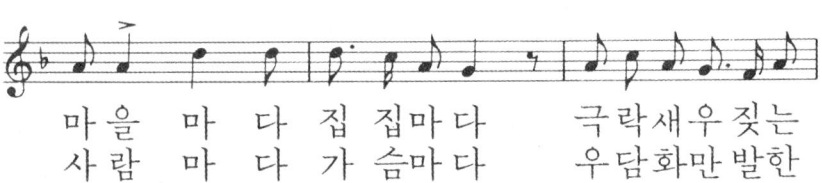
마을 마 다 집 집마다 극락새우 짖는
사람 마 다 가 슴마다 우담화만 발한

봄 이오 네 삼천리불토에 새 봄이오네
봄 이오 네 삼천리낙토에 새 봄이오네

찬불가 481

진리의 행진곡

정운문 작사
김주영 작곡

보 아 라 이 우주는 크 게 밝았 다
인 류여 바른정신 새 로 차려 라

만 생령의 어 버이가 되 - 옵시 는
생 과괴롬 널 리구원 하 - 옵시 는

부 처 님 진리-의 대-광명 이
부 처 님 자비-의 대-광명 이

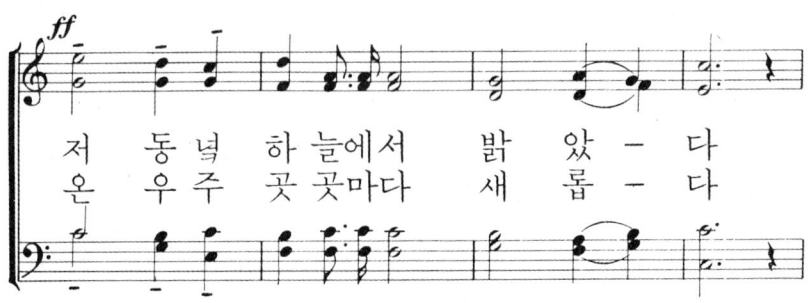
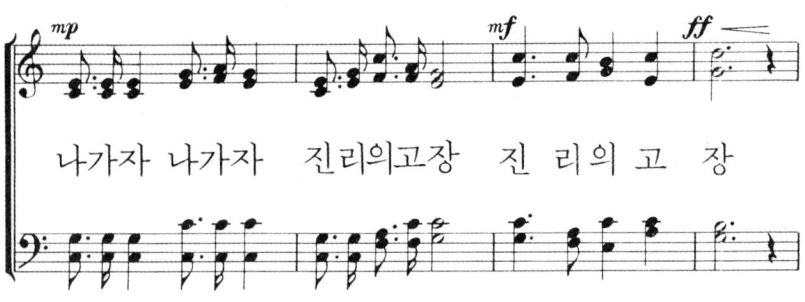
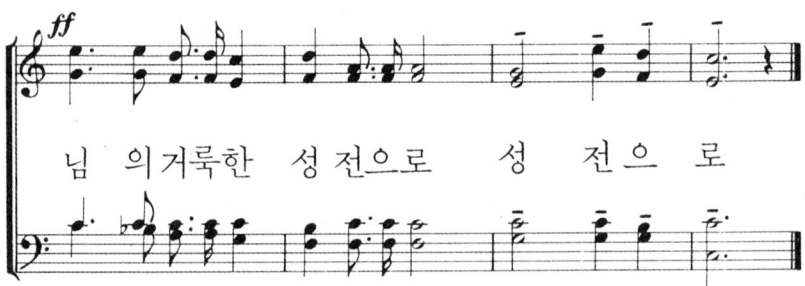

찬불가 483

집회가

정운문 작사
정민섭 작곡

연꽃 피는 날

광 덕 작사
서창업 작곡

더 없이 맑게 보통빠르게

부처님 나-라 금-빛 눈부시-고
거친땅 진흙에 뿌-리내-리-고

그윽한 향-기 잔잔하여-라
맑-은 그모습 하늘닿아-라

금모래 살포시 피어난 연 꽃
푸른잎 하얀꽃 피어나 는 날

찬불가 485

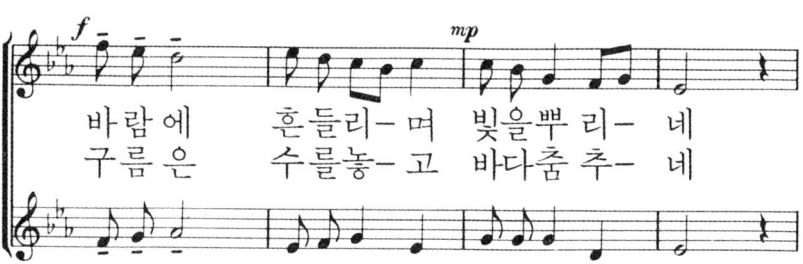

바람에 흔들리-며 빛을뿌리-네
구름은 수를놓-고 바다춤추-네

오- - 거룩하-신 보살님들의
오- - 자비하-신 보살님들의

맑으신 미-소-가 흘러나오 네
기쁘신 목-소-리 들려오- 네

예불가

정민섭 작곡

찬불가 487

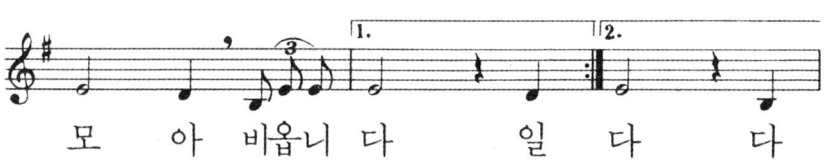

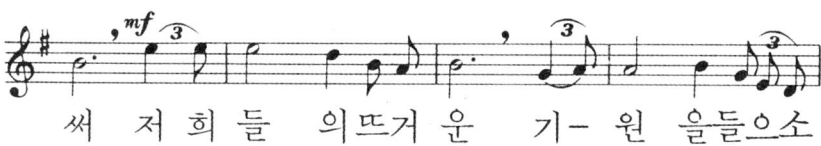
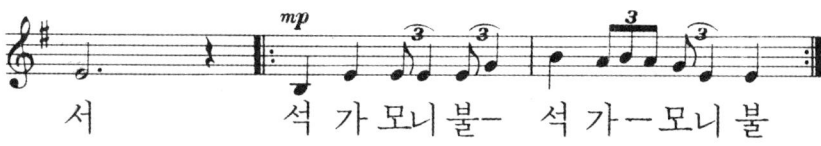

우란분절

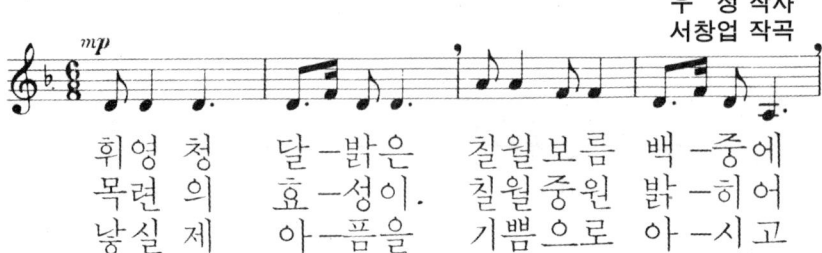

임의 숨결

광덕 작사
황산 작곡

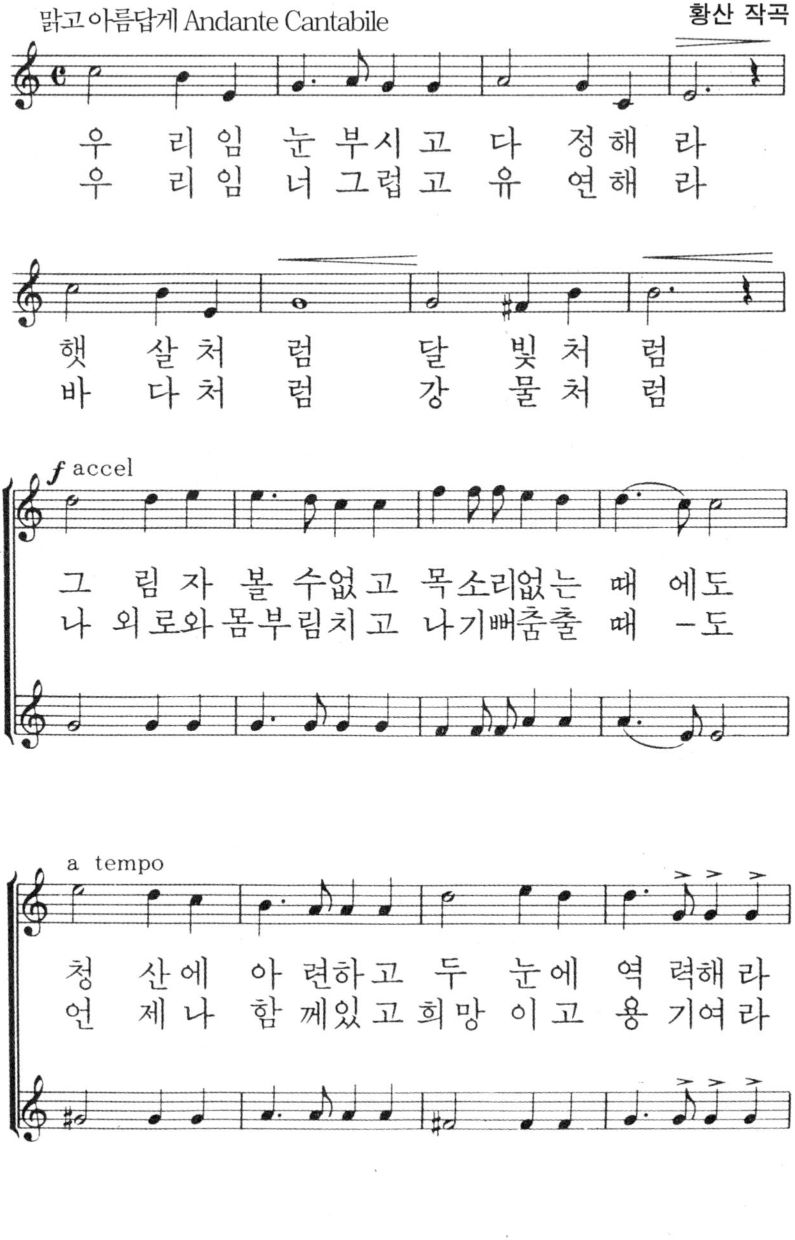
맑고 아름답게 Andante Cantabile
우 리 임 눈 부 시 고 다 정 해 라
우 리 임 너 그 럽 고 유 연 해 라
햇 살 처 럼 달 빛 처 럼
바 다 처 럼 강 물 처 럼
f accel
그 림 자 볼 수 없 고 목 소 리 없 는 때 에 도
나 외 로 와 몸 부 림 치 고 나 기 뻐 춤 출 때 -도
a tempo
청 산 에 아 련 하 고 두 눈 에 역 력 해 라
언 제 나 함 께 있 고 희 망 이 고 용 기 여 라

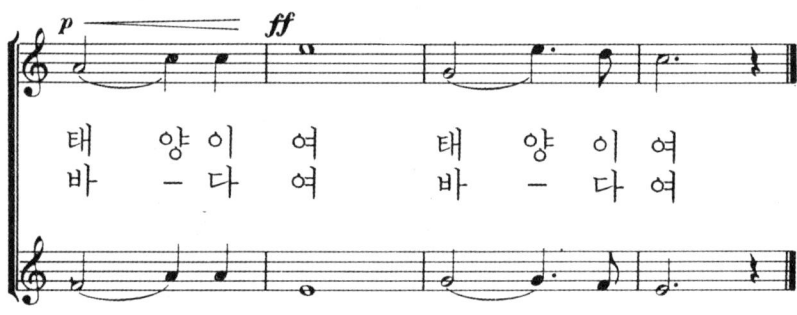

칠월 칠석

우 성 작사
서창업 작곡

초가을 맑은바람 은하수는 흐르고
조촐한 상을차려 칠성님께 올리니

- 오작교 구름다리 무지개를 이룰제
- 갸륵한 그정성을 임은벌써 아셨네

견우직-녀 애틋한 칠월칠석 오늘밤엔
영겁인-연 따라서 자라나는 어린생명

어지신 임의손길 어찌아니 닿으리
자비의 품에드니 어찌아니 복되리

홀로 피는 연꽃

우 성 작사
서창업 작곡

맑은 바 람 스 - 미 는 초여름 연못
해가지 는 산 - 기 슭 고요한 연못
달이뜨 는 두메산 골 적막한 연못

에 　 　 모든 시 름 잊 - 은 듯
에 　 　 임은 가 도 홀로남 아
에 　 　 꿈을 꾸 듯 물 - 에 떠

초 연 하 게 피 - 는 모 　 습
청 아 하 게 피 - 는 모 　 습
소 담 하 게 피 - 는 모 　 습

흘 깃 보 면 여민듯 이 다시보 면
눈 을 뜨 면 선연하 게 눈감으 면
다 가 올 듯 멀어지 고 멀어질 듯

찬불가 493

이 책 『우리말 법회요전』은 1983년 초판 발행되었던 『법회요전』이 세로줄 쓰기에 활판인쇄인데다가 글자가 너무 작아, 활자체를 크게 하고 가로줄 쓰기로 다시 출판한 것입니다. 수지독송하기에 좋도록 새롭게 편집하면서 수지편에 무상계를, 축원편에 발원문을, 참회편에서는 정근송과 육도참회문 · 식당작법 · 재가 제례의식을 추가하여 편집하였습니다. 아울러 찬불가편에서는 법회 의식곡을 중심으로 광덕 스님께서 작시 하신 곡을 함께 수록하였음을 밝혀둡니다.

우리말 법회요전

1983년 3월 10일 초판 발행
2004년 5월 25일 19쇄 발행
2005년 1월 20일 개정판 1쇄
2015년 1월 22일 개정판 7쇄

편역인/광덕(光德)
펴낸이/박상근(至弘)
펴낸곳/불광출판사

서울시 종로구 수송동 46-21 3층
대표전화 (02) 420-3200
편 집 부 (02) 420-3300
팩스밀리 (02) 420-3400
http://www.bulkwang.co.kr

등록번호 제1-183호(1979. 10. 10)
ISBN 89-7479-630-9

● 잘못된 책은 바꾸어 드립니다.
값 15,000원